"十二五"职业教育国家规划教材
经全国职业教育教材审定委员会审定
普通高等教育"十一五"国家级规划教材
机械工业出版社精品教材

修订版

商务礼仪

第4版

主　编　黄　琳
副主编　李爱琴　邱桂贤　杨洪怡　韩　雪
参　编　王红艳　陈永胜　袁　琦　罗绚丽
　　　　杨　立　李秋初　王泽玲

机械工业出版社

本书是"十二五"职业教育国家规划教材的修订版。本书着重论述了商务活动中应遵循与注意的礼仪规范，具有很强的系统完整性和实用有效性。本书首先从商务人士个人形象设计入手，介绍了商务礼仪基本理念、商务人员仪表礼仪、服饰礼仪。针对商务活动特点，又详细介绍了包括见面礼仪、介绍礼仪、餐饮礼仪、舞会礼仪、公共场所礼仪、商务接访礼仪、社交语言艺术、商务沟通礼仪、商务谈判礼仪在内的商务礼仪内容。本书最后还介绍了常见的涉外礼仪及东西方礼仪文化简介等若干内容。

本书除适用于市场营销、旅游管理、电子商务、物流物管、外贸、文秘、电子通信等所有涉及管理与服务的专业教学使用外，还可作为企业员工商务礼仪方面的培训用书和从业人员自学读物及毕业大学生的求职礼仪指导用书。本书配有电子课件等教学资源，索取方式见前言。书中还配有二维码，扫描二维码可观看教学视频。

图书在版编目（CIP）数据

商务礼仪/黄琳主编. —4版. —北京：机械工业出版社，2019.9（2023.6重印）
"十二五"职业教育国家规划教材　经全国职业教育教材审定委员会审定
普通高等教育"十一五"国家级规划教材
　　ISBN 978-7-111-63939-8

Ⅰ. ①商… Ⅱ. ①黄… Ⅲ. ①商务—礼仪—高等职业教育—教材 Ⅳ. ①F718

中国版本图书馆CIP数据核字（2019）第214770号

机械工业出版社（北京市百万庄大街22号　邮政编码100037）
策划编辑：孔文梅　　责任编辑：孔文梅　乔　晨
责任校对：夏　琴　　封面设计：鞠　杨
责任印制：郜　敏
北京中科印刷有限公司印刷
2023年6月第4版第8次印刷
184mm×260mm・16.5印张・324千字
标准书号：ISBN 978-7-111-63939-8
定价：49.80元

电话服务　　　　　　　　网络服务
客服电话：010-88361066　　机　工　官　网：www.cmpbook.com
　　　　　010-88379833　　机　工　官　博：weibo.com/cmp1952
　　　　　010-68326294　　金　　书　　网：www.golden-book.com
封底无防伪标均为盗版　　机工教育服务网：www.cmpedu.com

Preface 前言

　　礼仪是现代人的处世根本；礼仪是成功者的潜在资本。礼仪是一门综合性较强的行为科学，是人们在人际交往中，自始至终地以一定的、约定俗成的程序、方式来表现的律己、敬人的完整行为；是一种为时代所共识的行为准则或规范，即大家认可的，可以用语言、文字和动作进行准确描述和规定的行为准则，并成为人们自觉学习和遵守的行为规范。

　　在人际交往中，礼仪不仅可以有效地展现一个人的教养、风度和魅力，还体现出一个人对社会的认知水准、个人学识、修养和价值。如果能够恰当地运用礼仪知识，将有助于各项商务活动的顺利进行。

　　为适应高等职业教育的发展，切实提高实用型高等职业从业人员的培养质量，我们组织编写了这本《商务礼仪》。本书充分综合了商务礼仪所涉及的各个方面，突出实用性、操作性与通俗性，并力求与国际惯例接轨。本书除可供市场营销、旅游管理、电子商务、物流物管、外贸、文秘、电子通信等所有涉及管理与服务的专业教学使用外，还可作为企业员工商务礼仪方面的培训用书和从业人员自学读物及毕业大学生的求职礼仪指导用书。

　　本书由黄琳负责组织编写、设计总体框架体例和拟定篇目。参加本书编写的人员有：温州职业技术学院的邱桂贤（第一章）；广州民航职业技术学院的李爱琴（第二章、第四章、第九章）；湖南铁道职业技术学院的杨洪怡（第三章）；陕西工业职业技术学院的王红艳（第五章、第十四章）；湖南铁道职业技术学院的罗绚丽（第六章、第十一章）；湖南铁道职业技术学院的王泽玲（第七章）；湖南铁道职业技术学院的黄琳、陈永胜（第八章）；湖南工业大学的袁琦（第十章）；湖南工业大学的李秋初（第十二章）；辽宁轻工职业学院的韩雪（第十三章）；湖南铁道职业技术学院的杨立负责本书视频等内容的制作。全书由黄琳最后统稿并审定。

　　本书在第3版的基础上进行修订。商务礼仪的理论和实践在不断发展、不断进步，对全书予以系统修订，使高职高专院校的商务礼仪教学跟上时代发展的步伐，显得尤为必要。这次修订，在总体策划和编写中更加突出了系统性、创新性、实用性三大特色，使管理与服务专业大专层次的学生能够系统、全面地学习商务礼仪相关知识。修订后的本书充分反映了

前言 Preface

本学科的新成果和前沿动态,具有很强的实用性和针对性。希望这次修订,能进一步实现商务礼仪理论与实践相结合的目标。

为方便教学,本书配备电子课件、参考视频及知识拓展课件。凡选用本书作为教材的教师均可登录机械工业出版社教育服务网www.cmpedu.com下载,咨询电话:010-88379375,QQ:945379158。

在本书第4版出版之际,我们对机械工业出版社的相关编辑深表谢意,感谢她们在本书完成之前各个阶段给予的大力支持和热心协助。她们的工作热情和敬业精神时时鼓舞着我们。此外,本书在编写过程中,曾多次听取有关专家、教师的意见,参考了大量有关礼仪方面的书籍、文献及一些刊物上的相关资料,在此谨向有关专家、教师、作者表示衷心的感谢!

限于时间较紧、水平有限,本书编写中的缺陷在所难免,敬请读者指正,以臻完善。

编　者

二维码索引

序号	名称	二维码	页码
1	站姿		26
2	女士坐姿		27
3	男士坐姿		27
4	蹲姿		28
5	茶艺表演		102
6	商务接待礼仪		142
7	电梯礼仪		143
8	电话礼仪		147

Contents 目录

前言
二维码索引

第一部分　商务人士个人形象设计

第一章　商务礼仪基本理念　3
第一节　何谓商务礼仪　4
第二节　商务礼仪的作用与准则　8
第三节　商务礼仪修养　12
综合案例　14
本章小结　14
复习与思考　15

第二章　商务人员仪表礼仪　17
第一节　仪容的修饰　18
第二节　仪态的美化　26
综合案例　32
本章小结　32
复习与思考　32

第三章　服饰礼仪　35
第一节　着装的TPO原则　36
第二节　服饰运用的礼仪要求与技巧　38
第三节　饰品的选择与佩戴礼仪　44
第四节　服装的色彩与款式造型　46
综合案例　50
本章小结　50
复习与思考　50

第二部分　商务交往中的日常交际礼仪

第四章　见面礼仪　53
第一节　打招呼与握手　54
第二节　称谓礼仪　56
第三节　敬语、谦语的使用　60
第四节　名片礼仪　61
第五节　面试时的礼仪　65

综合案例　69
本章小结　69
复习与思考　69

第五章　介绍礼仪　71
第一节　自我介绍　72
第二节　为他人做介绍　76
第三节　集体介绍　80
综合案例　82
本章小结　82
复习与思考　83

第六章　餐饮礼仪　85
第一节　宴请礼仪　86
第二节　中、西餐礼仪　92
第三节　喝咖啡礼仪　101
第四节　喝茶礼仪　102
第五节　饮酒礼仪　103
综合案例　105
本章小结　105
复习与思考　105

第七章　舞会礼仪　107
第一节　舞文化及发展史　108
第二节　舞会礼仪规范　109
综合案例　117
本章小结　117
复习与思考　118

第八章　公共场所礼仪　119
第一节　观影、观演、观赛礼仪　120
第二节　乘坐交通工具礼仪　126
第三节　出外旅游礼仪　129
综合案例　133
本章小结　134
复习与思考　134

目录 Contents

第三部分　商务交往中的常用公务礼仪

第九章　商务接访礼仪　137
　　第一节　办公室礼仪　138
　　第二节　商务接待与拜访礼仪　142
　　第三节　电话礼仪　146
　　第四节　礼品馈赠礼仪　150
　　综合案例　157
　　本章小结　157
　　复习与思考　157

第十章　社交语言艺术　159
　　第一节　运用社交语言的基本原则　160
　　第二节　交谈的技巧　163
　　第三节　商务活动中语言沟通的技巧　170
　　综合案例　172
　　本章小结　172
　　复习与思考　172

第十一章　商务沟通礼仪　175
　　第一节　商务交往中的有效沟通　176
　　第二节　商务场合的沟通方式及分类　180
　　第三节　商务沟通技巧　182
　　第四节　情商管理与商务沟通礼仪　192
　　综合案例　197
　　本章小结　197
　　复习与思考　197

第十二章　商务谈判礼仪　201
　　第一节　商务谈判过程中的礼仪　202
　　第二节　部分国家和地区商务谈判
　　　　　　风格　204
　　综合案例　216
　　本章小结　216
　　复习与思考　217

第四部分　商务交往中的国际礼宾礼仪

第十三章　涉外礼仪　221
　　第一节　涉外礼仪的原则　222
　　第二节　常见的礼宾次序礼仪　225
　　第三节　会见、会谈礼仪　227
　　第四节　各种仪式礼仪　229
　　第五节　涉外付小费礼仪　233
　　综合案例　235
　　本章小结　235
　　复习与思考　235

第十四章　东西方礼仪文化简介　237
　　第一节　各国礼仪文化　238
　　第二节　宗教礼仪常识　245
　　综合案例　254
　　本章小结　254
　　复习与思考　254

参考文献　256

第一部分
商务人士个人形象设计

第一章
商务礼仪基本理念

学习目标

知识目标

了解礼仪的起源与发展,充分认识礼仪的重要性,认识商务礼仪的作用与意义。

能力目标

掌握商务礼仪人员应具备的修养。在商务交往中,能展现并运用一定的商务礼仪技能。

随着我国改革的不断深入和市场经济的日益发展,礼仪在人们的社会交往中起着越来越重要的作用。许多商务组织已意识到,要想在激烈的市场竞争中生存和发展,就必须时刻保持良好的组织整体形象以及员工的个人形象。可以说,遵循礼仪规范已成为商务组织超越同行、保持领先、展示自己实力的重要法宝。

第一节　何谓商务礼仪

商务礼仪是礼仪在商务活动中的具体应用，因此，深入了解礼仪的内涵，是认识商务礼仪的前提。

一、礼仪的基本概念

（1）礼　礼的内容非常丰富，其含义的跨度和差异也很大。礼本谓敬神，逐步引申为表示致意的通称。它既可以指为表示隆重和敬意而举行的仪式，也可以泛指社会交往中的礼貌和礼节，是人们在长期的生活实践中约定俗成的行为规范。礼还特指奴隶社会或封建社会等级森严的社会规范和道德规范。

（2）礼貌　礼貌是文明行为的基本要求，是人与人之间在接触交往中相互表示敬重和友好的行为准则。它体现了时代的风尚与道德规范，体现了人们的文化层次和文明程度。在不同的国家和民族，处于不同的时代以及不同的行为环境中，礼貌表达的形式和要求虽然不同，但其基本的要求是一致的，即相互尊重与友好相处，待人接物时应做到诚恳、谦恭、和善和有分寸。

讲究礼貌是人类社会发展的客观要求，是维持社会生活正常秩序的起码条件。人们在日常工作、学习和生活中，总是难免产生这样或那样的矛盾，如果能够讲究礼貌、相互谅解、相互尊重，矛盾就比较容易得到化解而不至于升级、激化。礼貌是一个人待人接物时的外在表现，它主要通过言语和行动表现出对交往对象的尊重和敬意。礼貌的行动是一种无声的语言，如微笑、点头、欠身、鞠躬、握手、双手合十、拥抱、亲吻等；礼貌的言语是一种有声的行动，如使用"小姐""先生""夫人"等敬称，"欢迎光临""给您添麻烦了"等谦语，"哪一位""哪里有洗手间""哪里可以方便"等雅语。讲究礼貌是一个人良好道德品质的体现，对人的尊重友好必须是发自内心、以诚相待的。表面的客套不是礼貌，它往往是不真诚的，是故作姿态、表里相悖的。此外，讲究礼貌应把握分寸，不卑不亢、落落大方、热情有度，既不失礼，又讲原则。讲究礼貌决不意味着放弃原则、过分殷勤、低声下气，甚至卑躬屈膝。

（3）礼节　礼节是人们在日常生活，特别是在交际场合中，相互问候、致意、祝愿、慰问以及给予必要的协助与照料的惯用形式。礼节是礼貌的具体表现，它具有一定的强制性。如中国古代的作揖、跪拜，当今世界各国通行的点头、握手，南亚诸国的双手合十，欧美国家的拥抱、亲吻，少数国家和地区的吻手、吻脚、拍肚皮、碰鼻子等，都是不同国家礼节的表现形式。当代国际社会交往频繁，各开放国家的礼节有着互相融通的趋势。但各国各民族的特点是客观存在的，传统的礼节多有不同。因此，在相互交往中，熟知和尊重各国、各民族的礼节和风俗习惯是十分必要的。

礼貌和礼节之间的关系是相辅相成的。有礼貌而不懂礼节，往往容易失礼；而谙熟礼节却流于形式，充其量只是客套。与礼貌相比，礼节处在表层，且一般总是表现为一定的言辞、举止或动作。但这决不意味着礼节仅仅是一种表面形式，而是说尊重他人的良好愿望必须通过一种约定俗成的形式表现出来。否则，虽有对他人尊重与友好的心意，却不知怎样去表达，因而在与人交往时就会显得尴尬、紧张、手足失措。没有礼貌只学些表面的礼节形式，在施礼时机械模仿、故作姿态或缺乏诚意、冷若冰霜，都不是礼貌周全的表现。因此，讲礼貌、懂礼节应是内在品质与外在行为的统一。

（4）礼仪　礼仪是一个复合词语，包括"礼"和"仪"两部分："礼"指"事神致福"的形式（即敬神）；"仪"指"法度标准"。在礼学体系中，礼仪是有形的，它存在于社会的一切交往活动中，其基本形式受物质水平、历史传统、文化心态、民族习俗等众多因素的影响。因此，语言（包括书面和口头的）、行为表情、服饰器物是构成礼仪最基本的三大要素。一般来说，任何重大典礼活动都需要同时具备这三种要素才能完成。

礼仪是指人们在一定的社会交往场合，为表示相互尊重、敬意、友好而约定俗成的、共同遵循的行为规范和交往程序。从广义的角度来看，礼仪是一系列特定的礼节的集合。它既可以指在较大较正规的场合隆重举行的各种仪式，也可以泛指人们在社交活动中的礼貌礼节。如正式交往场合对服饰、仪容仪表、举止等方面的规范与要求，或者大型庆典活动、展览会的开幕式、社交宴请以及迎接国宾的鸣放礼炮等均属礼仪的范畴。

礼貌、礼节、礼仪都是人们在相互交往中表示尊重、友好的行为，从本质上说，三者是一致的，但又有各自特殊的含义和要求，它们之间既有联系又有区别。礼貌、礼节多指交往过程中个别的行为，礼仪则是指社交活动中，自始至终以一定程序、方式来表现的完整行为，更具文化内涵。一般来说，礼节产生于礼仪之前，最初的社交活动规模较小，礼节也较为简单。随着社会的进步和发展，交往活动日趋频繁深入，礼节也就越来越复杂，且逐渐形成了一些系列化的礼节规范和约定俗成的礼节程序，礼仪于是自然而然地游离出来。因此，礼节是礼仪的基础，礼仪是系列化、程式化了的礼节。

二、我国礼仪的起源与发展

我国是具有悠久历史的文明古国，素有"礼仪之邦"的美誉。在五千年的历史演变过程中，不仅形成了一套完整的礼仪思想和礼仪规范，而且重礼仪、守礼法、讲礼信、遵礼义已内化为民众的一种自觉意识而贯穿于社会活动的各个方面，成为中华民族的文化特征。从孔子的"非礼勿视、非礼勿听、非礼勿言、非礼勿动"，到今天人们普遍倡导的"相敬如宾""礼尚往来"的社会风尚，礼不仅是中国人的行为规范和思想准则，而且对形成人们良好的处世态度、人际关系，形成具有民族特色的生活习惯，凝聚民族力量和稳定社会秩序，推动社会进步，发挥了极其重要的作用。

1．我国古代礼仪的起源与发展

礼貌、礼仪源于礼，礼之产生，可以追溯到远古时代。自从有了人，有了人与自然的关系，有了人与人之间的交往，礼便产生和发展起来。从仪式上来说，礼起源于氏族公社举行的祭祖活动。在原始社会中，人们无法解释日月星辰的更替、风雨雷电的变幻和灾害瘟疫的流行等自然现象，认为冥冥之中是鬼神、祖先以超自然的力量在对人类的生活进行干预，故对之顶礼膜拜。人类最初的礼仪都是与祭鬼神、祭祖先相联系的，其主要形式是用礼器举行祭祀仪式，以表示氏族成员对神灵和祖先的敬献和祈求。因此，有礼立于敬而源于祭之说。

原始社会的生活礼仪与原始人类生产活动密切相关。比如原始人类用拍手、击掌、拥抱等来表达感情，用手舞足蹈来庆贺狩猎的胜利，这就是最初的礼节。随着原始社会的发展，人类在同自然界的斗争中开始取得些许成功，由此萌发了毫无节制地获取自然界恩赐的雄心，并企图为所欲为地侵夺他人，因此需要有一种能够节制人的行为的规范以维持社会生活的基本秩序，于是逐步产生了礼仪。

礼仪在其传承沿袭的过程中不断发生着变革，从历史发展的角度看，其演变可分为四个阶段：

（1）起源时期　礼仪起源于原始社会时期，在长达100多万年的原始社会历史中，人类逐渐开化。在原始社会中、晚期（约旧石器时期）出现了早期礼仪的萌芽。例如，生活在距今约1.8万年前的北京周口店山顶洞人，就已经知道打扮自己。他们用穿孔的兽齿、石珠作为装饰品，挂在脖子上。而他们在去世的族人身旁撒放赤铁矿粉，举行原始宗教仪式，这是迄今为止在中国发现的最早的葬仪。

综合考古学、民族学的材料可以发现，这一时期原始的政治礼仪、祭祀礼仪、婚姻礼仪等已有了雏形，但还不具有阶级性。

（2）形成时期　这一阶段约在公元前21世纪到公元前771年的夏、商、西周三代。从夏朝建立起，中国社会进入了奴隶制社会。由于大规模地利用奴隶劳动，生产力比原始社会有了更大的发展，与之相适应，社会文化也得到了较大的发展。在这个阶段，奴隶主阶级为了维护本阶级的利益，巩固自己的统治地位，修订了比较完整的国家礼仪和制度，提出了极为重要的礼仪概念，如"五礼"（吉礼、凶礼、军礼、宾礼、嘉礼）等，确立了崇古重礼的文化传统。古代的礼制典籍亦多撰修于这一时期，如在西周，出现了中国历史上的第一部记载礼的书籍——《周礼》。人们通常认为，传世的《周礼》和《仪礼》是周公的遗典，它们与其释文《礼记》，成为后世称道的"三礼"。"三礼"所涉及的各种礼制的总和，涵盖了中国古代礼仪的主要内容，是我国礼仪的经典之作，对我国后世的礼仪建设起到了不可估量的作用。

（3）变革时期　这一阶段约在公元前771年到公元前221年的春秋战国时期，是我国奴隶制向封建制转变的过渡时期。西周末期，王室衰微，诸侯纷起争霸。公元前770年，周平王东迁洛邑，史称东周。承继西周的东周王朝已无力全面恪守传统礼制，出现了所谓"礼崩乐坏"的局面。这一时期，三代之礼在许多场合废而不行。一些新兴利益集团开始创造符合自己利益和巩固其社会地位的新礼。学术界百家争鸣，以孔子、孟子为代表的儒家学者系统地阐述了礼的起源、本质和功能等问题，第一次在理论上全面而深刻地论述了社会等级秩序划分及其意义，以及与之相适应的礼仪规范、通用义务。

（4）强化和衰落时期　这一阶段大约是从公元前221年到1911年，从秦汉到清末。这一时期的重要特点是尊君抑臣、尊夫抑妇、尊父抑子、尊神抑人。在漫长的历史演变过程中，一方面，它起着调节、整合、润滑人际关系的作用，作为一种无形的力量制约着人们的行为，使人们循规蹈矩地参与社会生活；另一方面，它又逐渐成为妨碍人类个性自由发展、阻挠人类平等交往、窒息思想自由的精神枷锁。

2. 我国现代礼仪的形成与发展

1949年10月1日，中华人民共和国宣告成立，中国的礼仪建设从此进入一个崭新的历史时期。新中国成立以来，礼仪的发展大致可以分为三个阶段：

（1）礼仪革新阶段（1949—1966年）　1949年至1966年，是中国当代礼仪发展史上的革新阶段。此间，摒弃了昔日束缚人们的"神权天命""愚忠愚孝"以及严重束缚妇女的"三从四德"等封建礼教，确立了同志式的合作互助关系和男女平等的新型社会关系，而尊老爱幼、讲究信义、以诚待人、先人后己、礼尚往来等中国传统礼仪中的精华，则得到继承和发扬。

（2）礼仪退化阶段（1966—1976）　1966年至1976年，中国进行了"文化大革命"。十年动乱使国家遭受了难以弥补的严重损失，也给礼仪带来一场"浩劫"。许多优良的传统礼仪，被当作"封资修"货色扫进垃圾堆。礼仪受到摧残，社会风气逆转。

（3）礼仪复兴阶段（1977年—至今）　1978年党的十一届三中全会以来，改革开放的春风吹遍了祖国大地，中国的礼仪建设进入新的全面复兴时期。各行各业的礼仪规范纷纷出台，岗位培训、礼仪教育日趋红火，讲文明、重礼貌蔚然成风。一批涉及礼仪的报刊、图书、辞典、教材不断问世。广阔的华夏大地再度兴起礼仪文化热。

改革开放以来，随着中国与世界的交往日趋增强，许多礼仪从内容到形式都在不断革新。我国现代礼仪是在中国传统礼仪的基础上，继承和发扬了中华民族在礼仪方面的优良传统，具有时代特点的礼仪规范；又是适应改革开放，在新的层次上同国际礼仪接轨，符合国际通行原则的礼仪规范。

而商务礼仪，是现代礼仪的重要组成部分，作为商务活动中的礼仪的具体运用，越来越受到现代人们的重视。

三、什么是商务礼仪

商务礼仪是公司或企业的商务人员在商务活动中，为了塑造良好的个人和组织形象而应当遵循的对交往对象表示尊敬与友好的规范或程序。它是一般礼仪在商务活动中的运用和体现，并且比一般的人际交往礼仪的内容更丰富，它不仅以对顾客的尊重为基础，而且以提供符合消费者需求的商品和优质的服务来体现这种尊重。同一般的礼仪相比较，商务礼仪有很强的规范性和可操作性，并且与商务组织的经济效益密切联系。

不可否认，随着商业影响逐步全球化，人与人之间、公司与公司之间的商业往来日益频繁，尤其是我国加入WTO后，商务礼仪越来越受到商务人员的重视。它具体包括：①个人行为的商务礼仪，如个人的素质、行为、仪表、服饰、举止、教养等；②日常交往的礼仪，如见面、约请与应邀、作客、宴请、赠礼的礼仪等；③日常工作的礼仪，如接待客户、推销工作、商务服务的礼仪等；④专题商务活动的礼仪，如开业、庆典、发布会、展销会、洽谈会、签字仪式礼仪等。

第二节　商务礼仪的作用与准则

一、商务礼仪的作用

1. 在商务活动中讲究礼仪，有利于塑造个人形象

个人形象是一个人的相貌、身高、体形、仪容、谈吐、举止、气质风度以及文化素质等方面的综合因素。商务礼仪与个人形象塑造密切相关，以商务礼仪规范自己的言行、仪容和仪表，是展示良好形象的一条有效途径。学习并运用礼仪，无疑将有益于商务人员更好地、更规范地设计个人形象，更好地、更充分地展示个人的良好教养与优雅的风度，这种通过展示礼仪风范来美化自身的功能，任何人都难以否定。

（1）在商务活动中讲究商务礼仪，可以给对方留下良好的第一印象。在人际交往中，人们留给别人的印象由于交往程度的不同，大致分为三个层次：第一层是对于那些只知其名未见其人的人来说，他的形象主要与他的名字相关；第二层是对于只有一面之交的人来说，他的形象主要与他的相貌、仪表和风度举止有关；第三层是对于那些相知相交很深的人来说，则他的形象更多的与他的品行、文化和才能有关。而第一印象则是由人的相貌、仪表和风度举止等综合因素组成的。第一印象在人们的商务交往中起着重要的作用，它常常是以后交往的根据。印象好，彼此能继续交往，印象不好，彼此可能就会中断交往。而且第一印象的好与坏还直接影响商务活动中人们对彼此的品质和特征的评价。商务人员只有充分认识这一点，才能更好地运用商务礼仪，辅助事业的成功。

（2）在商务活动中讲究商务礼仪，可以充分展示商务人员良好的教养与优雅的风度。美丽的面容、矫健的身姿、华丽的服饰等，都是表象的东西，是一个人外在的美，而只有将外在美与内在美结合起来，人才能更具教养和风度。商务礼仪正是衡量商务人员教养与风度的一种尺度，它要求所有商务人员讲究礼貌、仪表整洁、尊老敬贤、礼让妇女、助人为乐等，以赢得他人的好评。

（3）在商务活动中讲究商务礼仪，可以更好地向交往对象表示尊敬友好之意。孟子曰："恭敬之心，礼也。"尊敬是礼仪情感的基础。在社会交往中，人与人是平等的，尊敬、关心客户，这不但不是自我卑下的行为，反而是一种至高无上的礼仪。"敬人者人恒敬之，爱人者人恒爱之。"尊敬是相互的，但也要注意把握住一个"度"，同时还要做到入乡随俗。

2. 商务礼仪是塑造企业形象的重要工具，有助于提高企业的经济效益

商务人员在工作中，总是代表着自己为之服务的组织的利益。在消费者及公众心目中，商务人员是企业的代表，他们的形象代表着企业的形象。对企业来说，商务礼仪是企业价值观念、道德观念、员工整体素质的整体体现，是企业文明程度的重要标志。商务礼仪可强化企业的道德要求，树立企业的良好形象。

商务礼仪是企业文化、企业精神的重要内容，是塑造企业形象的重要工具。企业文化最终都要通过企业员工的言谈举止来传达文化的信息。商务礼仪不仅仅体现在形式上，而且更多的是通过形式规范的礼仪表达该员工的素质，从而体现该企业的整体素质和形象。诚信、理解、大度、谦逊、尊重等都是商务礼仪内涵的表现。大凡国际化的企业，对于礼仪都有高标准的要求，都把礼仪作为企业文化的重要内容。学习、运用现代国际商务礼仪在业务往来中树立良好的形象，在复杂的环境下更好地处理公共关系，已成为组织提高自身的竞争力和组织间达到更好的合作洽谈效果的基本要求，更是建立双方相互尊重、信任、宽容、友善的良好合作关系的重要手段。因此，从组织角度而言，无论是领导者还是员工，都应有强烈的形象意识。良好的形象可以给组织带来巨大的经济效益。任何组织内的个人，均应重视商务礼仪的学习与再教育，自觉掌握商务礼仪的常识，为塑造良好的组织形象服务。

3. 商务礼仪有助于促进人们的交往，改善人际关系

古人认为："世事洞明皆学问，人情练达即文章。"这句话讲的其实就是交际的重要性。运用礼仪，除了可以使个人在商务交往活动中充满自信、胸有成竹、处变不惊外，其最大的好处就是在于，它能帮助人们规范彼此的交际活动，更好地向交往对象表达自己的尊重、敬佩、友好与善意，增进彼此之间的了解与信任。假如人皆如此，长此以往，必将造就和谐、完美的人际关系，有助于事业的成功。

4. 商务礼仪是国民素质的体现和国家文明的标志

一般而言，人们的教养反映其素质，而素质又体现于细节。反映个人教养的商务礼仪，是人类文明的标志之一。一个人、一个民族、一个国家的礼仪，往往反映着这个人、这个民族、这个国家的文明水平、整体素质、整体教养。随着我国加入世界经贸组织，以及对外开放的进一步扩大，我国与世界各国之间的交流与合作日益增多。在涉外商务活动中，商务人员的一言一行、一举一动、服饰仪容等，无不反映着其个人的文化修养，并在一定程度上反映了其所在组织及国家的精神面貌。

二、商务礼仪的准则

商务人员为了更好地开展商务活动，除了要提高自身的商务礼仪修养之外，还应遵守基本的商务礼仪准则，要做到：

（1）认清主客立场　根据待客之道，主方立场为保护者，而客方扮演的则是被保护者；职位低为保护者，职位高的则是被保护者。在社交活动中，男性立场为保护者，而女性扮演的则是被保护者的角色；年轻人立场为保护者，而老年人和儿童则是被保护者。例如：在做接待工作时，主人往往走在来宾的左前方。这主要是由于古代枪支习惯瞄准左方，因此，出于安全考虑，强调"以右为尊"。上下楼梯也要特别注意，上楼梯时应让上司、来宾走在前方，以防止对方不慎跌落；下楼梯时则让上司、来宾走在后方，以便随时给予保护。

以上所述看似小事，实则体现出商务人员的个人修养，客人更能因此感受到我们的真诚与可靠。

（2）多用商量语气　在商业对谈的礼仪中，商量是一门艺术，重点在学习如何彼此尊重，对领导者而言尤其重要。当我们有求于人的时候，不论是上司或部下都宜采用询问商量的口气，如多用"可不可以？"或"好不好？"或"May I？"，让对方有考虑的时间及空间，因为他有权选择说Yes或是No。应避免出现下列景象：

1）在办公室中，常见的情况是员工要请假，却摆出一副理直气壮的样子。如："老板，我明天有事，要请假。"

2）同样地，上司也常命令员工："这件事情下班前一定要完成。"

如此的口气不仅让对方很难表达意见，同时还会造成或加大双方的隔阂。因此如果能学会采用商量的口气说明事情，则会完全不一样。如："老板，我明天有点私事需要处理，不知能否向您请个假？""小王，这件事情很紧急，下班前能完成吗？有什么困难吗？"像这样温和商量的语气，会使人感到受尊重，也容易获得正面的答复，更能使事情顺利进行，使谈话气氛和谐愉快。

（3）遵时守信　所谓遵时，就是要遵守规定或约定的时间，不能违时或失约；所谓守信，就是讲信用，对自己的承诺认真负责。现代社会工作节奏快，时间就是生命，时间就是效益，这早已为世人所认同。违时既会给对方造成各方面的损失，也是对对方的不尊重。同时，在日常生活和工作中，一个人难免会对他人许下这样或那样的承诺，"言必信，行必果"，这是对自身的肯定，也是对自身人格的尊重和肯定。违时失约和不守信用，都是失礼的行为，是人际交往中的大忌。在商务活动中，如果已和宾客约定了时间或是做出了承诺，一般不能轻易变动，而应想方设法去做到。在不得已需要变更时，也须提前打招呼并做出令人信服的解释，尽量避免给对方造成麻烦或使对方产生误解。

凡是需要承诺的事情，要量力而行，不能仅仅是为了顾及面子就随便答应，事后又不负责任地随意毁约。一旦言而无信，尤其是养成了习惯，就会造成对别人的不便，甚至会对企业、对自己的形象和声誉造成很大损害。

（4）自尊与尊重他人　心理学认为，人们对尊重的需要分两类，即自尊和来自他人的尊重。自尊包括对获得信心、能力、本领、成就、独立和自由的愿望。来自他人的尊重包括威望、承认、接受、关心、赏识等。人们往往容易做到自尊，但要获得来自他人的尊重，首先要学会尊重他人。尊重他人是礼仪的重要原则。与人交往，不论对方的地位高低、身份如何、相貌怎样，都要尊重他人的人格，使人感到他在你的心目中是受欢迎的，从而得到一种心理上的满足，进而产生愉悦。

首先，在交往中，要热情、真诚。热情的态度会使人产生受重视、受尊重的感觉。相反，对人冷若冰霜，会伤害别人。如果过分热情，会使人感到虚伪、缺乏诚意。

第二，要给人留面子。所谓面子，就是自尊心。每个人都有自尊心，失去自尊心对一个人来说，是件非常痛苦的事。伤害别人的自尊是严重的失礼行为。维护自尊，希望得到他人的尊重，是人的基本需要。

第三，允许他人表达思想，表现自己。当别人和自己的意见不同时，不要把自己的意见强加给对方。当你和与自己性格不同的人交往时，也应尊重对方的人格和自由。尊重他人才能赢得他人的尊重。

（5）避免惊吓他人　开会进行至中途，如物品不慎掉落需要拣拾时，应先告知身边的人后再低身去拾取，并说声："对不起，我捡支笔。"切不可直接弯身取物，以免吓着身边的人。

走路或与人交谈时，千万不可把手放在衣服口袋里，这样会使人缺乏安全感，会使人对你有为人轻浮、无所事事的印象。另外，将双手交叉盘于胸前，是很不礼貌的行为。因为，在欧洲人看来，隐藏双手不让人看见，是敌意的表示。所以，一定要将双手露出来，当然如果天气很冷也可戴上手套。

用餐时不可用刀、叉、筷子等尖锐的东西指向他人，这样会使别人产生恐惧感。柜台人员与客人谈话时，也不要以笔尖朝向别人。凡此不安全的行为，都应避免去做。

（6）尊重他人隐私　每个人都拥有自己的空间和不为人知的秘密。尊重别人的隐私，是尊重他人人格的表现。所以，当你与别人交谈时，切勿鲁莽地随意提及别人的隐私，这样，别人才会愿意与你交谈。相反，你若不顾及别人保留隐私的心理需要，盲目触及"雷区"，一定会影响彼此的交谈效果，引起对方的极度讨厌。另外，忌主动提及别人的伤心事。与人谈话，要留意别人的情绪，话题不要随意触及对方的"情感禁区"。

有些过于私人的问题还容易造成尴尬的场面，如婚姻状况、年龄、体重、三围、薪水和穿着品牌等。在公共场合尽量避免公开谈论他人隐私。与人交谈时，如果对方不愿意主动提及某事，必有其原因或有难言之隐，此刻最不应该有的态度就是"打破砂锅问到底"。如果你知晓别人的困难，又没有能力替人分忧解难，记住千万不要背后幸灾乐祸，因为这样最不道德。

第三节　商务礼仪修养

商务人员只有具备较高的商务礼仪修养，在工作中才能变礼貌为服务，让礼貌带来效益。日本就创造了把现代市场营销和管理与东方传统文化精髓巧妙结合的典范，这也是战后日本经济奇迹般起飞的一个重要原因。传统的礼仪文化不但没有随着市场经济和现代化而被抛弃，反而更加详尽、更加严格、更加规范、更加职业化了。

对于商务人员来说，应具备以下礼仪修养：

一、遵守公德

公德是指一个社会的公民为了维护整个社会生活的正常秩序而共同遵循的最起码、最简单的公共生活准则。它反映的是人类社会中最一般、最基本的关系，而不是某一领域或特定阶级的关系。公德是日常生活中的道德，是人们普遍应该做到，又不难做到的最低限度的行为，是道德体系中的最低层次。公德的内容包括尊重妇女、关怀体贴老人、遵守公共秩序、救死扶伤等。这些内容也体现在各种商务礼仪之中，是商务礼仪所包含的基本要求。遵守社会公德表现了人与人之间的互相尊重以及对社会的责任感。所以，它是文明公民应具备的品质。

二、真诚谦虚

人际交往中，需要诚心待人，表里如一，谦虚恭敬，不能自以为是。社会生活中常可见到这种现象，越是博学多才的人修养越好，他们待人处事自然大方，善于听取别人的不同意见，即使是对比较尖刻的人，也能给予表达观点和看法的机会，显得非常平易近人，虚怀若谷。当然这样并不会使人感到其无能，而只能使别人从其普通平凡的小事中感受到其高尚的人格。而虚情假意、口是心非者即使在礼貌礼节方面做得无可挑剔，仍然会让人感到不快，最终使得正常的交往难以继续。

在商务活动中，谦虚随和的人，说话和气，一般比较有耐性，待人不严厉、不急躁、不粗暴，乐意听取他人的意见，有事能与他人商量，容易与他人建立亲近的关系。相反，如果喜欢自吹自擂、趾高气扬、卖弄学问、夸夸其谈、唯我独尊，听不得半点不同意见，这种自以为是的言行，其实正是缺乏修养的外在表现，这样反而不容易在商务活动中获得真正的成功。

三、注意小节

有的人做事大大咧咧，行为没有拘束、不拘小节，如进入他人会议室，推开门就往里闯；展览会上随便触摸展览品；当众掏鼻孔、剔牙齿等。在商务活动中不拘小节，反映出一个人的行为修养较差。在注重礼仪的社会交往场合，不注意小节的人是不受欢迎的。作为一个商务人员，注意小节，彬彬有礼，是最起码的交往行为修养。

四、平等尊重

礼仪行为总是表现出双方性或多方性，你给对方施礼，对方也自然会还你以礼，这种礼仪施行必须讲究平等的原则，平等是人与人交往时建立情感的基础，是保持良好的人际关系的诀窍。在交往中，平等表现为不骄狂，不我行我素，不自以为是，不厚此薄彼，更不以貌取人，或以职业、地位和权势压人，而是应该处处时时平等谦虚待人，唯有如此，才能结交更多的朋友。

五、热情适度

热情指对人要有热烈的感情，使人感到温暖；适度是指对人热情的表现要有一定的分寸，恰到好处，使人感到能够自然适应。热情的人往往使人觉得容易接触，也愿意与之接近交往。因此，要想在商务交往中获得成功，就必须热情友善，同时还要注意言行适度。言行适度要求人们在交往中，为了保证取得交往效果，必须注意技巧，合乎规范，特别要注意做到把握分寸，认真得体。在交往前，首先考虑目的何在，然后根据目的，针对不同场合、不同对象，正确地表达自己的敬人之意。传统的"礼多人不怪"的观点在当今社会里已经失去了它存在的市场。

热情适度，要求商务人员在交往中，既要彬彬有礼，又要不卑不亢，要亲切和气，不要虚情假意，轻浮阿谀。

六、宽容理解

在商务交往中，理解和宽容是十分重要的，这也是礼仪修养的基本内容。

所谓理解，就是善解人意，懂得别人的思想感情，意识到和宽容别人的立场、观点和态度，能够根据具体情况体谅别人、尊重别人，体会到别人的喜怒哀乐。宽容就是大度，要宽宏大量能容人，尤其是在非原则问题上，能够原谅别人的过失。

理解和信任他人是建立良好的人际关系的基石，只有建立在理解和信任他人的基础上的人际关系才能纯洁、长久、有活力。在人际交往中和商务活动中，最怕的就是互相缺乏理解，甚至误解。缺乏理解就无法沟通感情；产生误解则往往容易导致失礼，在交往者之间产生妨碍交流思想的隔膜，甚至会使关系僵化。

宽容是理解的提高升华，是理解的结果。宽容是在与不同思想性格的人打交道时，对对方的误解、无礼，表现出有气量、宽大为怀；允许不同观点的存在，也原谅他人对你利益的无意侵害。以宽容的态度待人处世并不是懦弱的表现，而是一种有气度的行为，它往往具有巨大的感化力量。宽容别人不但能缓和气氛，而且有助于改善人际交往环境，有利于大局。但宽容不是无限的，否则就会丧失原则和人格，姑息纵容错误。

综合案例

日本有一家叫木村事务所的企业想扩建厂房，他们看中了一块近郊土地意欲购买。同时也有其他几家商社也想购买这块地。可是董事长木村前后半年多次登门，费尽口舌，但该块土地的所有者——一位倔强的老寡妇，说什么也不卖。

一个下雪天，老太太进城购物顺便来到木村事务所，她本意想告诉木村先生死了这份心。老太太推门刚要进去，突然犹豫起来，原来屋内整洁干净，而自己脚下的木屐沾满雪水，肮脏不堪。正当老人欲进又退之时，一位年轻的小姐出现在老人面前："欢迎光临！"小姐看到老太太的窘态，马上回屋想为她找一双拖鞋，不巧正好没有了。小姐便毫不犹豫地把自己的拖鞋脱下来。整齐地放在老人脚前，笑着说："很抱歉，请穿这个好吗？"老太太犹豫了：她不在乎脚冷？"别客气，请穿吧！我没有什么关系。"等老人换好鞋，小姐才问道："老太太，请问我能为您做些什么？""哦，我要找木村先生"。"他在楼上，我带您去。"小姐就像女儿扶母亲那样，小心翼翼地把老太太扶上楼。于是，就在老人要踏进木村办公室的一瞬间改变了主意，决定把地卖给木村事务所。那位老人后来告诉木村先生说："在我漫长的一生里，遇到的大多数人是冷酷的。我也去过其他几家想买我地的公司，他们的接待人员没有一个像你这里的职员对我这么好，你的女职员年纪这么轻，就对人那么善良、体贴，真令我感动。真的，我不缺钱花，我不是为了钱才卖地的。"就这样，一个大企业家倾其全力交涉半年也徒劳无功的事情，竟然因为一个女职员有礼而亲切的举动无意促成了，真是奇妙之极。

案例思考题：

1. 上述案例体现了商务人员应具备哪些修养？
2. 商务礼仪有哪些作用？

本章小结

有了人类的历史，也就有了礼仪。本章重点介绍了礼仪的基本概念——礼、礼节、礼貌、商务礼仪，礼仪的起源与发展，强调了商务礼仪的作用与功能及其准则，以及商务人员应具备的礼仪修养。

复习与思考

一、名词解释

礼　礼节　礼貌　商务礼仪

二、简答题

1. 礼、礼貌、礼节、礼仪的含义是什么?
2. 简述礼仪的起源与演变过程。
3. 商务礼仪有哪些作用?
4. 商务人员应具备哪些礼仪修养?

三、技能实训题

技能训练背景：综合案例。

能力训练：商务礼仪的重要性。

目　　的：通过训练使学生更深刻地理解商务礼仪的重要作用。

参 加 者：请2个学生分别扮演不同角色：老太太与年轻的女职员。

练习时间：10分钟。

第二章
商务人员仪表礼仪

学习目标

知识目标

了解仪表美的作用,掌握仪容修饰的方法和技巧以及仪态美化的内容和要点。

能力目标

在商务交往中,能够根据场合的不同,有针对性地修饰和美化自己的仪容、仪态,正确运用自己的表情和手势。

仪表是指人的形貌外表,包括人的容貌、身材、发型、表情等方面。它反映一个人的精神状态和礼仪素养,甚至影响个人的形象和事业的发展。

商界人士注重自己的仪表形象,是因为仪表实际上是反映组织、个人形象的重要软件。心理学家认为,一个人对另一个人初次见面的"感觉",这种瞬间的看法,会直接影响到今后交往的密切程度。所以商务人员为了维护组织的形象及个人的形象而注重个人的仪表是顺理成章的事情。但是在商界是不允许在仪表方面"百花齐放,百家争鸣"的,仪表礼仪要求商务人员以严谨而规范的仪表,去体现自己积极进取、奋发向上的精神面貌。

第一节　仪容的修饰

仪容修饰被视为仪表礼仪的核心部分。一个人先天的容貌是无法改变的，但可以通过一定的修饰技巧，使一个长相平凡的人变得楚楚动人，比原来更加漂亮、更加美丽，这不仅是自己对仪表美的要求，也是满足交往对象审美享受的需要。

商务人员在仪容修饰方面主要从发型和化妆两方面着手。

一、发型的修饰

1. 发型修饰的要求

只要稍加留意就会发现，人与人之间的交往中，人们注视他人的第一眼首先是从头看起。头发是我们每一个人的制高点，是交往对象无法忽视的重要部分。因此，作为一名商务人员，要想维护自己的形象，就必须认认真真地整理自己的头发。

（1）干干净净　就是要求勤洗发、勤理发，努力使自己的头发保持清洁卫生的状态。具体来说，应当至少三天洗一次发，至少半个月理一次发。此外，还须随时随地检查自己头发的清洁度。如果要出席重要的商务活动或与此相关的社交活动，那么最好是去理发店或美容店，请理发师对自己的头发精心修剪一番。按照常理，刚刚修剪过的头发，别人是会看出来的。能使交往对象借此发现你是"有备而来"，对此次会面很重视，一定能让其感到受到尊重。

有些男士，虽然在公共场合露面时西服革履，头发因为涂抹了过量的发胶或摩丝，而看上去"油光可鉴"，可是对他们的确只可远观，不能近视。因为走近一看，或许会发现，他们的头发可能有好多天没洗过了，不是其"风味"独特，令人掩鼻，就是缕缕头发粘在了一块儿，"不分彼此"。见到这样的"懒先生"，您会对他有好印象吗？

还有一些女士，其发型与服饰一样，永远都处在"时代的前列，不会落伍"。然而让人替她们惋惜的是，她们给别人的印象也有些不够干净。仔细看一看，就会注意到她们的头发之间，总有不少斑斑点点的头皮屑。还有极个别的人喜欢在人多之时，特别是有男士在旁的时候，将自己的一头长发"琼瑶式"地甩来甩去。这些动作也不适当。

（2）整整齐齐　就是要求商务人员必须把头发"按部就班"地梳理"到位"，不允许蓬松凌乱。即使有一缕头发不服"管理"地"突出"出来，也是"犯规"的。为了使头发保持既定的发型，可使用美发用品对之加以固定。但更重要的，是要使之保持整齐，"一丝不苟"。唯其整齐，才有干净可言。

（3）长短适当　是指在头发的长度方面，对商界人士有一个比较特殊的要求：宜短，不宜长。对男士们而言，尤其需要注意这一点。在一般情况下，人们的头发留长还是剪短，实乃个人私事，不容他人干预。恐怕正是因为如此，在平日，人们总免不了要跟留长头发的人或是梳小辫子的人打一打照面。若是歌星、球星或是艺术家，标新立异一些，旨在突出个性，人们不觉其怪。可是一些年轻人与上述人等的生活、工作环境不同，却硬充"长发男儿"。他们留着让他人"安能辨我是雄雌"的"叔叔阿姨头"，不仅不会替自己增光，反倒只会使自己逊色。

女士们的头发要是"无原则"地长下去，再不注意保养，就会凌乱不堪，"枯萎"开叉，亦无美感可言。而且女士们的头发过长，还有一大缺陷，即时不时需要甩一下，拢一拢。那么会使自己显得分心走神，还有有意吸引他人"顾盼"之嫌。

实事求是地讲，留短发才是商界人士理智的选择。不论是女士们，还是男士们，留短发都有诸多好处。比如说，短发梳洗方便，使人显得朝气蓬勃、精神焕发，而且它还符合商务人员讲究传统保守和工作上快节奏的特点。商务人员头发宜短，只是相对来说的，并不是说越短越好，"秃瓢""光葫芦"就不太好了。

商务人员头发的长度，有一个可参照的数据，男士头发以6厘米左右为佳，最长也不应当后及领口，前过额头；女士头发的长度则相对来说"宽松"一些，不过最好是不要长过肩部，或挡住眼睛。若是社交活动较多，或是确实对潇洒飘逸的长发"情有独钟"，头发可留长些，但在庄重严肃的工作场合，则必须暂时将长发梳成发髻，盘在头上。需要特别强调一下，不管是男是女，商务人员原则上都不宜留"大鬓角"，即不许在耳朵前面有意留下一缕头发。这种规定，也是为了要使商务人员看起来精神一些、利落一些。简单大方、朴素典雅的发型，就是要求商务人员在正式场合，尤其是在办理商务时，发型应当传统一些，保守一些，规范一些，切勿过分新潮，过分怪异，过分"个性化"。

2. 发型修饰的原则

任何一个人，在选定适合于自己的发型时，基本上都要考虑自己的发质、头型、身材、年龄、脸型、职业、季节、所在的场合等，经过一番"综合平衡"，然后做出抉择。在以上决定发型的诸因素之中，对商务人员来说，最重要的要数职业与场合。商务人员的职业，就是从事商务活动；他们遇到的最多的场合，就要算是庄重而严肃的工作场合了。

男士们在商务活动中，应当显得刚劲有力、潇洒大方，短发能够体现出男士们真正的阳刚之气。例如，青年式可使男士看上去精力充沛，板寸式可以突出男士坚强刚毅的气质，背头式可使男士显得儒雅大气，西装式可以让男士们看起来风度不凡，分头式可以让男士潇洒帅气，平头式可以表现男士的朴实无华，它们都可供商界男士选择。

从事商务活动的女士们，对自己的发型也不宜多搞时髦或与众不同的种种"小名堂"。既不允许做成蛇妆、乱妆、梦幻妆、钢丝式、爆炸式等崇尚华丽、美艳的发型，也不允许随随便便地长发过肩，自由"发挥"。不允许扎成马尾式，不允许像"小芳"一样扎成又粗又大的双辫或独辫，也就是说，禁止束发类的发型。从事商务活动的女士们不管为自己选定了何种发型，在头上都不宜再去刻意添加过分花哨的发饰，不准许不分场合地把用于室外或社交场合的帽子，如公主帽、发卡帽、贝雷帽、学士帽、棒球帽、太阳帽等，戴进写字间里来。有些发型，需要戴发卡、发箍，也应不使之被卡通娃娃、花卉图案等色彩鲜艳、稚气不减的东西占据了"醒目"的位置。发卡应朴实无华，发箍应以黑色与藏蓝色且无任何花饰的为主。发型可以在以上总体要求的指导下，针对自己的年龄、性格、工作环境等个人不同的条件，具体情况，具体对待。鉴于此，商务人员的发型，大体上说来，应当以整齐、简单、明快、少装饰、少花样的短发型为主。

具体来讲发型修饰的原则就是：男员工不留长发，即发不过颈。女员工不梳披肩发，前发不遮眼，后发不过肩，头发过肩者必须扎起。根据职业特点确定员工发型修饰的基调是：活泼、开朗、朝气蓬勃、干净利落、端庄持重、有时代感。

二、化妆

化妆，是一种通过对美容用品的使用，来修饰自己的仪容、美化自我形象的行为。简单地说，化妆就是有意识、有步骤地来为自己美容。通过化妆可以使人们更加美丽、更加自信。

1. 化妆的功能

对商界人士来说，化妆的最重要的功能有两个：

（1）要求职员化妆上岗，有助于体现单位的令行禁止和统一性、纪律性，有助于使其单位形象更为鲜明、更具特色。一句话，这样做实乃塑造单位形象之必需。

（2）要求职员化妆上岗，意在向商界的交往对象表示尊重。也就是说，在商务交往中化妆与否，绝非个人私事，而是衡量其对交往对象是否尊重的一个尺度。

2. 化妆的基本原则

（1）自然美化原则　化妆要化得美丽、生动、具有生命力，更要真实、和谐、自然，切不可矫揉造作。化妆是为了修饰自己容貌的不足之处，使自己变得更加靓丽，但要避免人工修饰的痕迹过浓。突出自己的自然美，以淡雅的妆容给人留下最深刻的印象，才是化妆的最高境界。

（2）整体协调原则　面部协调，即面部化妆部位色彩搭配、浓淡协调，所化的妆针对脸部个性特点，整体设计协调。全身协调，即面部化妆还须注意与发型、发色、服饰、饰物协调，力求取得完美的整体效果。场合协调，即根据不同的场合化不同的妆容，化妆要与所去的场合气氛要求一致。身份协调，即化妆后要适合自己所从事的职业。

3. 化妆的技巧

（1）化妆步骤　从技巧上讲，进行一次完整而全面的化妆，其程序与步骤也有一定规范。下面列举一位女性全套化妆的大体步骤，供参考。

1）沐浴。沐浴时使用浴液，浴后使用润肤蜜保养、护理全身，保护手部。

2）发型修饰。浴后吹干头发，使用发胶、摩丝等做出满意合适的发型。

3）洁面、润肤。用洗面奶去除油污、汗水与灰尘，使面部保持清洁。随后，在脸上扑打化妆水，用少量的护肤霜将面部涂抹均匀，以保护皮肤免受其他化妆品的刺激。此外，这一步还有助于涂敷粉底打底色的工作，为面部化妆做好准备。

4）涂敷粉底。在面部的不同区域使用深浅不同的粉底，以修饰脸型，突出五官，使妆面产生立体感。完成之后，即可使用少许定妆粉来固定粉底。

5）修饰眼部。先画眼影，根据不同的服饰、场合，确定眼影的颜色，画眼线，修饰睫毛。然后根据脸型修剪眉形，注意眉弓的位置。

6）美化鼻部。即画鼻侧影，以改变鼻形的缺陷。

7）打腮红。使用胭脂扑打腮红是为了修饰美化面颊，使人看上去容光焕发。注意腮红的位置，一般小孩涂在脸蛋上，成人涂在颧骨上。

8）修饰唇部。先用唇线笔描出合适的唇形，然后填入色彩适宜的唇膏，使其红唇生色，更加美丽。

9）喷涂香水。用香水美化身体的整体"大环境"。

10）修正补妆。检查化妆的效果，进行必要的调整、补充、修饰和矫正。至此，一次全套化妆彻底完成。

无论是什么人、什么性别，准备在什么场合抛头露面，其化妆的步骤，大致都是在上述范例的基础上增减变化而已。故此，可以称之为商务人员化妆的基本步骤。

（2）化妆的重点　在日常生活中，化妆不仅有其基本的程序，而且有其重点。化妆的重点，一般包括护肤、美发、修饰眼部、修饰唇部、呵护手部、面容的修饰、肢体的修饰等。

1）护肤。重视皮肤的保养，是保持青春、延缓衰老的重要措施。光洁而细嫩的皮肤，不仅能体现女性特殊的柔美，而且是化好淡妆的条件和基础。从美容的角度来说，皮肤的保养是根本，而化妆则是一种锦上添花的手段。

根据季节的不同，应采取不同的措施来保养皮肤：

① 春季。春季是皮肤最容易发生过敏的季节，加之春季阳光中紫外线含量急剧增加，应特别注意皮肤的清洁、保湿、营养和休息等方面，外出活动时，应防止紫外线对皮肤的伤害。

每天用洗面奶或清洁蜜认真洗脸，每晚做3～5分钟面部按摩，以增强皮肤的抵抗力。每周做一次蒸面，每次10～15分钟，可增强面部血液循环，给皮肤补充水分，软化角质层，清除过剩的皮脂。用营养性化妆品调理皮肤。春季人们易疲劳，困倦嗜睡，因此更要注意皮肤的调理。每晚10点到凌晨2点是皮肤细胞分裂最快、新陈代谢最为旺盛的时间，人们在这段时间应进入睡眠。

②夏季。皮肤在炎热的夏季容易受到过量紫外线的伤害，产生干燥、起皱、老化、变黑等现象。夏天对皮肤的护理应从以下几个方面着手：

一是防晒，涂擦防晒化妆品，戴遮阳帽或打遮阳伞。二是清洁，经常用温水清洗皮肤，洁肤应用性质温和的香皂和洗面奶。洁肤后，用酸性化妆水拍打面部皮肤。三是化妆，最好不化妆或少化妆。出席社交场合，必须化妆时，宜化淡妆或点妆。四是饮食，多吃水果、蔬菜，多喝白开水，以补充皮肤的水分。夏季大量上市的丝瓜、西红柿、黄瓜、土豆等，都可切片擦面，或捣烂敷面，这些都是上好的天然面膜原料，是夏季养颜护肤的佳品。每周可敷这种瓜果、蔬菜面膜两次，每次20分钟，做完后用温水清洗，拍上收缩水就可以了。

③秋季。经过夏天阳光的曝晒，皮肤处于疲劳状态，秋季皮肤的特点是：肤色黝黑，原有的色斑颜色加深，表皮粗糙干涩，易起皱。但秋季又是皮肤自我调理的有利时机，如能采取合理的防护措施，可使皮肤迅速恢复正常生理功能。

洁肤后涂抹营养性护肤品，以滋养夏天给皮肤造成的伤害。每周做一次系统皮肤按摩，每天3分钟，以帮助皮肤加快血液循环，使之尽快恢复弹性。除此之外，为皮肤去角质和用面膜护理，也是非常必要的。多吃富于营养的凉性水果、蔬菜，少吃辛辣刺激性食品。使用脂性营养护肤霜，口唇上可涂以防裂唇膏。

④冬季。皮肤为了抵抗寒冬的侵袭，皮下毛细血管收缩，新陈代谢变慢，皮肤因失去了保护膜而更显得干硬粗糙。皮肤在冬季，承受着比平时更多的环境伤害，因而护肤显得更为重要。

适当减少洗脸次数，也不宜使用过烫的水，洁肤品应选择性质温和的脂性香皂和洗面奶。护肤宜用冷霜、香脂等油包水型化妆品，以补充自身皮脂护肤之不足，通常以油性营养霜为首选，眼睛周围坚持用眼霜保护。加强皮肤的按摩，每天早、晚洗脸后，涂上按摩膏，认真按摩面部、手部皮肤5分钟，可防止冻疮和皲裂。饮食上应多摄取含维生素A的食品，可增加皮肤的滋润度。注意皮肤的防护，减少冷空气对皮肤的刺激。

2）美发。在我们的生活中，观察一个人的外表首先是由头部开始的。因此，头发在人的仪容方面就显得尤为重要。拥有整洁干净的头发是社交礼仪中最基本的形象。

①洗发。头发应当适时清洗。洗发可以去除落在头发上的灰尘和头皮的分泌物，有助于头发的生长和健康。可以避免头屑、污垢堵塞头皮的皮脂分泌孔，使头皮不致发痒，避免头发产生枯燥和脱发现象。

应根据自己的发质选择不同的洗发用品。一般略带微酸性者较佳，泡沫太多反而不好。洗发时，要轻柔发根，不应摩擦或抓揉头发，最好的方法是用边按摩头皮边清洗的方式进行洗发。清洗时双手要适度地移动,注意不要使洗发精残留在头发上。使用护发素后,应将多余的护发素用温水冲洗干净。洗完头发后,要用毛巾将头发上的水分轻柔地擦干净。最好是用温水,37~38摄氏度是洗发最适宜的水温。要仔细洗净,最后用温水将头发彻底冲净,洗发次数要适度,一般一周清洗两三次。

② 梳发及按摩。坚持每日早晚用梳子梳理头发50~100次,这样做有保持头发润泽柔丽的作用,可以刺激头发活力,保持发隙通风良好,还可防止脱发及头皮屑。梳头发的顺序,应由前至后,由左至右,由右至左,将整头头发完全梳理一遍,梳发时要尽量使梳子接触头皮,以起到舒筋活血、按摩头皮的作用。

按摩头皮有利于促进头部的血液循环,促进头发生长,防止头发脱落,还能刺激毛细血管与毛囊,有助于头脂的分泌调节,对油性和干性皮肤有治疗功效。按摩时,将十指分开,从前向后做环状揉动,反复多次;或以指腹轻抓、揉或拉头皮,也可将手指弯曲呈直角置于头皮上轻轻拍打。按摩后会产生头皮发热和紧缩的感觉,从而刺激头皮,促进新陈代谢,如果每天做3分钟,可增进头发的润滑与光泽。

③ 护发。要想拥有柔美、光亮的乌发,就必须注意保持富有营养的合理饮食。一般来说,含有维生素A、B_1、B_2、B_5、B_6、B_9、B_{12}、E等成分的物质,能促进头发的生长。为此,平时要尽可能多吃一些含蛋白质、铁、钙、锌和镁的食物。鱼类、贝类、橄榄油和坚果类干果,也有改善头发组织、增强头发弹性和光泽的效能。

当前,最好的护发方法是焗油。这是一种通过头发鳞状表层易于吸收营养素来保养头发的方法。焗油一般采用焗油膏,它们所含有的成分与头发中的角蛋白相似,可以在很短时间内渗入到毛发皮层,对头发起到营养和修复作用,其中的有效成分在头发表面迅速形成薄而透明的保护膜,增加头发的弹性、柔软性和保湿性,使头发看起来光亮照人,如丝缎一般,并易于梳理。

还有一些头发早白现象或头发枯燥、变黄者,除体力和精神过度紧张、疲劳的因素外,还因为食用了盐和脂肪过多的食物,而导致体内代谢过程中产生了过多的乳酸、酮酸和碳酸等物质所造成的。头发的光泽要归于甲状腺素的作用,碘具有促进甲状腺分泌的功能,可使头发滋润光亮;钙和铁有充盈毛孔的作用,可使头发显得更加秀美。

许多人苦恼于头屑过多,其实引起头发出现头皮屑的原因是多种多样的,有的是因为身体健康状况,有的是因为卫生习惯。我们可以用一些抑制皮脂分泌的药物,如维生素B_6、B_2或复合维生素B及首乌片等。避免使用脱脂力过强的洗发精和温度超过40~45摄氏度的水洗头,这样反而会使头皮屑越来越多。这是因为洗头次数太多,特别是用脱脂力过强的洗发精洗头,常因刺激皮肤,使皮脂腺的活动反而更加活跃。

脱发是由于糖果、盐分与动物性脂肪摄取太多,导致血液循环不良造成的。脱发现象严重的人应多喝冷开水,并应多摄取新鲜的青菜及铁质多的食物。同时,尽量少吃动物脂肪及甜食，忌食坚果类、香蕉、油腻食物，宜多吃新鲜绿色蔬菜及含维生素B的食物。忌食糖、奶油，少喝牛奶，忌食过多的又辣又烫的食物，不宜饮酒过度等。

不同季节对头发的护理也是各有千秋的。春天是头发生长最快的季节，但因新陈代谢旺盛，头发水分易蒸发，应注意护理头发，适当增强营养。夏天出汗多，应勤洗头，外出时戴凉帽，以防止强光损伤头发。秋季气候干燥并已转凉，头屑多、易脱发，因此，要多使用护发品加强护发。冬季气温低，头发新陈代谢也会减弱，应减少洗头的次数，给头发补充营养，并适当按摩头发。

3）面容的修饰。

① 眉毛的修饰。大凡美观的眉形，应是形态自然优美的，对于那些不够美观的眉形，诸如残眉、断眉、竖眉、"八字眉"，或是过淡、过稀的眉毛，必要时应采取措施，进行适当的美化修饰；在洗脸、化妆或其他可能的情况下，应特别留意一下自己的眉部是否清洁，以防止在眉部出现诸如灰尘、死皮或是脱落的眉毛等异物。

② 眼睛的修饰。及时去除掉眼角上出现的分泌物；要特别注意眼病的预防和治疗。如患有传染性的"红眼病""沙眼"等眼病，都必须及时治疗、休息，决不可直接与客户接触。若需佩戴眼镜，应注意三点：a眼镜除了实用之外，还须注意其质量是否精良、款式是否适合于本人；b眼镜一定要每天擦拭，以保持镜片清洁，还可定期对镜架进行清洗；c在社交场合或工作场合，不能戴墨镜，这样会有拒人千里之外之嫌。

③ 鼻子的修饰。鼻腔要随时保持干净，不要让鼻涕或别的东西充塞鼻孔；切勿在公共场合擤鼻涕、挖鼻孔、拧鼻子、拔鼻毛，更不要用力将其吸入腹中；经常修剪长到鼻孔外的鼻毛，严禁鼻毛外现；"黑头"要认真清洗，可用专门的"鼻贴"，将其处理掉，切勿乱挤乱抠，造成局部感染；鼻毛及时修剪，勿当众揪拨。

④ 嘴的修饰。牙齿洁白，口腔无异味，是对口腔的基本要求。为此应坚持每天"三个三"，即每日三餐后的三分钟内要刷牙，每次刷牙的时间不应少于三分钟，以去除残渣、异味；还要注意保持牙齿的洁白，及时去除有碍于口腔卫生和美观的牙石（斑），最佳的办法就是定期去口腔医院洗牙，一般情况下，成人半年左右即应洗牙一次。另外，在重要应酬之前忌食蒜、葱、韭菜、腐乳、虾酱、烈酒、香烟之类气味刺鼻的东西；平时应有意识地呵护自己的嘴唇，不使自己的唇部干裂、爆皮；还应避免嘴边、嘴角残留食物；在正式场合，男士留有乱七八糟的胡须，一般会被认为是很失礼的。个别女士因内分泌失调而长出类似胡须的汗毛，应及时清除，并予以治疗。

⑤ 耳部的修饰。耳孔里的分泌物及落入的灰尘映入对方的视野会显得极不雅观，因此应经常进行耳部的除垢，不过不要在公共场所大掏特掏自己的耳朵；耳孔中过长的耳毛要进行修剪。

4）肢体的修饰。

①手部的修饰。手是肢体中使用最多、动作最多的部分，需要完成各种各样的手语、手势，因此，难免会得到众多目光的眷顾。如果手的"形象"不佳，整体形象将大打折扣。对手部的具体要求有三点：

清洁。在日常生活中，手是接触他人和物体最多的地方。从清洁、卫生、健康的角度谈，手应当勤洗。手脏之后、接触精密物品或入口之物前、上过卫生间之后，都应及时洗手。

不涂画过艳甲彩。适当的使用甲彩，可以增添手部的魅力，给对方留下美好的印象，一些与指甲颜色相近的甲彩就能够对指甲起到很好的修饰作用。但是过于醒目的甲彩，如红色甲彩、紫色甲彩等，用在商务场合就不适宜。

不蓄长指甲。手指甲通常不宜长过其指尖，要保持指甲的适度修理，养成"三天一修剪、每天一检查"的良好习惯；还应注意及时剪除指甲周围因手部接触肮脏之物后而形成的死皮。有人习惯将小指指甲留长；有的人当众剪指甲，这些都是不良举止，应加以修正。

②腋毛不外现。穿着肩部外露的服装，此前最好剃去自己的腋毛；另外，个别人手臂上往往长有较为浓密的汗毛，必要时应当采取行之有效的方法将其去除。

③腿脚部的修饰。人际交往中，人们常有"远看头，近看脚"的观察习惯。如果对腿脚部的清洁掉以轻心，就会出现被人戏称为"凤凰头，扫帚脚"的不雅现象。应特别注意三个方面：①勤洗脚。②勤换袜子，做到每天换洗一双袜子，注意不要穿不易透气、易生异味的袜子。③定期交替更换自己的鞋子，在穿鞋前，务必细心清洁鞋面、鞋跟、鞋底等处，定期擦油，使其锃亮光洁。不要光腿、光脚露趾或露脚跟，这些不正确的穿着都会显得过于散漫，令客户产生反感。

4. 化妆的礼仪规范

在商务活动中，恰如其分地化妆不但可以增加个人形象的分数值，还能展示良好的精神风貌，体现出对自身职业的尊重，同时也是尊重他人的一种表现。

（1）在工作岗位上，应当化以淡妆为主的工作妆。商务人员在工作岗位上应当化淡妆，实际上就是限定在工作岗位上不仅要化妆，而且只适宜化工作妆。有人将这一规定简洁地叫作"淡妆上岗"。

淡妆的主要特征是简约、清丽、素雅，具有鲜明的立体感。

男士所化的工作妆，一般包括：美发定型；清洁面部与手部，并使用护肤品进行保护；使用无色唇膏和无色指甲油，保护嘴唇与手指甲；使用香水等。女士所化的工作妆，在以上基础上，还要注意对修饰型化妆品的适当运用。

（2）在工作岗位上，应当避免过量地使用香水。正确使用香水的位置有两个：

1）离脉搏跳动比较近的地方，如手腕、耳根、颈侧、膝部、踝部等处。

2）既不会污损衣物，又容易扩散出香味的服装上的某些部位，如内衣、衣领、口袋、裙摆的内侧，以及西装上所用的插袋巾的下端。

（3）在工作岗位上，应当避免当众化妆或补妆。化妆过程不雅，既是对他人的妨碍，也是对自己的不尊重。假若真需要修饰，应到洗手间去进行。

（4）在工作岗位上，应当力戒与他人探讨化妆问题。不允许在工作岗位上，介绍自己的化妆心得，也不允许评价、议论他人化妆的得失。每个人的审美观都不同，所以不值得在这方面替别人"忧心忡忡"，否则，费力不讨好。

（5）在工作岗位上，应当力戒自己的妆面出现残缺。

第二节　仪态的美化

仪态美即姿势、动作的美，是人体具有造型性因素的静态美和动态美。弗朗西斯·培根说："相貌的美高于色泽的美，而秀雅合适的动作的美又高于相貌的美。"这是因为姿态比相貌更能表现人的精神气质。仪态美主要表现在站、坐、走三方面。

一、站姿

站姿，就是人们站立时的姿势与体态，它是仪态美的基础。良好的站姿能衬托出美好的气质和风度。在正式场合，商务人员的站姿，应当是挺拔而庄重的。遗憾的是，很多人的站姿并不优雅，再加上没有强烈的人格魅力，使得他们毫无风度可言。比方说有一些错误的站姿使人看起来很不优雅：垂头、垂下巴、含胸、腹部松弛、肚腩凸出、臀部凸出、耸肩、驼背、歪脖、屈腿、斜腰、倚靠物体、双手抱在胸前等。

正确的站姿应该是：端正、挺拔，具有稳定感。站立状的人从正面看去，应以鼻为点向地面做垂直线，人体在垂直线的两侧对称。

作为商务人员来讲，正规的礼仪基本站姿应是：

（1）头正、颈直，两眼平视前方，表情自然明朗、微收下颏、闭嘴。

（2）挺胸，双肩平，微向后张，使上体自然挺拔，上身肌肉微微放松。

扫描二维码观看站姿训练视频

（3）收腹。收腹可以使胸部突起，也可以使臀部上抬，同时大腿肌肉会出现紧张感，这样会给人以"力度感"。

（4）收臀部，使臀部略为上翘。

（5）两臂自然下垂。女士右手握住左手自然垂于体前；男士双手自然垂于体侧。

（6）两腿挺直，膝盖、脚跟相碰，两脚尖略为分开（大约一拳大小）。

（7）身体重心通过两脚中间，放在脚的前端的位置上。

但是在某些场合，我们可能会调整自己的姿态，这就是调整站姿。

对女士来讲，上体姿态基本不变，只是两脚的摆放可以略加调整，如小丁字步、大丁字步。

对男士来讲，两手可以搭放背后，两脚可以略微分开，与肩同宽。

以上是商务人员的礼仪规范站姿，这些站姿用于迎宾、大型隆重场合待客等场合。商务人员在较随便、轻松的场合用的站姿可适当放松紧张感，但仍然应注意抬头、挺胸、收腹、收臀和身体挺直。

二、坐姿

坐姿是指人在就座以后身体所保持的一种姿势。正确的坐姿要求是坐姿要庄重、大方、娴雅，给人一种舒适感。

扫描二维码观看女士坐姿训练视频

对原一平成为日本推销之神影响最大的吉田胜逞和尚曾告诉他说："人与人之间，像这样相对而坐的时候，一定要具备一种强烈的吸引对方的魅力，如果你做不到这一点，将来就没有什么前途可言了。"没有良好的坐姿不仅不美，还会影响身体发育与体形的健美，反过来良好的坐姿会展示出高雅庄重、尊敬他人的良好风范。

电视、电影、生活中经常可以看到窈窕淑女翩然而至，回眸嫣然一笑，轻抹裙裾，款款入座。那真是一道迷人的风景，观之是一种莫大的享受。同时也经常看到不修边幅、邋里邋遢的醉汉踢得脚下叮当作响，瘫坐在椅子里的风景，观之不免反胃。

坐姿优雅与否是一个人有无魅力的试金石。因此坚决杜绝以下不美坐姿：

（1）脊背弯曲。

（2）头部过于向下伸。

（3）耸肩。

（4）瘫坐在椅子上。

扫描二维码观看男士坐姿训练视频

（5）跷二郎腿时频繁摇腿。

（6）双脚大分叉或呈八字形；双脚交叉；足尖翘起，半脱鞋，两脚在地上蹭来蹭去。

（7）坐时手中不停地摆弄东西，如头发、饰品、手、戒指之类。

正确坐姿应是：

（1）坐下之前应轻轻拉椅子。用右腿抵住椅背，轻轻用右手拉出，切忌弄出大声。

（2）从椅子左方入座。女士入座时如穿着裙子，应用手轻拢裙边入座。

（3）坐下的动作不要太快或太慢、太重或太轻。太快显得有失教养；太慢则显得无时间观念；太重给人粗鲁不雅的印象；太轻给人谨小慎微的感觉。应大方自然、不卑不亢轻轻落座。

（4）坐下后上半身应与桌子保持一个拳头左右的距离，坐满椅子的2/3，不要只坐一个边或深陷椅中。

（5）坐下后上身应保持直立，不要前倾或后仰，更不要耷拉肩膀、驼背、含胸等，给人以萎靡不振的印象。

（6）肩部放松，手自然下垂，交握在膝上，五指并拢，或一手放在沙发或椅子扶手上，另一只手放在膝上。

（7）两腿、膝并拢，一般不要跷腿，千万不要抖动脚尖；两脚踝内侧互相并拢，两足尖约距10厘米。

（8）坐着与人交谈时，双眼应平视对方，但时间不宜过长或过短，也可使用手势，但不可过多或过大。

扫描二维码观看蹲姿训练视频

三、走姿

走姿即行走姿态。在行走时应既优雅稳重，又保持正确的节奏，这样才可体现动态之美。

有人说，你若想了解一个城市人们的素质和生活节奏，只要在街上观察人们走路的姿态就可以了。比方说美国人走路，脚步匆匆，表明生活节奏快，而洒脱的步伐中有一种稳重的气派，说明其素质较高。

走路时要注意纠正自己不正确的走姿，如：

（1）速度过快或过慢。

（2）笨重。

（3）身体摆动不优美，上身摆动过大。

（4）含胸。

（5）歪脖。

（6）斜腰。

（7）挺腹。

（8）扭动臀部幅度过大。

正确的走姿应该是：

（1）速度适中，不要过快或过慢。过快给人以轻浮印象，过慢则显得没时间观念，没有活力。

（2）头正颈直，两眼平视前方，面色爽朗。

（3）上身挺直，挺胸收腹。

（4）两臂收紧，自然前后摆动。前摆稍向里折约35度，后摆向后约15度。

（5）先迈脚尖，然后脚跟落地。

（6）女性脚步应轻盈均匀，有弹性、有活力，男性脚步应稳重、大方、有力。

（7）身体重心在脚掌前部，女性两脚跟走在一条直线上，男性两脚跟的落点在两条平行线上（两平行线相距5厘米以内）。

行走的姿态也不是一成不变的，它随不同的场合而出现不同的强弱、轻重、快慢、幅度及姿势。例如，在室内走路脚步轻松而平稳，在病房或阅览室轻盈柔和，外出游玩轻快活泼，参加仪式稳健大方，参加丧礼沉重缓慢，虽说有差异，但基本姿势满足以上七条要求就算走姿优美、风度翩翩了。

四、表情

表情，泛指一个人面部所呈现出来的具体形态，指的是人通过面部形态变化所表达的内心的思想感情。而所谓神态，则是指在人的面部所表现出来的神情态度。在一般情况下，二者往往是通用的。它们所指的，实际上主要是人在脸上所表现出来的态度变化。

在商务交往中，热情友好、待人以诚的商界人士，有必要正确地把握和运用好自己的表情。唯有这样，商界人士的友善与敬意才会真正为交往对象所理解。这不只是商务人员的一种职业要求，而且应当是商界人士待人接物所"必备"的一种修养。商务人员在人际交往中所应用的表情语言异常丰富，不过一般来说，认真的眼神和真诚的微笑，无论如何都应当是商务人员的基本表情。

1．眼神

眼神也称目光语，它是在交际中通过视线接触所传递的信息。

人与人的沟通，眼神是最清楚、最正确的信号，因为人的瞳孔不能自主控制，不像自然语言还可以编假。一个人的态度和心情，往往会通过眼神自然地流露出来。人们在相互交往中，都在不自觉地用眼神在说话，也在有意无意地观察他人的眼神。比如，深切地注视，是一种崇敬的表示；眉来眼去、暗送秋波，是情人交流感情的形式；横眉冷眼，是一种仇视的态度；而眼球移动迟钝、痴呆，则是一种深情或忧愁的表现等。眼神主要由注视的时间、视线的位置和瞳孔的变化等三个方面组成。

（1）注视的时间　据权威人士的调查研究发现，人们在交谈时，视线接触对方脸部的时间占全部谈话时间的30%～60%。超过这一平均值，可认为对谈话者本人比谈话内容更感兴趣；低于平均值，则表示对谈话内容和谈话者本人都不怎么感兴趣。不难想象，如果谈话时心不在焉、东张西望，或只是由于紧张、羞怯不敢正视对方，目光注视的时间不到谈话的1/3，这样的谈话，必然难以被人接受和信任。当然，必须考虑到文化背景，如与南欧人交谈时，注视对方过久可能会被对方认为是一种冒犯行为。

（2）视线的位置　人们在社会交往中，对于不同的场合和对象，目光所及之处也是有差别的。有的人在与陌生人打交道时，往往因为不知道把目光怎样安置而窘迫不安；已被人注视而将视线移开的人,大多怀有相形见绌之感;仰视对方,一般体现"尊敬、信任"的语义;频繁而又急速的转眼,是一种反常的举动,常被用作掩饰的一种手段。当然,如果死死地盯着对方或者东张西望,不仅是极不礼貌的,而且也显得漫不经心。

（3）瞳孔的变化　瞳孔的变化即视觉接触时瞳孔的放大或缩小。心理学家往往用瞳孔变化大小的规律,来测定一个人对不同事物的兴趣、爱好、动机等。兴奋时,人的瞳孔会扩张到平常的4倍大;相反,生气或悲哀时,消极的心情会使瞳孔收缩到很小,眼神必然无光。所谓"脉脉含情""怒目而视"等都多与瞳孔的变化有关。据说,古时候的珠宝商人已注意到这种现象,他们能窥视交往对象的瞳孔变化而猜测对方是否对珠宝感兴趣,从而决定是抬高价钱还是调低价钱。

可见,在与人交际、谈话时,应注视对方的眼睛,观察对方的瞳孔,在将自己的心情坦露给对方的同时,也能获知对方真正的感觉,从而达到心灵的交流。

2．微笑

人的面部表情除了眼神外,最明显的标志恐怕要算是哭与笑了。哭有激动的哭,如泪如泉涌、热泪盈眶;有伤心的哭,如泪流满面、痛哭、哀号;有绝望的哭,如干哭、号哭等。它们都分别表达了不同的情感。与哭相反,笑同样能表达一个人的思想感情,而且更为复杂。如人在得意时会哈哈大笑,有的人即使在极度悲伤或危急关头,也会哈哈大笑。除此之外,还有欢笑、嬉笑、讥笑、冷笑、狞笑、奸笑、狂笑、傻笑等。为了显示商务人员应有的素养,应当展开"微笑社交",这也是商务人员应有的礼貌修养的外部表现。

在社会交往中,微笑不但能强化有声语言沟通的功能,增强交际效果,而且还能与其他肢体语言配合,代替有声语言的沟通。如微笑着向别人道歉,会消除对方的不满情绪;微笑着接受批评,能显示你承认错误但又不诚惶诚恐;即使微笑着委婉拒绝别人,也代表你的大度,不会使人感到难堪,等等。

微笑作为一种表情,它不仅仅是形象的外部表现,而且也往往反映着人的内在精神状态。一个奋发进取、乐观向上的人,一个对本职工作充满热情的人,总是微笑着走向生活,走向社会。这是一种基本的职业修养,难怪美国希尔顿旅馆的创始人康纳·希尔顿常常这样问下属:"你今天对顾客微笑了没有?"他还要求职员们记住:"无论旅馆本身遭遇的困难如何,希尔顿旅馆服务员脸上的微笑,永远是属于旅客的阳光。"果然,服务员脸上永恒的微笑,帮希尔顿旅馆度过了20世纪30年代美国空前的经济萧条时期,在全美国旅馆倒闭了80%的情况下,跨入了黄金时代,发展成了显赫全球的旅馆企业。

微笑是一种魅力。在社会交往中,亲切、温馨的微笑,可以有效地缩短双方的距离,创造良好的心理气氛,使"强硬的"变得温柔了,"困难的"变得容易了,甚至有时还会反败为胜。然而,要笑得好,笑得自然,并不容易。面对亲密的人笑得过火,会显得不稳重;硬挤出的淡淡的笑,则给人一种虚伪的感觉。微笑要发自内心,亲切自然。微笑也可以训练，日本航空公司的空中小姐，仅微笑这一项，就要训练半年之久。可见，重要的是自身的心理调适。如果每一个商务人员都牢固树立"顾客是上帝"的观念，如果人与人之间都能以兄弟姐妹般来相待，那么，面容上就不难保持发自内心的微笑。总之，可以肯定地说，不善微笑便不善社交，善意的、恰到好处的微笑，则使自己轻松自如，使别人心旷神怡。

当然，人的面部表情中的各个器官，一般是相互协调的一个整体，如有人描写"吃惊"的神态：眼眉撩起，眼睛睁得大大的，痴呆地望着，嘴微张着，下颌略微抬起，鼻翼轻微地翕动着……所以，人们的喜怒哀乐都可以从人的面部表情中综合表露出来。

五、手势

手势，是运用手指、手掌、拳头和手臂的动作变化，表达思想感情的一种态势语言。它是态势语的重要组成部分，也是体语中的一种极有表现力的"语言"和传播媒介。美国心理学家詹姆斯认为，在身体的各部分中，手的表达能力仅次于脸。在社会交往中，手势有着不可低估的作用，生动形象的有声语言再配合准确、精彩的手势动作，必然能使交往更富有感染力、说服力和影响力。

1．手势的区域

手势活动的范围，有上、中、下三个区域。此外，还有内区和外区之分。肩部以上称为上区，多用来表示理想、希望、宏大、激昂等情感，表达积极肯定的意思；肩部至腰部称为中区，多表示比较平静的思想，一般不带有浓厚的感情色彩；腰部以下称为下区，多表示不屑、厌烦、反对、失望等，表达消极否定的意思。

2．手势的类型

人的手势一般可分为4种：①情意性手势，主要用于带有强烈感情色彩的内容，其表现方式极为丰富，感染力极强；②象征性手势，主要用来表示一些比较复杂的感情和抽象的概念，从而引起对方的思考和联想；③指示性手势，主要用于指示具体事物或数量，其特点是动作简单，表达专一，一般不带感情色彩；④形象性手势，其主要作用是模拟事物的形状，以引起对方的联想，给人一种具体明确的印象。

3．手势的原则

手势语能反映出复杂的内心世界，但运用不当，便会适得其反，因此在运用手势时要注意几个原则。首先要简约明快，不可过于繁多，以免喧宾夺主；其次要雅观自然，因为拘束低劣的手势，会有损于交际者的形象；再次要协调一致，即手势与全身协调，手势与情感协调，手势与口语协调；最后要因人而异，不可能千篇一律地要求每个人都做统一的手势动作。

4．社交中几种常用的手势

（1）发出招呼信息　正确而有礼貌的做法是，高抬手臂，手心朝下，轻挥手腕。如果手心朝上则是无礼而蛮横的行为。

（2）表示喜恶态度　一般来说，右拇指向上翘表示赞扬，伸出左手的小指表示"坏"或蔑视。食指与中指相叉呈"V"状表示胜利。

（3）传递求谢情感　手掌向上，距身约45度，拇指力张，食指伸直，其余手指微曲呈自然状，或者双掌合抱，表示请求、感谢等。

（4）引起对方注意　食指伸直，余指内曲。这既表示指物，有时又是提醒对方注意的手势，一般在所讲事物很重要，或者表示警告的时候使用。

必须强调的是，手势动作是一种较为复杂的伴随语言，深受文化差异的影响，我们应首先了解其在不同民族中所表达的特定含义，才能有效地发挥手势语的交际作用。

综合案例

一合资公司，双方预定在某年某月某日进行谈判，中方为了慎重起见，特意从某大学里挑选了一位女大学生做翻译，无论身材、长相、语言都无可挑剔，她梳着一头披肩发，谈判如期进行。在谈判中，对方向中方提出要求，你们必须换翻译，否则我们无法进行谈判！这时，中方感到很纳闷，便问："是她翻译得不好？还是她长得不漂亮？"对方说："她翻译得很好！长得也很漂亮！但每次她的头发甩过来甩过去，使我们无法集中精神。"

案例思考题：

1. 这名女大学生违反了什么礼仪？
2. 这名女大学生应该怎么做？

本 章 小 结

本章主要介绍了发型修饰的要求及原则、化妆修饰技巧、面容及肢体修饰的重点，以及站姿、坐姿、走姿的美化和表情的控制、手势的运用等内容。通过本章的学习，我们可以认识到：在商务交往中，应注意在不同场合中，适当修饰自己的仪容，美化自己的仪态，从而充分体现一个商务人员潇洒的风度。

复习与思考

一、名词解释

仪表　仪容　仪态　表情　手势

二、简答题

1. 简述仪表美的意义。

2. 发型修饰的要求和原则是什么？
3. 化妆的功能和步骤有哪些？
4. 试谈谈四季护肤的要点？
5. 在交往中如何把握自己的眼神？
6. 社交中常见的手势有哪几种？
7. 简述站姿、坐姿、走姿等礼仪规范。

三、技能实训题

请你判断并分析以下情景中人物做法的正误：

（　　）A女士在一星级酒店的大厅内等朋友，她看到朋友还没有来，于是拿出自己的化妆包开始修饰起来。

（　　）在一企业的办公室，B男士和C女士在谈话，B男士为了表示自己在认真听对方讲话和对C女士的尊重，目不转睛地直视C女士。

（　　）在一教室的课堂上，任课教师用食指指着一名学生说："请你站起来回答。"

（　　）在一次民航班机的起落架无法放下，影响飞机安全降落的事件中，由于乘务员临危不惧，始终用微笑面对顾客，沉着冷静地应对发生的一切，使乘客在心理上有了依靠，产生了信任，然后积极配合，终于化险为夷。

第三章
服饰礼仪

学习目标

知识目标
了解服装的分类、着装的"TPO"原则、服饰运用的礼仪要求与技巧、饰品礼仪。

能力目标
根据自己的肤色、体型来合理地选择适合自己的西装或套裙系列。能在商务活动中，树立个人形象和展现个人魅力。

现在，我们所处的生存空间正是信息爆炸与注意力经济兼容并存、迅猛发展的世界。人们开始关注自己的形象，心理学家Miker Null Buno博士说："仅通过解读他的衣着和行为，你就可以十拿九稳地确知他的本性。"英国前首相撒切尔夫人曾说过："衣着美丽整齐，使人看了有赏心悦目之感，一个人的服装可以衬托出这个人的气质。"

衣食住行是现代人生活当中最基本的生活条件，衣服是人类的第二张皮肤。随着人类生活需求的不断提高，服饰这门将人体与着装融为一体的艺术，如同绘画、音乐一样，可以充分满足人类的精神需求。服装以实用为主，注重功能、舒适与美观。

第一节　着装的TPO原则

商务职场中得体的着装应该符合TPO原则。TPO是英文中的时间（Time）、地点（Place）、场合（Occasion）三个词的缩写，是指人们在选择着装搭配时，应当注重时间、地点、场合这三个客观因素。

一、时间原则

时间涵盖了每一天的早间、日间、晚间等三个时间段，也包括每年春夏秋冬四个季节的更迭以及不同时期的变换。因此，人们在着装时必然会考虑时间层面，做到"随时更衣"。

在通常情况下，人们早间在家中和户外的活动居多，无论外出跑步做操，还是在家里盥洗用餐，着装都应以方便、随意为宜。如可以选择运动服、便装、休闲装等，这样会透出几分轻松温馨之感。

日间是工作时间，着装要根据自己的工作性质和特点，总体上以庄重大方为原则。如果安排有社交活动或商务活动，则应以典雅端庄为基本着装格调。

晚间的宴请、舞会、音乐会等正式社交活动居多。此时，人们的交往空间距离相对会缩小，服饰给予人们视觉与心理上的感受程度相对增强。因此，晚间着装要讲究一些，礼仪要求也要严格一些，晚间着装以晚礼服为宜，以形成高雅大方的礼仪形象。

西方许多国家都有一条明文规定：人们去歌剧院观看歌剧一类的演出时，男士一律着深色晚礼服，女士着装也要端庄雅致，以裙装为宜，否则不准入场。这一规定旨在强调社交场合的文明与礼仪，同时也体现着西方国家所具有的尊重他人、刻意营造优美环境与氛围的社会文化。

一年四季的变化是大自然的规律。人们在着装时应遵循这一规律。做到冬暖夏凉、春秋适宜。夏季以轻柔、凉爽、简洁为着装格调，服饰色彩与款式的选择要充分考虑给予他人的视觉与心理上的感受，同时也要使自己感觉轻快凉爽。夏装切忌拖沓烦琐、色彩浓重，以免给自己与他人造成生理与心理上的负担。尤其是女士更要注意这个问题，否则，层叠皱褶过多的服饰会使人燥热难耐，而且一旦出汗还会影响面部化妆的效果，令人陷入十分窘迫的境地。冬季应以保暖、轻便为着装原则，避免着装过厚而显得臃肿不堪、形体欠佳，也要避免为了形体美而着装太薄，影响体温而面青唇紫、龟缩一团。

春秋两季着装的自由度相对大一些。春季穿厚一点并无人见怪，秋季穿薄一点也无人侧目，但总体上应以轻巧灵便、薄厚适宜为着装原则。

二、地点原则

特定的环境应配以与之相适应、相协调的服饰，以获得视觉与心理上的和谐感。西装革履步入金碧辉煌的高级酒店会使人产生一种人境两相宜的效果，而西装革履地走进破旧宅院，便会出现极不协调的局面。

在静谧肃穆的办公室里穿一套随意性极强的休闲装，穿着拖鞋，或者在绿草茵茵的运动场着一身挺括的西装，穿一双皮鞋，都会因环境的特点与服饰的特性不协调而显得人境两不宜。

在严肃的写字楼里，女士穿着拖地晚装送文件，男士穿着沙滩花短裤与客户交谈，将是一种什么样的情景？

没有统一制服的单位，职员们的服装一般都尽可能与工作环境相协调，不过分追求时髦。特别是商务人员，因为经常出入社交场所，他的服装通常要求高雅、整齐、端庄、大方，以中性颜色为主，不突出形体的线条。

职业女性在衣着穿戴上不宜太华丽。肉色蕾丝上衣，丝绒高开衩长裙，会使别人认为此人女性化色彩过重，太敏感、情绪化，甚至会有人背后叫之为花瓶。太美艳的装扮难免会遭到同行的嫉妒和异性的骚扰。

刚离开校园参加工作的年轻商务人员不要让自己显得太清纯、太学生味，如果穿着印有向日葵图案的T恤、草编凉鞋、朋友送的玻璃手镯去参加商务会议，会使人显得幼稚、脆弱，让人怀疑你肩上禁不起重担。同样，办公室着装也不能太前卫，漂染黄发，穿漆皮鞋、喇叭裤，会使人觉得你观念怪诞、自由散漫、缺乏合作精神。

当客户走进高雅洁净的办公环境时，白领女性的穿戴会影响他（她）对这家公司的印象。因此，夏天至少下列衣裳和饰物等不该穿（戴）到办公室里：

（1）低胸、露背、露腹、敞口无袖上衣或透明衣裳。

（2）一身牛仔裤或运动服装。

（3）裸露一半大腿的超短裙。

（4）黑网眼或花图案丝袜、露趾的凉鞋。

（5）浓艳眼影、假睫毛、猩红指甲油，一米外可刺激人打喷嚏的香水。

（6）廉价首饰、金脚链。

三、场合原则

人们的服饰也要与特定的场合及气氛相协调，所以有必要选择与之相适宜的服饰造型与色彩，实现人景相融的最佳效应。

场合原则是人们约定俗成的惯例，具有深厚的社会基础和人文意义。服饰所蕴含的信息内容必须与特定场合的气氛相吻合。否则，往往会引起人们的疑惑、猜忌、厌恶和反感，导致交往的空间距离与心理距离拉大和疏远。

1983年6月，美国前总统里根初访欧洲四国时，由于他在庄重严肃的正式外交场合里没有穿黑色礼服，而穿了一套花格西装，引起了西方舆论一片哗然。有的新闻媒介批评里根不严肃、缺乏责任感，与其演艺生涯有关；有的新闻媒介评论里根自恃大国首脑、狂妄傲慢，没有给予欧洲伙伴应有的尊重和重视。

如果一个人的服饰不符合一定的场合所要求的服饰，是会引起误会的。在商务工作中要避免浓妆艳抹、衣饰华丽，也不可蓬头垢面、衣饰庸俗，要恰如其分地打扮自己，表现出商务工作人员的优雅气质，表现出个人内在的涵养。

一项研究表明，客户更青睐那些穿着得体的商务人员，而另一项研究表明，身着商务制服和佩戴领带的业务员所创造的业绩要比身着便装、不拘小节的业务员高出约60%。或许添置衣服要花一些钱，但它就像一项高明的投资一样，迟早要为你带来丰厚的回报。

第二节　服饰运用的礼仪要求与技巧

服饰，是仪表的重要部分，是人际交往中的主要视觉对象之一。在人的交往中，服饰会直接反映出一个人的修养、气质与情操。它一直被认为是传递人的思想、情感等非文化心理的"非语言信息"。在一定程度上，它体现了不同民族的文化特性和不同社会的民俗风情。本节主要介绍商务人员常用的几种礼服的款式特征及运用范围，男士穿着西服的礼仪要求，女士穿着裙服的礼仪规范等。

一、中、西方传统礼服

礼服泛指一切适合于在庄重场合中或举行仪式时所穿的服装，分为男士礼服和女士礼服。

1. 男士礼服

（1）中山服　前门襟有五粒扣子；带风纪扣的封闭式领口；上下左右共有四个贴袋，袋盖外翻并有盖扣；一般应为上下身同色的深色毛料精制而成。穿着时，应将前门襟、风纪扣、袋盖扣全部扣好；口袋内不宜放置杂物，以保持平整挺括；配擦亮的黑色皮鞋。成年男子穿上一套合身的上下同质同色的毛料中山装，配上黑皮鞋，会显得庄重、神气、稳健、大方，富有中国男子气派。着中山装可以出席各种外交、社交场合。受外来文化的影响，目前着中山装的男士普遍减少，一般都是中老年人着中山装。

（2）晨礼服　又名常礼服，为日常生活中使用的礼服。通常上装为灰色或黑色，后摆为圆尾形，上衣长与膝齐，胸前仅有一粒扣。下装为深灰色黑条裤，一般用背带，配白衬衫，灰、黑、驼色领带均可，穿黑袜子、黑皮鞋，可戴黑礼帽。白天参加各种典礼、婚礼，星期天上教堂做礼拜时均可穿用。

（3）大礼服　也称燕尾服，西式晚礼服的一种。黑色或深蓝色上装，前摆齐腰剪平，后摆较长而下端分开像燕子尾巴，翻领上镶缎面。下装为黑或蓝色配有缎带、裤腿外侧有黑丝带的长裤，一般用背带，系白领结，配黑皮鞋、黑色袜、戴白手套。大礼服是一种晚礼服，适合于晚宴、舞会、招待会等场合。

（4）小礼服　也称小晚礼服、晚餐礼服或便礼服。这是晚间集会最常用的礼服，其上衣与普通西装相同，通常为全黑或全白，衣领镶有缎面，下装为配有缎带或丝腰带的黑裤。系黑领结，穿黑皮鞋，一般不戴帽子和手套。这种礼服适用于晚上举行的宴会、晚会、音乐会，观看歌舞剧等场合。

2. 女士礼服

（1）旗袍　旗袍有各种不同的款式和花色。紧扣的高领、贴身、衣长过膝、两侧开衩、斜式开襟，这都是旗袍的特点。在礼仪场合穿着的旗袍，其开衩不宜太高，应到膝关节上方一到两寸⊖为最佳。着旗袍可配穿高跟鞋或半高跟皮鞋，或配穿高级面料、制作考究的布鞋。

（2）晨礼服　也称常礼服，由质料、颜色相同的上衣与裙子搭配而成，也可以是单件连衣裙。一般以长袖为多，肌肤的暴露很少。可戴手套和帽子，也可携带一只小巧的手包或挎包。晨礼服主要在白天穿，适用于参加在白天举行的庆典、茶会、游园会和婚礼等。

（3）小礼服　也称小晚礼服。通常是指长至脚面而不拖地的露背式单色连衣裙。其衣袖有长有短，着装时可根据衣袖的长短选配长短适当的手套，通常不戴帽子或面纱。小礼服主要适合于参加晚上6点以后举行的宴会、音乐会或观看歌舞剧时穿着。

（4）大礼服　也称大晚礼服，是一种袒胸露背的单色拖地或不拖地的连衣裙；佩戴颜色相同的帽子和长纱手套以及各种饰物。大礼服是一种最正式的礼服，主要用于在晚间举行的最正式的各种活动，如官方举行的正式宴会、酒会，大型正式的交际舞会等。

随着礼仪从简趋势的发展，许多国家对于服饰的要求也有逐渐简化的趋势。除了特别隆重正式的场合穿礼服外，一般的社交场合穿礼服的机会不多，特别是穿燕尾服的人更是越来越少。现在，在比较隆重正式的场合，只要穿着深色、质料好的西装就可以了。人们对于服装的要求，着重于合身、得体、舒适、美观、大方，讲究适合自己的身份、年龄、性格和不同的场合。

二、男士西服的着装规范

西装是举世公认的国际服装，它美观大方、穿着舒适，又因其具有系统、简练、富有气派风度的风格，所以正发展成为当今世界上最标准、最通用的礼服，在各种礼仪场合都被广泛穿着。人们常说："西装七分在做，三分在穿。"怎样穿西装才算规范呢？

1. 西装的选择与穿着

西装的样式很多，领型有大、小驳头之分；前门有单、双排扣之分；扣眼有1、2、3粒之分；口袋有明暗之别；套件还有二件套和三件套之不同。作礼服的西装应是上下身同

⊖ 非法定计量单位，1寸=0.033米。

色的深色毛料精制而成；系领带；穿黑色皮鞋；必要时还要配折花手帕。

西装的选择以宽松适度、平整、挺括为标准。最重要的不是价格和品牌，而是包括面料、裁剪、加工工艺等在内的许多细节。在款式上，应样式简洁，注重服装的质料、剪裁和手工。在色彩选择上，以单色为宜，建议至少要有一套深蓝色的西装。深蓝色显示出高雅、理性、稳重；灰色比较中庸、平和、庄重、得体而气度不凡；咖啡色是一种自然而朴素的色彩，显得亲切而别具一格；深藏青色比较大方、稳重，也是较为常见的一种色调，比较适合黄皮肤的东方人。

西装纽扣的功能主要在于装饰。在非正式场合，无论是单排扣，还是双排扣，都可以不扣，以显示自然潇洒；在正式或半正式场合，则应将单粒扣扣上，或将双粒扣的上面一粒扣上；个别西装有三粒扣的，应将三粒中的中间一粒扣上。关于西装上衣前襟纽扣的扣法，可以从以下四句话去把握，即："扣一粒，为正式；两粒都扣显土气；一粒不扣是潇洒，只扣下粒便俗气。"

西裤作为西服整体的另一个主体部分，要求与上装互相协调，以构成和谐的整体。西裤立档的长度以裤带的鼻子正好通过胯骨上边为宜，裤腰大小以合扣后伸入一手掌为标准，西裤的长度应正好触及鞋面。裤带一般在2.5～3厘米的宽度较为美观，裤带系好后留有皮带头的长度一般为12厘米左右，过长或过短都不合美学要求。

西服穿着讲究"三个三"，即三色原则、三一定律、三大禁忌。

（1）三色原则　　是指男士在正式场合穿着西服时，全身颜色必须限制在三种之内，否则就会显得不伦不类，失之于庄重和保守。

（2）三一定律　　是指男士穿着西服外出时，身上有三个部位的颜色必须协调统一，这三个部分分别是鞋子、腰带、公文包。最理想的选择是鞋子、腰带、公文包皆为黑色。

（3）三大禁忌　　是指在正式场合穿着西服时，不能出现的三个错误，包括：

1）袖口上的商标未拆。袖口上的商标应该是在买西服时就由售货人员拆掉，不然就显得不懂行了。

2）在非常正式的场合穿着夹克打领带。领带与西服是配套的，如果是行业内部的活动，比如说领导到本部门视察，穿夹克打领带是允许的。但是在正式场合，夹克如同休闲装，所以在正式场合，尤其是对外商务交往中，穿夹克打领带是不允许的。

3）男士在正式场合穿着西服时袜子出现了问题。在商务交往中有两种袜子是不穿为妙的，第一是尼龙丝袜，第二是白色袜子。

2. 衬衫的选择与穿着

能与西装相配的衬衫很多，最常见的是白色或其他浅色衬衫。如系领带，领子应是有座硬领，领围以合领后可以伸入一个手指头为宜。袖子的长度以长出西装袖口1～2厘米为标准，衬衫领应高出西装领1厘米左右。在穿着时，长袖或短袖硬领衬衫应扎进西裤里面，短袖无座软领衬衫可不扎。如果在平时，长袖衬衫不与西装上装合穿时，衬衫领口的扣子可以不扣，让其敞开，但一般只能敞开一粒扣子；袖口可以挽起，但一般只能按袖口宽度挽两次，绝对不能挽过肘部。如果与西装上衣合穿，或者虽不合穿，但要配扎领带时，则必须将衬衫的全部扣子都系好，不能挽起衣袖，袖口也应扣好。注意领口和袖口要干净。

白色的衬衣配深色的西装，花衬衣配单色的西装，单色衬衣配条纹或带格西装都比较合适；方格衬衣不应配条纹西装，条纹衬衣同样不要配方格西装。在办公室穿着衬衫，颜色以单色为理想选择，白色是最佳也是最安全的选择，浅蓝色也可以，不宜穿淡紫色、桃色、格子、圆点和宽条纹的衬衫，面料最好以纯棉为主。

3．领带的选择与穿着

领带是西装的灵魂，在西装的穿着中起着画龙点睛的作用。一位只有一身西装的男士，只要经常更换不同的领带，往往也能给人以耳目一新的感觉。

领带的起源与17世纪的斯拉夫骑兵有关，当时的斯拉夫骑兵在脖子上系有一条布带。当他们被派往法国执行任务时，这一装饰引起法国军人的注意与效仿，并逐渐引起法国贵族的兴趣。后来，当有人佩带此类布带去参见路易十四国王时，路易十四对这种装饰也赞赏不已。于是，领带便在法国的上流社会流行起来，并在以后的年代里逐渐传向全世界。

领带的常用打法有四种：单结、中宽结（即准温莎结）、长结和厚结（即温莎结）。面料以真丝为最优，使用最多的花色品种是斜条图案领带。实际上，领带上的图案是有意义的，比如：碎花代表体贴，圆点代表关怀，方格代表热情，斜纹代表果断。

领带系好后，应认真整理，使之规范、定型。领带上片的长度以系领带者呈标准姿势站立时，领带尖正好垂至裤带带扣中央下沿为最佳，不能太短，更不能比下片还短；也不能太长，太长很不雅观。如果配有西装背心或毛衣、毛线背心，领带须置于它们的里面，且下端不能露出领带头；前开身毛衣不宜紧贴西装内穿；还有，毛衣、毛背心不能扎束在裤子里面。

领带佩饰包括领带棒、领带夹、领带针、领带别针等，有各种型号，主要功能是固定领带，并不应突出其装饰的功能。除经常做过大幅度的动作或领带夹作为企业标志时用领带夹外，其他情况最好不用领带夹。佩戴时应注意，领带夹的位置不能太靠上，以从上往下数衬衫的第四粒和第五粒纽扣之间为宜。西装上衣系好扣子后，领带夹是不应被看见的。

领带选择的基本原则是：衬衫、领带与西装三者之间要和谐、调和。比如，西装和领带的花纹不能重复。如果衬衫是白色，西装是深色的，那么，领带就不能是白色，而应是比较明快的颜色；如果衬衫是白色，西装的颜色朴实淡雅，领带就必须华丽、明快一些。当然，除了衬衫、领带、西装的色彩是否协调应充分考虑外，这三者的色彩关系还应顾及穿着者的肤色、年龄、职业、性格特征等。

4．礼仪场合西装、衬衫、领带的搭配方法

（1）黑色西装，配白色或其他浅色衬衫，系银灰色、黑红细条纹、绿色或蓝色调领带。

（2）深蓝色西装，配白色或淡蓝色衬衫，系蓝色、深玫瑰色、褐色、橙黄色调领带。

（3）中灰色西装，配白色或浅蓝色衬衫，系砖红色、绿色或黄色调领带。

（4）墨绿色西装，配白色或银灰色衬衫，系银灰色、灰黄色调领带。

（5）乳白色西装，配红色略带黑色衬衫，系砖红色或黄褐色调领带。

三、女士套裙的着装规范

如果说西装是男性服饰标志的话，套裙则是女性服饰的标志。套裙飘逸摇曳、婀娜多姿，使人产生美妙的视觉感受和心理感受。作为职业女性，其工作场所的着装有别于其他场合的着装，尤其代表着一个企业、一个组织形象时，更要追求大方、简洁、素雅的风格。套裙以它严整的形式、多变却不杂乱的颜色、新颖而不怪异的款式，成为职业女性最规范的工作装。

1．套裙的类别

套裙有两件套和三件套之分，套裙的上装以西服式样居多，也有圆领、V字领、青果领、披肩领等式样。款式有单排扣、双排扣。单排扣上衣可以不系扣，双排扣的则应一直系着。造型上有宽松的、束腰的，还有各种图案镶拼组合的。套裙分两种：上衣与裙子同色同料；上衣与裙子存在差异。职业套裙是女性的标准职业着装，可塑造出强有力的形象。通常以黑色、藏青色、灰褐色、灰色或暗红色为上选颜色，也可以是精美的方格、印花和条纹。套裙的面料，可选择半毛制品或亚麻制品，后者最好混有人造纤维，否则，很容易出现褶子。与套裙相配的衬衫的可选性很大，颜色很多，如可选白色、黄白色或者米色。丝绸是上乘的面料，缺点是比较昂贵，而且易起褶。纯棉的衬衫也可以，但必须浆过并且熨烫平整。

2．根据肤色，选配色彩

在现实生活中，我们会发现，有的颜色会使人的皮肤显得更黄、更黑，会使人显现出身心病态；有的颜色则能使人的皮肤显得红润、白皙、有光泽，会使人显得健康神气，使人朝气蓬勃。"人是桩、靠衣裳"，在很大程度上靠的就是服装的色彩。

皮肤黄里偏黑的人，宜穿暖色调的弱饱和色衣着。这种类型的女子可选择浅棕色作为主色。三种颜色作为调和色：白色、灰色和黑色。穿上黄棕色或黄灰色的衣着脸色就会显得明亮一些，或穿上绿灰色的衣着，脸色就会显得红润一些。忌用黑色、黑紫色、深褐色等色彩面料做上衣。

肤色较白的人，则不宜穿冷色调，这样会越发突出脸色的苍白。这种肤色的女子最好穿蓝色、黄色、浅橙黄色、淡玫瑰色、浅绿色一类的浅色调衣服。忌穿黑色与纯白色上衣。

肤色红嫩的人，可采用非常淡的丁香色和黄色，不必考虑何者为主色。可穿淡咖啡色配蓝色，黄棕色配蓝紫色，红棕色配蓝绿色及淡橙黄色等。忌穿红色、橘红色等暖色调上衣。

肤色偏黄的人忌穿蓝色或紫色上衣。

3. 如何选择合适的套裙

不得体的裙装，不管多么新颖时髦也不会给人以美感。在生活中，我们常常会看到身材高大肥胖的女士，上穿一件淡红色紧身衣，下穿一条一步裙，露出肥厚的前胸和粗壮的大腿，令人担心那身衣服随时会崩裂；而身材矮小的女士，却上穿一件深色蝙蝠衫，下穿一条长长的黑色呢裙，宽松肥大的衣裙把她整个人都装了进去，越发显得瘦弱憔悴。纤瘦细弱的女子穿上紧身裙装则会显得干瘪无味，缺乏魅力。

要穿着得体，就是要宽松适当，长短适中，套裙造型与体型特征互补互衬。比如，高大丰满的女士穿一套上衣长度过腰，裙子长度及膝的西式套裙，是比较合体的。矮个女士最适宜穿上下色调统一的套裙，因为单色调套裙使人显得高挑、纤细。

选择套裙时，应当考虑利用裙子的修饰美化作用，"扬美遮丑"，使自己身体的完美部分得到充分展示，不足之处得到掩饰。比如，有的女士上身较长，双腿较短，看起来体态重心偏下，不够匀称。这样的体型可以选择上装仅及腰部，裙子长及小腿的套裙，利用裙装的上短下长，掩盖腿部粗短的缺点。肩窄臀宽的人，应注意使用垫肩，使肩部看上去宽些，也可以在肩部打褶以增加宽度，还可以选择束腰的服装以衬托肩部的宽大。腰粗的人应选肩部较宽的衣服，以产生肩宽腰细的效果，女士不宜穿腰间打褶的裙子，不要把衬衫扎进裙子中。

4. 女性职业穿着的禁忌

（1）忌穿着暴露　在正式场合穿着过露、过紧、过短和过透的衣服，如短裤、背心、超短裙、紧身裤等，容易分散顾客的注意力，同时也显得你不够专业。还要注意切勿将内衣、衬裙、袜口等露在外衣外面。

（2）忌"内衣"外穿　穿着居家便服很舒适，但是在公共场合这样穿着则显得非常失礼了。在家里或宾馆的房间里接待来宾和客人时，绝对不要只穿睡衣、内衣、短裤或浴袍。

（3）忌裙、鞋、袜不搭配　鞋子应为高跟或半高跟的牛皮鞋。颜色以黑色为主，与套裙色彩一致的皮鞋也可选择。袜子一般为尼龙丝袜或连裤袜。颜色宜为肉色、黑色、浅灰、浅棕等几种常规选择。切勿将健美裤、九分裤等裤装当成长袜来穿。袜子应当完好无损，可在皮包内放一双备用丝袜，以便当丝袜被弄脏或破损时可以及时更换，避免难堪。在此提醒各位女士注意，切勿穿着脱丝的丝袜，那会使你的脚非常"显眼"。

（4）忌光脚或三截腿　在国际交往中，穿着裙装却不穿袜子，往往会被人视为故意卖弄风骚，因此，光脚是不允许的。而穿半截裙子的时候，穿半截袜子，袜子和裙子中间露出一段腿肚子，结果导致裙子一截，袜子一截，腿肚子一截。这在国外往往会被视为没有教养。

第三节　饰品的选择与佩戴礼仪

　　饰品，亦称首饰、饰物。它指的是人们在穿着打扮时所使用的装饰物，它可在服饰中起到烘托主题和画龙点睛的作用。服装饰物包括两大类，第一类是实用性为主的附件，比如帽子、鞋子、袜子等；第二类是属于以装饰性为主的饰物，有项链、戒指、耳环等。饰物的佩戴应遵循一定的原则：

　　（1）点到为止，恰到好处。装饰物的佩戴不要太多，美加美并不一定等于美。浑身上下珠光宝气，挂满饰物，除了让别人感觉你的炫耀和庸俗外，没有丝毫美感。

　　（2）扬长避短，显优藏拙。装饰物是起点缀作用的，要通过佩戴装饰物突出自己的优点，掩盖缺点。如脖子短而粗的人，不宜戴紧贴着脖子的项链，而应戴细长的项链，这样从视觉上把脖子拉长了。个子矮的人，不宜戴长围巾，否则会显得更加矮小。

　　（3）突出个性，不盲目模仿。佩戴饰品要突出自己的个性，不要别人戴什么，自己也跟着戴什么，别人戴着好看的东西，不一定适合自己。比如，西方女性嘴大、鼻子高、眼窝深，戴一副大耳环显得漂亮；而东方女性适合戴小耳环，以突出东方女性含蓄、温文尔雅的特点。

一、鞋袜帽的穿戴礼仪

1. 鞋袜的穿着

　　鞋子和袜子被西方国家称作"脚部时装"和"腿部时装"。鞋子在整体着装中具有重要地位。一双得体的鞋子，能为全身的服装添色增辉，它不仅能映衬出服装的整体美，更重要的是它还能增加人体本身的挺拔俊美。

　　在正式或非正式场合，男性一般着没有花纹的黑色平跟皮鞋，女性一般着黑色半高跟皮鞋。典雅传统的黑色牛筋鞋，是商务应酬和写字楼先生们上班的最佳选择，它与各类西装都能配合默契。但是穿棕色系服装时最好配同色的鞋。黑色、棕色鞋都是男士鞋柜中的必备物。皮鞋应该是纤尘不染、光亮可鉴的，任何时候都不要让它显得风尘仆仆。露脚趾的皮凉鞋是绝对禁止在礼仪场合穿着的。旅游鞋、布鞋、各式时装鞋与西装都是不相配的。皮鞋的颜色、款式应与衣服、手包相配套。一般来说，鞋的颜色应与衣服的下摆一致或更深一些。衣服从下摆到鞋的颜色一致，可以使大多数人显得高一些。

袜子的穿着也是重要的一环。在礼仪场合，决不能赤足穿鞋。女性应穿长筒丝袜或裤袜，白天可穿肉色或浅色的，晚间活动可略深。不宜穿短袜，更不宜内穿棉毛袜而显露出来。正式或半正式场合，男性应着颜色素净的中长筒袜子，这样可避免坐下谈话时露出皮肤或浓重的腿毛。袜子颜色应以单色深沉最好，带条纹、方格图案，而图案又不显眼的也可以，但色调应比裤子深一些，以使它在裤子和鞋之间呈现一种过渡色。女性着肉色长筒丝袜，配长裙、旗袍最为得体。长筒丝袜的长度一定要高于裙子下部边缘，且留有较大余地，否则一走动就露出一截腿来，极为不雅。因此，在礼仪场合，穿短袜配短裙是不适宜的。

2．帽子的选戴

选择帽子既要照顾款式，更应注意色彩、大小、高低与自己肤色、体型、身材的关系，尽量让帽子帮助自己达到扬长避短的效果。

长脸型不宜戴高帽子，而圆脸型戴顶端微凸的帽子就比较顺眼；个矮的人戴稍凸的帽子会显高，而小个子戴顶大帽子又会产生"小蘑菇"的滑稽感。

帽子的色彩要与肤色结合考虑。肤色白的人，选择余地大些；肤色较深的人则不宜戴深色帽子；肤色发黄的人，最好是戴深红色、咖啡色的帽子，这样可以衬托出一些健康色，戴白、绿、浅蓝的帽子都有加重病态的感觉。

帽子既可正戴，也可歪戴，不同的戴法会产生不同的视觉效果和礼仪效应。正戴显得庄重、严肃，歪戴则显得活泼、妩媚；正戴可使脸型更加丰满、端庄，歪戴则会使之显出清瘦、俏皮。

从礼仪的角度讲，男士在室内场合不允许戴帽子，女士则可以将帽子及其他用品作为礼服的一部分在室内场合穿戴。女士戴帽子不仅是礼节上的要求，也是身份上的象征。而且女士帽子不像男帽一样千篇一律，是配合五光十色的衣服，不断变换着花样的。

二、装饰性饰物的佩戴礼仪

1．项链的选择与佩戴

项链是女性最常用的饰品之一。它既可装饰人的颈项、胸部，使女性更具魅力和性感，又能使佩戴者的服饰更显富丽。但假如对项链的色彩、质地、造型的各种功能没有一个正确的认识，效果就可能适得其反。一般来讲，金项链以"足赤"而给人一种华贵富丽的感觉；珍珠项链则以白润光洁而给人以高雅的美感。它们可以与各色服装相配，给人以华美的总体印象。但假如与衣装颜色过于接近则会因混于一色，而不易分辨，反而会失去装饰的功能。

从项链的造型看，细小的金项链只有与无领的连衣裙相配才会显得清秀，而挂在厚实的高领衣装外，会给人清贫寒酸的印象。矮胖圆脸的人，挂上一串下垂到胸部的项链，会使人感到似乎增加了身高，加长了脸型；而脖子细长的人，以贴颈的短项链，尤以大珍珠项链最为合宜。另外，衣着的质料、颜色、样式及场合也常常影响着各种质地、造型的项链的佩戴。

2．耳环的选择与佩戴

耳环虽小，却是戴在一个明显而重要的位置上，直接刺激他人的注意力，因此，美观大方的耳环对人的风度气质影响很大。耳环的种类很多，常见的有钻石、金银、珍珠等。耳环的形状各异，有圆形、方形、三角形、棱形以及各种异形。一般来讲，纯白色的耳环和金银耳环可配任何衣服，而鲜艳色彩的耳环则需与衣装相一致或接近。从质地方面看，佩戴熠熠闪亮的钻石耳环或洁白晶莹的大珍珠耳环，必须配以深色高级天鹅绒旗袍或高档礼服，否则会相形见绌；而人们一般习惯佩戴的金银耳环对服装则没有更多的限制。选择耳环主要应当考虑自己的脸型、头型、发式、服饰等方面。例如，长脸型，特别是下颌较尖的脸型应佩面积较大的扣式耳环，以便使脸部显得圆润丰满，而脸型较宽的方脸型，宜选佩面积较小的耳环；服饰色彩比较艳丽，耳环的色彩也应艳丽。

3．戒指的选择与佩戴

戒指不仅是一种重要的饰品，还是特定信息的传递物。尽管它有钻石、珍珠、金银等不同质地，有浑圆、方形及雕花、刻字等不同造型，但其佩戴的方法是一致的，表达的含义也是特定的。戒指通常戴在左手上。一般来说，戴在食指上，表示尚未恋爱，正在求偶；戴在中指上，表示已有意中人，正在恋爱；戴在无名指上，表示已正式订婚或已结婚；而戴在小指上，则表示誓不婚恋，笃信独身主义。在不少西方国家，未婚女子的戒指戴在右手而不是左手上；修女的戒指总是戴在右手无名指上的，这意味着她已经把爱献给了上帝。一般情况下，一只手上只戴一枚戒指，戴两枚或两枚以上的戒指是不适宜的。

总而言之，佩戴饰品要少而精，以体现自己的个性为主，绝不能认为项链选得越粗越好，戒指戴得越多越好，结果反而会弄巧成拙，显得自己俗不可耐。男性首饰的佩戴要力求舒适、大方，给人一种稳重、潇洒的感觉，而不是"娘娘腔"。

第四节　服装的色彩与款式造型

从视觉效果上讲，服装的色彩在人际知觉中是最领先、最敏感的，其次就是款式造型。一件色彩和谐、美观，款式、造型新颖大方的服装，就能比较准确、比较恰当地发挥效果。因此，商务人员了解一些色彩的基本特征，色彩搭配的基本原则，服装色彩与人的肤色的关系，以及服装的原始结构、款式造型及其审美效果等基本常识，是十分必要的。

一、服装色彩搭配

服饰色彩及其搭配涉及色彩学和美学，同时还渗透着人的价值观念、爱好、性格特征、礼仪素养等。人们常说：着装的成功在于搭配，着装的失败也在搭配。能够把握住一些着装搭配的基本原则，就能获得好的效果。

1. 要了解服饰中的常用颜色及其表现效果

服饰的色彩往往先于一个人的其他因素而引起他人的注意，然后才是服饰的造型、质料等因素。不同的色彩能引起感知者不同的心理效应，有不同的象征意义。

（1）红色　红色是最能引起人们的兴奋和快乐情感的颜色。红色对人的感官刺激作用十分强烈。它使人联想到鲜血和生命、太阳和火焰；它象征着热烈、活泼、浪漫与火热；它使穿着者更显朝气、青春与活力。大红，象征活力、热烈、激情、奔放、喜庆、福禄、爱情、创新；粉红，象征柔和、温馨、温情。

（2）黄色　黄色是一种过渡色。它对人的感官刺激作用也十分强烈。它象征炽热、光明、庄严、明丽、希望、高贵、权威等。在中国几千年的历史中，黄色曾一直是权力的象征，尤其是皇权的象征。

（3）蓝色　蓝色是一种比较柔和、宁静的色彩。蓝色对人的眼睛的刺激作用较弱，但由于它能使人联想到天空和海洋，因而给人以高远、深邃的感觉。蓝色象征着宁静、智慧与深远。浅蓝，象征纯洁、清爽、文静、梦幻；深蓝，象征自信、沉静、平稳、深邃。

（4）绿色　绿色是一种清爽、宁静的色彩。它能使人想到青春、活力与朝气。绿色象征着生命活力与和平。它能使穿着者更显年轻、更加朝气蓬勃。

（5）黑色　黑色是一种庄重、肃穆的色彩。它能使人产生凝重、威严、阴森、恐怖等不同感觉。黑色象征沉着、深刻、庄重与高雅。

（6）白色　白色是一种纯净、祥和、朴实的色彩。它给人以明快、无华的感觉，是纯洁、高尚、坦荡的象征。它不仅适合于夏天穿着，而且也适合于各种肤色的人。

（7）紫色　紫色是一种富有想象力的颜色，有人称之为浪漫色。它象征高贵、华贵、庄重、优越。紫色的种类很多，如果能选用得恰当、适宜，和自身的各种因素搭配好，就会显出高雅的气质。

（8）褐色　褐色是一种搭配色，适合与任何颜色搭配。它象征谦和、平静、沉稳、亲切等。

（9）灰色　灰色是一种中间色，象征中立、和气、文雅，有随和、庄重之感。

2. 要特别注意服饰颜色的搭配

服装色彩不仅要追求视觉上的美感，同时还应注重其实用功能。服装色彩的搭配可以分成：

（1）单色　单色即整套服装只用一种颜色（此种颜色也可以由多种颜色混合而成）。

单色服装具有较高层次的审美，它给人高雅、素净、简朴的印象，如套装、连衣裙、礼仪服都可以选用单色。另外，还可以根据款式在鞋、包或围巾等配饰上加入其他的色彩以丰富单色服装的效果。

（2）二色配色　在色调上比单色具有明朗、活泼的感觉。如明度采用一深一浅，纯度采用一高一低或在面积上使用一大一小的搭配。

（3）多色配色　多色配色在服装色彩搭配中具有较高的难度。由于色彩众多，如果缺乏秩序感，整套服装就会显得很杂乱无章。所以在选择时最好以一色为主色，其他的为辅色，避免每种色彩分量均等。多色配色若能搭配得当，则在整体上会显得色彩丰富、富有层次感。

（4）花色（格子、条纹）　在服装款式适合的情况下，在单纯的色彩上辅以花色、格子或条纹，能增加视觉效果的美感。除连衣裙外，如果是上下分离的套装，最好采用上花色下单色，或上单色下花色，且单色是花色之中的一种色彩。

（5）其他　除以上所述内容外，还应注意发型、化妆以及鞋、包要与服装款式相协调，才能达到完美效果。

一般来说，黑、白、灰是配色中的几种"安全"色。因为它们比较容易与其他各种色彩搭配，而且效果也比较好。

3．服饰的色彩搭配要与各个人的自然条件结合起来考虑

色彩不仅能给人以不同的联想，有不同的象征意义，而且还给人以冷暖、轻重、扩缩等感觉。例如，红、黄等颜色能让人产生温暖的感觉；蓝、绿、白等色彩让人产生冷的感觉。于是人们利用这种感觉，喜欢在冬天穿暖色调衣服，在夏天穿冷色调衣服。又如，明亮的色彩使人产生轻感，深暗的色彩则使人产生重感。于是，年轻人常用上深下浅的服装颜色搭配，以便让人产生活泼、轻松、飘逸的动感；中老年人则在服装颜色搭配上较多采用上浅下深的方法，以便给人以稳定、坚实、沉着的静感。再如，暖色调的服装具有扩散特性；冷色调的服装具有收缩特性。于是，体形瘦小的人们喜欢穿着色彩明度较高的浅色服装以显得丰满；而体形肥胖的人们则乐于选用色彩明度较低的深色服装以显得苗条。

4．服饰的色彩还要与个人的性格特点、爱好、职业相配合

有些人所喜欢的颜色不一定符合他的个性，有些人所喜欢的颜色不一定适合于他的皮肤，有些人所喜欢的颜色也不一定适合于他的职业、身份等。因此，服饰的颜色选配要灵活运用，要考虑到各种因素，力求达到最好的效果。例如，曾经有一位女推销员在美国北部工作，一直都穿着深色套装，提着一个男性化的公文包。后来她调到阳光普照的南加州，她仍然以同样的装束去推销商品，结果成绩不够理想。后来她改穿色彩淡雅的套装，换一个女性化一点的皮包，使自己有亲切感，着装这一变化，让她的业绩提高了25%。可

见，着装在讲求端庄稳重的同时，也要考虑个性和职业特色等因素。

5．特殊场合和特殊目的的服饰颜色选配

如应试、应聘时，着装的颜色要选用淡雅的颜色，或沉稳的黑色、深蓝色、深灰色等，表现出庄重、整洁和规矩的样子，给人以成熟、干练、稳重、利落的印象。约会、做客、赴宴等要根据时间安排的不同进行服饰颜色的选配。套装配色，最有利的是"米色套装配蓝色衬衫""蓝色套装配浅蓝色衬衫""浅灰色套装配深蓝色衬衫"。

当然，服饰的色彩搭配并无什么特别的规律，商务人员在实际生活中只要通过反复的观察比较，就能找准适合自己的、能完整表现自己健康美、素质美的服饰主色调。

二、服装款式造型

服装的视觉效应，除了色彩之外，最主要的就是款式造型。服装既是色彩艺术，也是造型艺术。

与任何造型艺术一样，服装款式造型的原始结构也是由点、线、面、立体综合演化而成的。色彩各异的点，能引起人视觉感受的奇异效果。

点的连接就是线。点的运动轨迹不同，又可形成横线、纵线、斜线、曲线以及各种图形。线条能起到勾画作用，又有装饰效果。横线让人觉得平衡、稳定；纵线让人感到力量、坚定；斜线显得失衡、不稳定；曲线显得飘逸、流动。根据线的这样一些视觉效应，可以发现，身材肥胖的人，如果不是为了更显富态，就不要选用横条纹、大方格图案的服装；身材瘦高的人不要选用竖条纹的服装，而应当选用横条纹的服装，以便显得丰满一些。

线的拼组拓宽就是面。面可以有平面、斜面及其交叉组合等各种变化。各种不同的面也能给人以不同的视觉感受。比方说：矩形显示平稳、庄重感，例如西装、中山装均是男士礼服的一种，它之所以作为礼服，就是因为它们在整体上呈矩形，显得庄重、严肃、气派、大方；金字塔式的正三角形给人以稳定的静感，例如少女的天鹅裙就显得纯洁、稳重，显现出少女的矜持；喇叭形让人觉得自然、潇洒，例如大摆裙，就能给人以这样的感觉；葫芦形两侧曲线柔美、飘逸，让人感到雅致，给人以飘逸如仙的感觉，例如中国的女性传统礼服旗袍就能达到这样的效果。

服饰是一种文化，又是一门艺术。穿着得体，不仅能赢得别人的好感，给人以良好的印象，而且能够不断提高自己的生活信心，使自己充分享受生活的乐趣。相反，穿着不当，往往会降低一个人的身份，损害其形象。当一个人真正读懂了自身的特质，能寓个人品性、阅历、才智于服饰之间，一定可以诠释出自己完美的魅力。提升自我的魅力是个既古老又现代的话题，古人说，人的魅力来自内心，来自学识美、道德美、胸怀美，即内在美。现代人还强调人的魅力还应来自外在形象，即服饰美、健康美和个性美。

> **综合案例**
>
> 　　有位女职员是财税专家,有很好的学历背景,常能提供很好的建议,在公司里的表现一直非常杰出。但当她到客户的公司提供服务时,对方主管却不太注重她的建议,她所能发挥才能的机会也就不大了。她一度非常苦恼,不知问题出在哪。
>
> 　　一位时装大师发现这位财税专家着装方面存在明显不足:她26岁,身高1.57米,体重43公斤,看起来机敏可爱,像个16岁的小女孩,外表实在缺乏说服力。在着装方面,她爱穿牛仔裤、旅游鞋,束马尾辫,常背一个双肩书包,充满活力。
>
> **案例思考题:**
> 1. 女职员为什么在对客户服务时得不到对方主管的重视?
> 2. 试分析一下,该如何改变她的着装,可以使她更具有说服力?

本章小结

　　本章主要介绍了着装的TPO原则、服饰运用的礼仪要求与技巧、饰品的选择与佩戴礼仪以及服装的色彩与款式造型等内容。通过本章的学习,可以认识到:服装是一门艺术,职场中服装的穿着要注意时间、地点、场合原则;通过合理的色彩搭配,正确的款式造型选择,服装及饰品的和谐搭配等可以提高自身的魅力。

复习与思考

场景设计:

　　在一个阳光明媚的秋天,××公司正在举行盛大的商务酒会,时间定在下午两点至五点,场地定在业务经理的私人花园内,请问女士将如何穿戴入场?男士应注意哪些服装礼仪?

第二部分
商务交往中的日常交际礼仪

第四章
见面礼仪

学习目标

知识目标

了解双方见面时打招呼的含义及应注意的问题,以及在称谓中敬语、谦语的正确应用。掌握握手礼仪、名片礼仪规范,及面试时的礼仪要求。

能力目标

在商务交往中,能按照见面礼仪规范要求正确运用握手礼仪、称谓语言礼仪、递接名片礼仪等。具备与人交往的基本素质,能体现商务人员待人接物的优雅风度。

第一节　打招呼与握手

在人际交往中，当商界人士互相见面或被他人介绍时，依照常例，应起身站立，热情认真地向对方打个招呼，这是最普通的礼节。世界上有各式各样的见面问候方式，如中国的传统做法是拱手作揖；日本人习惯鞠躬；欧美人士打招呼时常拥抱亲吻；新西兰毛利人则行碰鼻礼，碰鼻子的时间越长，说明客人受到的礼遇越高，越受欢迎。无论各国、各民族的习惯有多大不同，"以礼相待"则是相同的。人们见面时总是以形形色色的方式互相问候。为此，我们首先要了解如何同别人打招呼。

一、打招呼

1. 打招呼的含义

见面打招呼是最常见的礼仪。与西方人打招呼时，不要用中国人见面时习惯说的"你上哪儿去呀？"或者"你去干吗？"等问语。这会被他们认为是想探听别人隐私的失礼行为。也不要见面就问"你吃饭了吗？"这样往往会被误解成你要请他吃饭。

与西方人见面时，简单而又合适的打招呼是说"早上好""下午好""晚上好""您好"或"早安""晚安"。泰国人会把双手合起来放在胸前、口前或额前中间的位置，微微点头并说"Sawadika"（中文"您好"的意思）。美国夏威夷人喜欢举起右手，握成拳，同时伸出大拇指和小拇指（同中国人的"六"手势），微笑着对你说"Aloha"。信奉伊斯兰教的国家人与人之间打招呼，第一句话就是"愿真主保佑"以表示祝福。如果你找合适的机会按穆斯林的宗教礼节向他们打招呼，对方会认为这是对他们的最真诚的祝福。缅甸、斯里兰卡等信奉佛教的国家人与人之间打招呼时，则普遍说"愿菩萨保佑"。

2. 打招呼时应注意的问题

（1）男士尊重女士　　如果你在途中遇见相识的女士，倘若她不打招呼，你就不要去打扰她。她是不是主动向你打招呼，全由她去决定。你只可向她答礼，除非你和她非常熟悉。男士主动先向女士打招呼，有时会给女士带来不便或尴尬。

（2）不用莽撞的问候方式　　如果你在公共场所遇见了久违的好朋友，请不要太激动。在街上，突然冲向对方，甚至冲撞了行人；在会场上，猛然从座位上跳起来并穿过整个大厅；在人群里，冷不丁高呼朋友的名字，让旁人吓一跳，并为之行侧目礼等，都是很失礼的。

（3）不苛求"熟视无睹"的相识者　　有时会碰见相识者对你"熟视无睹"，而感到不高兴，其实这大可不必。请不要把不经心的视而不见与故意的轻蔑混为一谈。这很可能是对方正在沉思，或者眼睛近视，也可能因为你的外貌有了改变。例如，有位女士对自己所从事的专业很有研究和造诣，是行业中公认的专家。但她的同事对她一直很有意见，认为她骄傲、不理人、摆架子。其实，她的"视而不见"，是因为她习惯在行走和空闲时，独自一人沉思。

（4）适时、适地打招呼　　如果参加一个国际性的，或者是跨省市、跨行业的会议，在一天内几次遇见同一个熟人，每次都说"你好"，似乎太单调了。可以根据时间、场合，适地、适时地用不同的方式打招呼。

（5）与相遇的人打招呼　　有时因出差、开会、旅游等，在旅馆居住或在商店购物等，都应该同遇见的服务员或售货员打招呼。只要是经常同自己打交道的，不论地位高低、贫富不同，都要注意见面打个招呼。

3. 商务场合打招呼的方式—— 招手致意

招手致意是商务交往中打招呼时常用的礼节方式。招手致意的功能因招手高度与方式的不同而有所区别。右手高举过顶，并用目光示意是表示招呼对方，受这种礼时必须答礼。手高举过头顶、掌心向前、左右不停摆动，是告别礼，其答礼式也是向对方施以这种摇手礼。右手举起过肩但不过头，掌心向侧面，可作为与客人中距相望或行进中的礼节，亦须面带笑容，用目光示意对方，一般表示再会的意思。

二、握手

1. 握手的意义

握手是日常交往的一般礼节，多用于见面时的问候与致意；也多用于告别时的致谢与祝愿。这是世界各国通行的礼节。握手礼的礼节，据说是起源于原始社会，当时人们手中常常握着棍棒和石块，用作猎取动物和自我防卫的武器。当与无利害冲突、无意侵犯对方的陌生人相遇时，就主动放下手中的东西，并让对方摸摸掌心，以示没有武器。另一个传说称，早在中世纪，打仗的骑兵都披甲顶盔，全身包裹严密，随时准备冲锋杀敌。如果表示友好，就要脱掉右手的铁甲，伸手相握。如果双方和谈成功，表示愿意和平共处，表示友好，也伸手相握。这种习惯长期沿用，最后演变为今天人们见面和告别的礼节。握手虽是日常生活中司空见惯、看似平常的社交礼仪，但从握手中却可以传递出许多信息。在轻轻一握之中，可以传达出热情的问候、真诚的祝愿、殷切的期盼、由衷的感谢，也可以传达出虚情假意、敷衍应付、冷漠与轻视。所以，绝不能等闲视之。

2. 握手的场合

握手是社交中见面与告别时应用的礼节，除了应本着"礼貌待人，自然得体"的原则灵活运用这一礼节外，下述场合应特别重视，不要疏忽：

（1）在被介绍与人相识，双方互致问候时，应握手致意，表示为相识而感到荣幸与高兴，愿与对方建立友谊与联系。

（2）友人久别重逢或同事多日未见，相见时应握手表示问候、关切和为见面感到高兴。

（3）当对方取得很大的成绩或重大的成果、获得奖赏、被授予荣誉称号或有其他喜事时，见面应与之握手以表示祝贺。

（4）在自己领取奖品时，应与发奖者握手以表示感谢。

（5）当有人向自己赠送礼品、发表祝词讲话时，应与其握手以表示感谢。

（6）在社交场合突然遇见友人或领导时，应握手表示问候和欣喜之情。

（7）当拜托别人为自己做某件事准备告别时，应握手表示感谢和恳切企盼之情。

（8）当别人为自己和自己的家人做了某件好事或帮了忙时，应握手表示感谢。

（9）在参加宴请（包括各种茶话会、招待会、家庭宴会等）后，应和主人握手表示感谢。

（10）在拜访友人、同事或上司等之后辞别时，应握手以表示希望再见之意。

（11）邀请客人参加活动，在告别之时，主人应和所有的客人握手，以表示感谢对方的支持与光临。

（12）参加友人、同事或上下级的家属追悼会，在离别时，应和死者的主要亲属握手，表示劝慰。

3．握手的要求

（1）握手姿态要正确。行握手礼时，通常距离受礼者约一步，两足立正，上身稍向前倾，伸出右手，四指并齐，拇指张开与对方相握，微微抖动3～4次，然后与对方的手松开，恢复原状。与关系亲近者，握手时可稍加力度和抖动次数，甚至双手交叉热烈相握。

（2）握手必须用右手。如果恰好右手正在做事，一时抽不出来，或者手弄得很脏很湿，应向对方说明，摊开手表示歉意，或立即洗干净手，与对方热情相握。如果戴着手套，则应取下后再与对方相握。否则都是不礼貌的。

（3）握手要讲究先后次序。一般由年长的先向年轻的伸手，身份地位高的先向身份地位低的伸手，女士先向男士伸手，老师先向学生伸手。如果两对夫妻见面，先是女性相互致意，然后男性分别向对方的妻子致意，最后才是男性互相致意。拜访时，一般是主人先伸手，表示欢迎；告别时，应由客人先伸手，以表示感谢，并请主人留步。不应先伸手的就不要先伸手，见面时可先行问候致意，待对方伸手后再与之相握，否则是不礼貌的。许多人同时握手时，要顺其自然，最好不要交叉握手。

（4）握手要热情。握手时双目要注视着对方的眼睛，微笑致意。切忌漫不经心、东张西望，边握手边看其他人和物，或者对方早已把手伸过来，而你却迟迟不伸手相握，这都是冷淡、傲慢、极不礼貌的表现。

（5）握手要注意力度。握手时，既不能有气无力，也不能握得太紧，甚至握痛了对方的手。握得太轻，或只触到对方的手指尖，不握住整只手，对方会觉得你傲慢或缺乏诚意；握得太紧，对方则会感到你热情过火，不善掩饰内心的喜悦，或觉得你粗鲁、轻佻而不庄重。这些都是失礼的。

（6）握手应注意时间。握手时，既不宜轻轻一碰就放下，也不要久久握住不放。要掌握适度，一般来说，表示完欢迎或告辞致意的话以后，即应放下。

（7）不要一只脚站在门外，一只脚站在门内握手，也不要连蹦带跳地握手或边握手边敲肩拍背，更不要有其他轻浮不雅的举动。

（8）与贵宾或与老人握手时除了要遵守上述要求之外，还应当注意以下几点：当贵宾或老人伸出手来时，应快步趋前，用双手握住对方的手，身体微微前倾，以表示尊敬。还可根据场合，边握手边问候，说些表示热烈欢迎和热情致意的话。在握手时千万不要昂首挺胸，也不要胆小畏缩，这都是不礼貌的。在社交场合遇到身份高的熟悉的老人，不要贸然上前打断对方的谈话或应酬活动，应在对方谈话或应酬告一段落后，再上前问候，握手致意。如果在不止一人的场合中，应遵守先贵宾、老人的一般习惯次序。

（9）与上级或下级握手除遵守一般要求外，还应注意：上下级见面，一般应由上级先伸手，下级方可与之相握。如果上级不止一人，握手顺序应由职位高的到职位低的，如职位相当则可按一般的习惯顺序，也可由一人介绍，一一与之握手。不论与上级还是与下级握手，都应热情大方，不卑不亢，礼貌待人。下级与上级握手时，身体可以微欠，或快步趋前用双手握住对方的手，以表示尊敬。上级与下级握手时，应热情诚恳，面带笑容，注视对方的眼睛，不要漫不经心、敷衍了事，不要冷漠无情、架子十足，更不能在与下级握手后立即用手帕擦手，这些都是不得体或无礼的举动。

（10）与妇女握手比与男子握手有更多的讲究。按一般的规矩，如果女方愿意的话，应由她先伸出手来，男子只要轻轻一握就可。如果女方不愿意握手，她可以微微欠身鞠躬，或用点头、说客气话来代替握手。男子不可以先伸手去和女子握手，否则会使对方感到尴尬，那是不适宜的。在握手前，男子必须先脱下手套，而女子则可戴着手套（如网眼手套、时装手套等）。在握手时，双方都应注视着对方，微笑致意，不可漫不经心、东张西望，更不能心不在焉，或与第三者谈话。男子最好能根据场合，边握手边说些问候、欢迎、表示高兴的话。握手时还要特别注意力度和时间，一般不宜太紧太久。可根据时间、地点、对象灵活掌握，如对久别重逢的战友可握得时间长些；和开放活跃的女大学生可握得紧些；为了表示热烈祝贺或真挚感谢可握得更富有感情些等。

第二节　称谓礼仪

称谓礼仪是在对亲戚、朋友、熟人或其他有关人员称呼时所使用的一种规范性礼貌用语，它能恰当地体现出当事人之间的隶属关系，是表达人的不同思想感情的重要手段。人际交往，礼貌为先；与人交谈，称呼在前。正确、恰当地掌握和运用称呼，是商务交往中不可忽视的一个重要环节。表示尊敬的亲切、儒雅的称呼，可以使交往的双方感情融洽、心灵沟通，并会缩短彼此间的距离。

一、亲属称谓

中国素有"文明古国、礼仪之邦"的美称，自古以来，在使用亲属称呼时十分讲究，父系家属和母系家属的不同，男方亲族与女方亲族的各异，还有直系长辈、晚辈和旁系长辈、晚辈之间的称呼等，都分得很清楚。虽然现代家庭称呼远没有古代那么庞杂，但基本的称呼还是要了解的。如：父亲、母亲、外婆、外公、爷爷、奶奶、哥哥、姐姐、舅舅、姑姑、叔叔、弟弟、妹妹等。此外，还有常见的亲属合称，如父母、父子、母子、父女、母女、叔侄、公婆、夫妻、兄弟、妯娌等。

二、社会称谓

在日常生活中，除了亲属外，还需要与社会上不同年龄、不同性别、不同行业、不同职务和职称的人交往。恰如其分、恰到好处地称呼别人，会给对方留下好印象。

根据不同年龄，在同事间，互称"老李""老胡""小严""小周"；在街坊邻里，可称"王大妈""陈大爷""张阿姨""郑家阿弟"等。现在对长辈老者，以"老"字相称的较多，如"老人家""老先生""老伯"等；对德高望重的老前辈，常在其姓后加"老"字，如"杜老""程老""吴老"等。

根据不同的性别，一般对男士统称"先生"，对女子的称谓则有不同。在国际交往中，通常称已婚女子为"夫人"，称未婚女子为"小姐"。称呼一个不明婚姻情况的女子，倘若她有70岁，称其"小姐"也要比"夫人"安全，即使对方已婚，她也会很乐意地接受这令人愉快的"错误称呼"。与其让对方愤愤然地纠正你，她是个小姐，还不如让她微笑着对你说："我是太太。"在外交场合，为了表示对女性的尊重，可以称为"女士（Madam）"。无论是"先生""小姐"或"女士"，都可以连名带职称一起用，如"社长先生""凯瑟林小姐"或"吉妮弗女士"等。

不同行业的称谓也有区别。在学校称"鲍老师""汪老师"，在医院称"戴医生""蒋大夫"，在工厂称"常师傅""朱师傅"等。

现在人们用职务称谓的现象已相当普遍，以表示对被称谓者的尊重和礼貌，如"叶局长""钱科长""曹经理""许院长""邹书记"等。也有对专业技术人员用职称称呼的，如"俞教授""赵工程师""范会计师""谢医师"等。

如果按学位称谓的话，可以称为"杨博士""侯博士"，而其他的学士、硕士学位，是不能作为称谓来用的。

归纳以上的称谓现象，并从现在我国和国际上的通常情况看，称谓主要有以下几种：

（1）职务称　如"李局长""张经理"等。

（2）姓名称　如"约翰先生""李华女士""黄小姐""摩尔太太"等。

（3）一般称　如"先生""夫人""同志"等。

（4）职业称　如"公关先生""空中小姐""解放军同志"等。

（5）代词称　如"您""你""他"等。

（6）亲属称　如"张叔叔""李阿姨"等。

三、对待外宾的称谓

遇到外宾时，介绍、问候时的称呼应合乎礼仪，体现尊重与友好。在正式场合，可称其职务，或是对方引以为荣的头衔。这里须注意的是：对地位高的官方人士，按各国情况不同可称"阁下"，如"主席阁下""总统阁下"等。而美国、德国、墨西哥等国则没有称呼"阁下"的习惯，可统称为先生。在日本则只有对教师、医生、年长者、上级和有特殊才能的人才称先生。在君主专制国家，按习惯称国王、皇后为"陛下"，称王子、公主、亲王为"殿下"，只有对公、侯、伯、子、男等爵位的人士既可称爵位，也可称"阁下"或"先生"。此外，对医生、教授、法官、律师以及有博士学位的人士，既可单独以这类职业名称相称呼，也可以在其前面冠以被称呼者的姓氏，如"波恩教授""法官先生""基辛格博士"等。对军人则一般称军衔或军衔加"先生"，也可加姓氏，如"上校先生""艾伦中尉""莫那中校先生"等。对高级军官，如将军、元帅等，还可称"阁下"。

欧美有些国家有直呼其名的习惯，朋友间还可直呼教名，这是一种亲切友好的表示。但假如我们与外国客人初识就直呼其名就显得冒昧无礼了。

四、使用称谓的注意事项

（1）如果是在众人交谈的场合，则要注意称呼时的顺序。一般要求先长后幼，先上后下，先女后男，先疏后亲。

（2）要注意称谓的对象。"师傅""同志"是我国除了亲属以外的一种常用礼貌称呼，但是，不注意对象就会适得其反。例如，到医院称医生为"师傅"、在学校见老师也叫"师傅"，看见西方国家的来宾称"同志"等，都会让人啼笑皆非。

（3）不要忽略东西方的文化差异。在我国称年长的人谓"老"，是对长者的敬重，但是西方的一些国家却忌讳别人称自己"老"。在涉外场合，不宜使用"爱人"这个称呼，因为"爱人"在英语里是"情人"之意，若用这称呼，容易被对方误解。

（4）不要使用低级庸俗的称呼，如"朋友""哥们儿""姐们儿""弟兄们"等称呼，若被用以称呼初识之人，就有些令人肉麻。

（5）不要使用外号，尤其是某些带有侮辱性意味的外号，去称呼别人，如"大傻""肥肥""四眼儿""黑鬼""北佬""鬼妹"等。国人惯用的"老外"这一称呼，外国人也多不欢迎。

（6）不要随随便便地称呼他人的姓名。对于初识之人，最好不要一上来就称之为"老倪"或"小谢"。不要直接叫对方的姓名，尤其是不要直接叫对方的名字。想一想：称一个人为"李丹梅小姐""小李""李丹梅""丹梅"或"梅"是不是给人截然不同的感觉呢？

第三节　敬语、谦语的使用

　　人们在交往中经常使用表示尊敬和礼貌的敬语和谦语，如"您""您好""谢谢""拜托""麻烦了""真过意不去"等，但在使用时必须要认清对象和区分场合。一般来说，敬语多用于宾客或有重要身份的人，如来单位的客人，或见到年长者以及上级领导。在比较正规的场合，如会议、外事、接待等场合，也需要用敬语。假如你去国外访问或在国内接待外宾，还要讲一些诸如"阁下""女士""先生"之类的敬语。在上述情况下，如果使用了不敬之语，就会显得失礼，弄出不愉快。但在与亲朋好友聚会时，或私下交谈时，如不适当地使用一些过分客气的敬语，反倒会使对方感到不自在。所以应注意区分对象、场合和需要来使用。

一、常用的敬语

　　日常使用的敬语有"请""您""阁下""贵客""尊夫人"等。敬语尤其多用在称呼对方的亲属，如"令""尊"和"贤"这三个字。"令"字表示美好的意思，如称呼对方的父亲为"令尊"，称呼对方的母亲为"令堂"；称呼对方的兄弟姊妹为"令兄、令弟、令姊、令妹"；称呼对方的儿子为"令郎"，称呼对方的女儿为"令爱""令千金"等。"尊"和"贤"两个字的用法稍有区别，在习惯上，只有称对方的长辈才用"尊"字，如称其祖父为"尊祖"，称其父亲为"尊父""尊大人"。"贤"字则只用于平辈或晚辈，如称呼其兄弟姊妹为"贤兄""贤弟""贤姊""贤妹"。但称对方的配偶时，也有"尊""贤"通用的，如称其妻为"尊夫人""贤内助"。

　　当然在人际交往活动中，敬语的使用是非常普遍的，除了上述所列举的各种称呼之外，在以下一些场合也常用敬语：

　　初次见面说"久仰"，分别重逢说"久违"。
　　请人批评说"指教"，求人原谅说"包涵"。
　　求人帮忙说"劳驾"，求人方便说"借光"。
　　麻烦别人说"打扰"，向人祝贺说"恭喜"。
　　求人解答用"请问"，请人指点用"赐教"。
　　托人办事用"拜托"，赞人见解用"高见"。

看望别人用"拜访"，宾客来至用"光临"。
送客出门说"慢走"，与客道别说"再来"。
陪伴朋友用"奉陪"，中途先走用"失陪"。
等候客人用"恭候"，请人勿送叫"留步"。
欢迎购买叫"光顾"，归还原主叫"奉还"。

上面这些客套话，都属敬语，如能适当运用它们，会让人觉得你彬彬有礼，很有教养。它可以使互不相识的人乐于相交，熟人更加增进友谊；请求别人时，可以使人乐于提供帮助和方便；发生矛盾时，可以相互谅解，避免冲突；洽谈业务时，使人乐于合作；批评别人时，可以使对方诚恳接受。

二、谦语

使用谦语和使用敬语是相对应的，即对人使用敬语，对己则使用谦语，两者都体现了说话人本身的文化修养。谦语最常见的一种用法，是在别人面前谦称自己和自己的亲属。例如，称自己为"愚""鄙人"。向别人谦称自己辈高和年龄大的亲属时，在称谓前面冠一个"家"字，如"家祖母""家父""家兄""家嫂"。谦称自己辈分低和年龄小的亲戚时，则在称谓前冠一个"舍"字。如"舍弟""舍妹""舍侄"。自己的子女及其配偶，同样可以在称谓前冠一个"小"字，如"小儿""小女"。但需要注意的是，这里既已冠以"家""舍""小"等字，其中已包含有"我的"意思在内，所以，不能再赘称"我家兄"或"我小儿"等，这样就无疑是画蛇添足，多此一举。

敬语和谦语不可滥用。如果大家在一起相处很久了，相互之间做些小事，有的就可不必多用敬语、谦语。熟人之间用多、用滥了敬语、谦语，反而会给人一种虚伪之感。

当然在平时，即使你是率直、不拘小节的人，对别人说话时也应尽量注意礼貌及谦和的态度，经常不忘以诚恳的口吻说"请""谢谢""对不起""您好""麻烦您""抱歉""请原谅"等谦让语。

第四节　名　片　礼　仪

一、名片的用途

名片是用来做什么的？对这一问题，人们的看法相去甚远。有人说它是"推销自己"的，有人说它是"摆谱"的一个道具，还有人说它是一种多余之物。对商界人士来讲，名片是"物有所值"，是有一定用途的。商务人员只有对作为自我介绍书和社交联谊卡的名片的作用有所了解，才会使它物尽其用。一般而论，商务人员应当掌握的名片用途有下列八种：

1. 自我介绍

与他人初次相识时，口头上做自我介绍，往往让人颇费踌躇。该讲些什么，该怎样说，该用多少时间等，一时都不好把握。再加上环境、口音、对方的听力与记忆力等方面的影响，口头上的自我介绍效果如何，常常也难以确定。在这时，如果在口头上略做自我介绍后，随即递上自己的名片，那么就一定能够很好地强化自我介绍的效果。因为自己的有关资料，上面介绍得一清二楚。有此书面上的自我介绍作辅助，自己留给他人的第一印象一定清晰而准确。

2. 自我宣传

身为商界人士，自然时时刻刻要替自己本人、自己所在的单位进行宣传，以便更好地扩大联络面，发展个人或单位的合作伙伴。只是我们在自我宣传时，有些分寸不易把握。例如，自己现在在何处高就，现在官居何职等，和生人一见面时，就不太好直说。不说吧，对方不会了解；说了吧，又会担心有自吹自擂之嫌。其实，对商务人员来说，与他人交换名片，在很大程度上，主要是为了恰当地进行自我宣传，借助于名片的帮助，一些不宜自己介绍的内容，也能很好地被表达出来。借助于名片所做的自我宣传，可以引起对方的重视，获得与自己身份相当的礼遇，而且还可以宣传一下自己的业务，为获得合作伙伴、开拓业务开辟了道路。

3. 结交朋友

与陌生人初次会面，许多人都会具有一种生疏感。即使十分渴望与之交好，也会在表达这一意思时瞻前顾后，担心自己做得过犹不及。不一定与任何人第一次见面时，都要递上自己的名片。但若是希望自己就此与之相识，并打算成为对方的朋友，那么就可以在初次见面时，使用名片来为自己"铺路架桥"。把名片主动递给他人，意味着友好与信任。对身份、地位、年龄不如自己的人来说，尤其如此。因此，以名片来表明自己"礼贤下士"，非常容易使自己迅速而广泛地结识新朋友。

4. 通报情况

求见他人时，为了便于对方了解自己的基本状况和求见对方的原因，同时也是为了免于使自己吃对方的闭门羹，最好是先请人转递上去一张自己的名片，这就是在以名片来向他人通报自己的简况。这种用途的名片，也可以叫"拜帖"。此外，当自己变动工作单位、乔迁新居，或是电话号码有所改动时，应当立即知会自己的亲朋好友与合作伙伴，以免重要的信息与自己失之交臂。打这种"招呼"的最好办法，就是寄交对方一张反映了自己新信息的名片，这也是一种情况通报。

5. 维持联系

有人戏称名片是"现代人的袖珍通讯录"。如果就其内容和在这方面所发挥的作用看，这种说法是毫不过分的。对于有意与之保持联系的人，商务人员与之交换的名片上，免不了具有种种资料，如单位地址、单位电话、供职的具体部门以及姓名等。依据这些资料，对方可以随时随地与商务人员保持一定程度的联系。这种联系程度的深浅，取决于商务人员在给予对方的名片上，所提供的联络其本人的方法的多少。

6．交往凭证

在人际交往中，商务人员时常需要给他人留下某种凭证，以便说明某种情况，或是"立此存照"，以为凭据。名片在这一方面，可以发挥作用。例如，商务人员在某一场合，认识或会见过某某人，与之交换名片，就是相互留下了见过面的凭据。又如，访友不遇，需要留言，届时以名片代之，也是一种"亲身经历"过的凭证。再如，介绍甲去拜访乙时，为防止"口说无凭"，可取自己名片一张，在其上略写一两行字，然后用回形针把它固定在甲的名片上方，装入不封口的信封，由甲呈交给乙，即是用名片来代作介绍信。这也是一种表示引见的凭证。顺便说一下，此时不用甲本人的名片亦可。

7．书信往来

在商务交往中，联系应当是相互的，"来而不往"，显然失礼。可是商务人员的应酬太多了，有时当写的信件过多，确实让人忙不胜忙。遇上这种情况时，商务礼仪规定，可在社交名片的背面简洁地写上只言片语，代替书信寄给对方。从礼节上说，它并不亚于一封厚厚的长信。

8．替代礼单

人们在向他人赠送礼品时，会以各种不同的形式为自己署名。将本人名片放入一个未封口的信封，然后将它固定于礼品外包装的正上方，就是商界人士所常用的一种以名片代替礼单的做法。

二、名片递接礼仪要求

1．递送名片的礼仪要求

名片递送的程序是，一般地位低的先向地位高的递名片，男性先向女性递名片；当交换名片不止一人时，应先将名片递给职务较高、年龄较大者；如分不清公众的职务高低和年龄大小时，则可先和自己对面左侧方的人士交换名片。递送名片时应面带微笑，注视对方，将名片正面朝向对方；将双手的拇指和食指分别持握名片上端的两角送给对方。交换名片时，如果双方是坐着的，应当是起立或欠身递送，递送时可以介绍自己的名字、身份、单位，并说"请笑纳"或"这是我的名片，请收下"。切忌单用食指和中指夹着名片给人，也不能把名片文字倒过来递送，这也是不礼貌的行为。

在此须强调的是，国人交换名片一般是双手递、接，同外宾交换名片时，要先留意一下对方是用几只手递过来的，然后再跟着模仿。西方人、阿拉伯人和印度人习惯用一只手与人交换名片；日本人则喜欢在一只手接过他人名片的同时，用另一只手递上自己的名片。

如果是事先约定好的面谈，或事先双方都有所了解，见面时不一定要先忙着交换名片，可在交谈结束、临别之时取出名片递给对方，以加深印象，并表示出愿意保持联络的诚意。

2．接收名片的礼仪要求

接收他人递送过来的名片时，应尽快起身或欠身，面带微笑，用双手的拇指和食指接住名片的下方两角，口称"谢谢"或"十分荣幸"。名片接到手后，应认真地从头至尾看一遍，如果是初次见面，最好是将名片上的重要内容读出声来，对对方的组织名称和职务应读出重音，以示敬重。如果遇到难读的文字，应马上询问读法，"很抱歉，您的名字应怎样称呼？"这样询问非但不失礼，而且会使对方觉得受到尊重，是讲究礼貌的表现。

拿到名片看也不看，随手放入口袋；或一直让它放在桌子上不收起来；或把名片卷起来，随意折叠。这些均是失礼的行为。

在公共场合欲索取他人的名片，要想留下"退路"，就不要直言相告，而应以婉转的口气见机行事。对长辈、嘉宾或地位、声望高于自己的人，可以说："以后怎样才能向您请教？"对平辈或身份、地位相仿的人，可以问："今后怎么和您保持联系？"这两种说法都带有"请留下一张名片"之意，即使对方依然拒绝，双方也都好下台。

通常不论他人以何种方式索要名片都不宜拒绝，不过要是真的不想给对方，在措辞上一定要注意不伤害对方，如可以说："不好意思，我忘了带名片。"或是说："非常抱歉，我的名片用完了。"这样都比直言相告"不给"，或盘问对方要高雅得多。

三、名片的收藏

一定要认真处理收到的名片，充分发挥名片的使用价值。

1．在名片的背面做备忘录

备忘录的内容可以是见面的日期、场所、天气、见面目的、谈话的主题以及对方的生日、所在单位、家庭配偶、奇闻趣事等，如果名片是两面印刷的，则准备一些专门的记录卡片，与名片一起插入名片夹里。备忘录一般是在与对方分手后再补记的，如果得知名片人的情况有变动，还可修订与增补新的内容。

2．名片的分类

收藏名片时应按自己的业务内容、交往范围、姓氏笔画或自己独特的方法分类，按次序排列，以便随时检索。

3．要经常检查、熟悉名片

经常检查、熟悉名片才能发挥它在公众交往中"敲门砖"的作用。定期翻阅名片可以唤起记忆，弥补淡忘的印象，这是重新恢复友谊和联系纽带的最好办法。在闲暇的时候，翻阅名片册，也是一种精神享受，它能使自己回忆起亲朋好友的言谈举止，友好交往的岁月，品味友爱团结的深厚感情，使自己处于愉快的心境，得到精神的满足。

四、名片的保管

在交往中，商务人员的名片夹应放在左胸内侧的上衣口袋里，以示对对方的礼貌和尊重。随意将名片夹放在裤袋里，特别是放在后侧裤袋里，是很失礼的行为。倘若在夏天，穿的衣服比较单薄，则应将名片夹放在手提包内，需交换时再拿出来。不要把交换的名片乱放、搞错，交谈时可将名片对应的交往对象排列出来。一时忘带名片或所带名片数量不够时，应向未拿到名片的人士道歉致意，一定在下次交往时补送，或邮寄给对方。

五、使用名片的忌讳

（1）不要把名片当作传单随便散发。有一位来自美国德克萨斯州半导体公司的总裁，去日本参加一个商务会议，尽管她是商务代表团的团长，但其他日本代表团的成员根本不正眼看她，也不和她说话。原来，她递名片的动作就像打扑克牌，把名片随意地扔到桌子对面，落在对方的座位前。

（2）不要随意地将他人给你的名片塞在口袋里或丢在包里；如果暂时放在桌上，切忌在名片上放其他物品，也不要漫不经心地放置一边，更不要忘记带走。

（3）不要随意拨弄他人的名片。美国的《纽约时报》曾有一则生动的报道："午餐后的商务会议顺利开始了。西服革履的美国公关公司人员坐在谈判桌的一边，有可能成为他们客户的日本人则坐在另一边。会议中，在译员进行冗长的翻译时，美方首席代表思想开小差了。他开始拨弄起日方首席代表的名片，几乎是下意识地把名片拿到嘴边，用名片的尖角上上下下仔细地剔着牙，因为午饭后，他的牙缝中间塞进了饭渣。会谈的结果可想而知，合同泡汤了。"

（4）在对方的名片上做一些简单的记录和提示，是帮助我们记忆的好办法。但是，不要在他人的名片上乱写一些有关名片主人特征的词，如"小个子""戴眼镜"等。靳羽西女士为了记住对方的名字，习惯在对方的名片上注一些词，以便下次交往时记住对方，但有一次却使她很尴尬。她回忆说："北京有一个有名的记者，她注意到我在每一个人的名片上都写了一些字，忍不住要看看我在她的名片上写了什么——我写了short（很矮）。当时，我真的很不好意思。"

第五节　面试时的礼仪

现今全球经济一体化，商业社会竞争激烈，要比别人优胜，除了卓越能力外，还要掌握有效沟通及妥善的人际关系，而更重要的是拥有良好优雅的专业形象和卓越的商务礼仪。时下金融危机的来袭，更让年轻的大学毕业生于求职市场面对庞大挑战。要突围而出，开启成功之门，便得熟知面试技巧。面试是如愿走上心仪工作岗位的必经关卡。面试时，除努力展现自身的能力、素质外，得体的穿着、得体的谈吐、大方的举止，也能为人加分不少。而这些，就属于面试礼仪的范畴了。面试礼仪在面试过程中相当重要，也决定着你面试的成功率。面试时需注意三个阶段的礼仪要求：

一、面试准备阶段的礼仪要求

1. 仪表端庄

男士应穿上整洁的服装，但不必刻意打扮；女士应穿得整洁、明亮，给人朴素端庄的印象。衣着不整、蓬头垢面，会被认为是邋遢窝囊；过于超前的服装，也会被认为是不可信赖的。实际上选择服装的关键是看职位要求：应聘银行、政府部门，穿着偏向传统正规；应聘公关、时尚杂志等，则可以适当地在服装上加些流行元素。除了应聘娱乐影视广告这类行业外，最好不要选择太过突兀的穿着。大学毕业生在求职面试过程中应给人以整洁、大方、朝气蓬勃的感觉。此外应聘时不宜佩戴太多的饰物，这容易分散考官的注意力。

2. 准时守信

守时是职业道德的基本要求，提前10～15分钟到达面试地点效果最佳。这样可以表示求职者的诚意，给对方以信任感，同时也可稍微平静一下心态，整理一下服饰，以免仓促上阵，手忙脚乱。在面试时迟到或是匆匆忙忙赶到是致命的，不管你有什么理由，迟到会被视为缺乏自我管理和约束能力的表现，从而给招聘者留下不好的印象，甚至会丧失面试的机会。

如果是面试地点比较远，地理位置也比较复杂的，最好能提前去考察一下，这样可以观察环境，熟悉交通线路、地形，也便于掌握路途往返时间，以免因一时找不到地方或途中延误而迟到，甚至事先要搞清洗手间的位置。这里给大家讲一个人去外企面试的故事：那天在轮到他即将参加面试前，他突然想去洗手间，但因对写字楼的环境不熟悉，面试前也没去过，自然搞不清洗手间到底是哪张门。结果竟一头撞进了火警通道，还冒失地按了火警铃，结果整栋写字楼警铃声响成一片。他慌慌张张地躲了一阵，之后才去了洗手间，等到再去面试的时候，已错过了预约的时间，此时主考人员已离开了面试现场，他也就失去了就职这家公司的机会了。

二、面试进行阶段的礼仪要求

在整个面试过程中，要保持举止文雅大方，谈吐谦虚谨慎，态度积极热情。

1. 礼貌待人，沉稳入座

进入面试场合时，如门关着，应先敲门，得到允许后再进去。开关门动作要轻，以从容、自然为好。见面时要向招聘人员主动打招呼问好致意，称呼应当得体。在主考官没有请面试者坐下时，切勿急于落座。同意落座后，要说"谢谢"。坐下后保持良好的体态，不要紧贴着椅背坐，不要坐满，坐下后身体要略向前倾。一般以坐满椅子的2/3为宜。将双掌伸开，并随意自如地放在大腿上，给人一种镇静自若、胸有成竹的感觉。这既可以让你腾出精力轻松应对考官的提问，也不至让你过于放松。切忌大大咧咧、左顾右盼、满不在乎，以免引起考官反感。

2. 保持眼神交流，面带微笑

谈话时，眼睛要适时地注意对方，不要东张西望，显得漫不经心；也不可死盯着别人看，会被误解为向他挑战，给人以桀骜不驯的感觉；更不要眼皮下垂，显得缺乏自信。面试时应把目光集中在对方的额头上，既可以给对方以诚恳、自信的印象，也可以鼓起自己的勇气、消除自己的紧张情绪。如果主考官有两位以上时，回答谁的问题，目光就应注视谁，并应适时地环顾其他主考官以表示自己对他们的尊重。脸上应带着愉快轻松和真诚的微笑，这样会使你处处受欢迎，因为微笑会显得和和气气，而每个人都乐于与和气、快乐的人一起共事。可适当表现出自己的热情，但不要表现得太过分。

3. 杜绝习惯性的小动作

面试时心境一定得放松，不必紧张，一紧张思维会发生空白，那到时就乱套了。首先，要注意自己的肢体语言。大多数毕业生在第一次求职面试时由于过度紧张，那些由于紧张造成的肢体语言就全部表现出来了，像腿抖、手抖、说话带颤音等，这些一定要注意避免。其次，还要注意不可以做小动作，比如折纸、转笔，这样会显得很不严肃，会分散对方注意力。不要乱摸头发、胡子、耳朵，这可能被理解为你在面试前没有做好个人卫生。用手捂嘴说话也是一种紧张的表现，应尽量避免。再次，还应纠正一些不好的习惯性动作，比如思考时手不自觉地放到嘴边，或是咬手指头做沉思状。还有的毕业生在回答问题时坐在椅子上翘个二郎腿，这也是用人单位非常反感的。

4. 面试谈话的语言艺术

语言是求职者的第二张名片，它客观反映了一个人的文化素质和内涵修养。面试时讲话从容、声音响亮、干脆、果断，会给人留下好印象。

（1）专注有礼的聆听　聆听是捕捉信息、处理信息、反馈信息的过程。一个优秀的聆听者应当善于通过主考官的谈话捕捉信息。当主考官向你提问或介绍情况时，应该注视对方以表示专注倾听，可以不时地通过直视的双眼、赞许的点头、入神的表情等必要的附和，表示你在认真地倾听他所提供的更多的信息。如果巧妙地插入一两句话，效果则更好，如"原来如此""你说的对""是的""没错"等。求职者倾听时，要仔细、认真地品味对方话语中的言外之意、弦外之音、微妙情感，细细咀嚼品味，以便正确判断他的真正意图。

（2）注意控制谈话节奏　进入考场后，如果感到紧张就先不要急于讲话，而应集中精力听完提问，再从容应答。一般开始谈话时可以有意识地放慢讲话速度，等自己进入状态后再适当增加语气和语速。这样，既可以稳定自己的紧张情绪，又可以扭转面试的沉闷气氛。对所提出的问题要对答如流、恰到好处，不要夸夸其谈、夸大其词。碰到一时答不出的问题可以用两句话缓冲一下："这个问题我过去没怎么思考过。从刚才的情况看，我认为……"这时脑子里就要迅速归纳出几条"我认为"了。要是还找不出答案，就先说你所能知道的，然后承认有的东西还没有经过认真考虑。考官在意的并不一定只是问题的本身，如果你能从容地谈出自己的想法，虽然欠完整，很不成熟，也不致影响大局。

（3）落落大方的谈吐　交谈时要注意发音准确，吐字清晰。为了增添语言的魅力，应注意修辞，忌用口头禅，更不能有不文明的语言。打招呼问候时宜用上语调，加重语气并带拖音，以引起对方的注意。自我介绍时，最好多用平缓的陈述语气，不宜使用感叹语气或祈使句。而音量的大小则要根据面试现场情况而定。两人面谈且距离较近时声音不宜过大，群体面试而且场地开阔时声音不宜过小，以每个主考官都能听清你的讲话为原则。说话时除了要表达清晰以外，适当的时候可以插进幽默的语言，使双方谈话增加轻松愉快的气氛，从而展示自己的优雅气质和从容风度。尤其是当遇到难以回答的问题时，机智幽默的语言会显示自己的聪明智慧，有助于化险为夷，并给人以良好的印象。特别要注意的是激动地与主考官争辩某个问题是不明智的举动。有的主考官专门提一些无理的问题试探耐性，如果"一触即发"，乱了方寸，面试的效果显然不会理想。

三、面试后续阶段的礼仪要求

1．适时告辞

面试是陌生人之间的一种沟通，它既不是闲聊，也不是谈判。故谈话时间长短要因面试内容而定。招聘者认为该结束面试时，往往会说一些暗示的话语，如："很感谢你对我们公司这项工作的关注"或"感谢你对我们招聘工作的关心""我们做出决定一定会通知你"等。求职者在听到诸如此类的暗示之后，就应该主动告辞，告辞时应再次强调你对应聘该项工作的热情，并感谢对方抽时间与你进行交谈。同时，表示出与主考官们的交谈使你获益匪浅，并希望今后能有机会再次得到对方进一步的指导，有可能的话，可约定下次见面的时间。

2．礼貌致谢

为了加深招聘人员的印象，增加求职成功的可能性，面试结束后，在接到正式面试结果通知以前，求职者最好给招聘人员打电话或写封信表示感谢。感谢信要简洁，最好不超过一页纸。信的开头应提及自己的姓名、简单情况以及面试的时间，并对招聘人员表示感谢。感谢信的中间部分要重申对公司、应聘职位的极大兴趣，希望能早日听到对方的回音。信的结尾可以表示对自己的信心，以及为公司的发展壮大做贡献的决心。这样做，不仅仅是出于礼貌，也是为自己在争取机会，也许你的一封信或是一个电话会给你带来意想不到的结果。

综合案例

两位商界的老总，经中间人介绍，相聚谈一笔合作的生意，这是一笔双赢的生意，而且做得好还会大赢，看到合作的美好前景，双方的积极性都很高。A老总首先拿出友好的姿态，恭恭敬敬地递上了自己的名片；B老总单手把名片接过来，一眼没看就放在了茶几上。接着他拿起了茶杯喝了几口水，随手又把茶杯压在名片上，A老总看在眼里，明在心里，随口谈了几句话，起身告辞。事后，他郑重地告诉中间人，这笔生意他不做了。当中间人将这个消息告诉B老总时，他简直不敢相信自己的耳朵，一拍桌子说："不可能！哪儿有见钱不赚的人？"立即打通A老总的电话，一定要他讲出个所以然来，A老总道出了实情："从你接我的名片的动作中，我看到了我们之间的差距，并且预见到了未来的合作还会有许多的不愉快，因此，还是早放弃的好。"闻听此言，B老总放下电话痛惜失掉了生意，更为自己的失礼感到羞愧。

案例思考题：

1. B老总违反了哪些礼仪规则？
2. B老总应该怎么做？

本 章 小 结

本章主要介绍了商务人员相互见面时应遵守的握手、称谓、递接名片等礼仪规范和要求，以及求职面试时须注意的礼仪要求。通过本章的学习，我们可以认识到，与他人交往，不仅要尊重交往对象，还要恰当地运用握手的原则，正确使用称谓礼仪以及递接名片礼仪，以充分体现一个商务人员的素质。

复习与思考

一、名词解释

打招呼　握手礼仪　称谓礼仪

二、简答题

1. 打招呼应注意哪些问题？
2. 握手的场合有哪些？
3. 握手的要求有哪些？

4. 简述递接名片的礼仪要求。

5. 使用名片的忌讳有哪些？

6. 在求职面试进行阶段中应注意哪些礼仪要求？

三、技能实训题

请你判断并分析以下情景中人物做法的正误。

（　　）张先生和王女士是两位老朋友，好久未见。一天，突然在街上碰到，张先生很高兴地和王女士打招呼，并且伸出手和王女士握手。

（　　）递名片时，为了让对方更容易看清名片上的名字，要正面朝上。

（　　）A先生用双手接过来B先生递送的名片。

（　　）C女士和D男士都是李小姐的朋友，但他们互不相识，李小姐为二人做了介绍，C女士伸出左手来准备和D男士握手。

（　　）当主考官把A男士领到面试的房间时，A男士在没有得到允许前自行坐下，并将双手交叉放在胸前，跷着二郎腿。一边摸着自己的头发，一边回答着主考官所提的问题。

第五章 介绍礼仪

学习目标

知识目标
了解介绍礼仪的分类、方法，掌握介绍礼仪应把握的原则、顺序、时机、分寸及介绍时的措辞和神态。

能力目标
能够根据实际情况及时准确地为他人做介绍和自我介绍。

介绍是社交和商务场合中互相了解的基本方式，它是人们互相认识不可缺少的手段。正确的介绍可以使素不相识的人相互认识，商务人士也可以通过落落大方的介绍，显示良好的交际风度。在商务活动中了解和掌握介绍礼仪的基本技巧，有助于人们找到通往商务交际殿堂的钥匙，获得良好的"首因效应"，从而有机会拓展商业领域。本章主要讲述三种介绍类型：自我介绍、为他人做介绍和集体介绍。

第一节 自我介绍

在许多场合，由于人际沟通或业务上的需要，人们得主动地去接触一些不熟悉的人。比如，第一次去一个公司联系业务，去一个单位应聘，在聚会上想结交一些朋友。总之，当需要与一个陌生人进行交流沟通，又缺少介绍者时，就必须进行自我介绍，这样可以赢得主动，同时也显示出自信和良好的素养。

自我介绍，就是在必要的社交场合，把自己介绍给其他人，以使对方认识自己的一种方式。恰当的自我介绍，不但能增进他人对自己的了解，而且还可能创造出意料之外的商机。

一、自我介绍的分类

自我介绍根据介绍人的不同，可以分为主动型自我介绍和被动型自我介绍两种类型。

1. 主动型自我介绍

在商务社交活动中，在欲结识某个人或某些人却无人引见的情况下，自己充当自己的介绍人，将自己介绍给对方。这种自我介绍叫作主动型自我介绍。

2. 被动型自我介绍

应其他人的要求，将自己的某方面的具体情况进行一番自我介绍。这种自我介绍就叫被动型自我介绍。

二、自我介绍的方式

根据不同场合、环境的需要，自我介绍的方式有五种：应酬式的自我介绍、工作式的自我介绍、交流式的自我介绍、礼仪式的自我介绍、问答式的自我介绍。

1. 应酬式的自我介绍

这种自我介绍方式最简洁，往往只包括姓名一项即可。如："您好！我叫王敏。"应酬式的自我介绍适合于一些公共场合和一般性的社交场合，如途中邂逅、宴会现场、舞会、通电话时等。自我介绍的对象主要是一般接触的交往人士。

2. 工作式的自我介绍

工作式的自我介绍的内容，包括本人姓名、供职的单位及部门、担任的职务或从事的具体工作等三项，又叫工作式自我介绍内容的三要素，通常缺一不可。

（1）姓名 应当一口报出，不可有姓无名，或有名无姓。

（2）单位 供职的单位及部门，如可能最好全部报出。具体工作部门有时也可以暂不报出。

（3）职务　担任的职务或从事的具体工作，有职务最好报出职务，职务较低或者无职务的，则可报出目前所从事的具体工作。

3．交流式的自我介绍

交流式的自我介绍也叫社交式自我介绍或沟通式自我介绍，是一种刻意寻求与交往对象进一步交流与沟通，希望对方认识自己、了解自己、与自己建立联系的自我介绍。适用于社交活动中，大体包括本人的姓名、工作、籍贯、学历、兴趣以及与交往对象的某些熟人的关系等。如："我的名字叫王红，是某某公司副总裁。6年前，我和您先生是同事。"

4．礼仪式的自我介绍

礼仪式的自我介绍是一种表示对交往对象友好、敬意的自我介绍。适用于讲座、报告、演出、庆典、仪式等正规的场合。内容包括姓名、单位、职务等。自我介绍时，还应多加入一些适当的谦辞敬语，以示自己尊敬交往对象。如："女士们、先生们，大家好！我叫任仿，是某某公司的总经理。值此之际，谨代表本公司热烈欢迎各位来宾莅临指导，谢谢大家的支持。"

5．问答式的自我介绍

针对对方提出的问题，做出自己的回答。这种自我介绍方式适用于应试、应聘和公务交往。在普通交际应酬场合，它也时有所见。如对方问："这位小姐贵姓？"回答："免贵姓周，周恩来的周。"

三、自我介绍的基本程序

在做自我介绍时先向对方点头致意，得到回应后再向对方介绍自己的姓名和身份，同时递上自己的名片。有时可采取被动型自我介绍方式，先婉转地询问对方："先生，您好！请问我该怎样称呼您呢？"待对方做完自我介绍，再顺势介绍自己。自我介绍时，表情要自然、亲切，注视对方，举止庄重、大方，态度镇定而充满信心，表现出渴望认识对方的热情。如果见到陌生人就紧张、畏怯、语无伦次，这样不仅说不清自己的身份和来意，还会造成难堪的场面。

四、把握自我介绍的时机

要让自我介绍能够给对方留下深刻的印象，应考虑当时的特定场合。若是对方正忙于工作，或是正与他人交谈，或是大家的精力集中在其他人或事情上的时候，做自我介绍有可能打断对方，效果一定不会好。如果对方一人独处，或是在轻松愉快的情况下，把自己介绍给对方，他对你的自我介绍不仅会注意，而且会有良好的反应。因此，在做自我介绍时把握时机是比较重要的。

在商务场合中，一般如遇下列情况时，做自我介绍就是很有必要的：

（1）与不相识者处一室时。

（2）不相识者对自己很有兴趣。

（3）他人请求自己做自我介绍。

（4）在聚会上与身边的陌生人共处。

（5）打算介入陌生人组成的交际圈。

（6）求助的对象对自己不甚了解，或一无所知。

（7）前往陌生单位，进行业务联系时。

（8）在旅途中与他人不期而遇又有必要与之接触。

（9）初次登门拜访不相识的人。

（10）遇到秘书挡驾，或是请不相识者转告。

（11）初次利用大众传媒，如报纸、杂志、广播、电视、电影、标语、传单，向社会公众进行自我推荐、自我宣传时。

（12）利用社交媒介，如信函、电话、电报、传真、电子信函，与其他不相识者进行联络时。

五、把握自我介绍的分寸

要想使自我介绍恰到好处，不失分寸，就必须掌握自我介绍的技巧，重视下列几个方面：

1．控制时间

进行自我介绍一定要力求简洁，尽可能地节省时间，通常以一分钟左右为佳。但是能真正在一分钟左右结束的，只占很小一部分，其他有的长达六分钟，有的短的只有十五秒，虽然时间花得有长有短，但都不具效率。时间花得短的人往往只介绍了自己的身份和名字，而时间花得长的人则是绕了好多圈子，根本无法让人了解他想表达什么，说话的时间比没说话的时间还少，时间几乎都浪费在："啊！我是嗯……啊……"这些无谓的连接词上，有的严重得在两分钟之内不发一言，然后又不得要领地说了一分钟。说话的人固然不轻松，听的人更是活受罪，而时间的浪费更是划不来。

如果要使自我介绍有效率，首先应在事前自己先打好腹稿，分析一下内容的重点和所需花费的时间；其次，在进行自我介绍时，应选择适当的时间进行，最好选择在对方有兴趣、有空闲、情绪好、干扰少、有要求时。如果对方兴趣不高、工作很忙、干扰较大、心情不好、没有要求、休息用餐或正忙于其他交际时，则不太适合进行自我介绍。同时为了提高效率，在做自我介绍的时候，可利用名片、介绍信等资料加以辅助。

2．内容适度

做自我介绍时，应根据不同的交往对象，不同的交际需要来决定内容繁简。自我介绍总的原则是简明扼要。在非正式场合，如一般聚会、沙龙，只需告诉对方自己的姓名、工作单位及职业（或职务），即自我介绍三要素，使对方在听完你的介绍后能正确地称呼你就可以了。比如，"你好，我叫王芳，在××公司负责调研工作。"因为对方不一定有多大的兴趣去了解你，所以过多的介绍会给人啰唆之嫌。而在另外一些情况下，比如自己很想认识对方，同时对方显然也有想更加深入认识你的愿望，此时的自我介绍可以简略地介绍一下自己的籍贯、出生地、母校、兴趣、专长及与双方都认识的第三者的关系等。大部分情况下，开始只需做最简单的自我介绍，其他的情况可以在互相交流时进一步补充。

3. 讲究措辞

自我介绍时要把握用词的分寸，有些人唯恐别人不认识自己，一开始便炫耀自己的身份、门第、学识，甚至用上"最""极""特别""第一"等表示极端的词语，显得锋芒毕露。让人觉得夸夸其谈、华而不实，还会引起对方的误解，甚至伤及对方的自尊。法国启蒙思想家孟德斯鸠说过："夸奖的话出于自己口中，那是多么乏味"。当然也有人为了显示自己的谦虚，故意贬低自己，也会让人觉得虚假、不诚实。

在做自我介绍时要讲究措辞，常见的方法有三种：①自谦。如"我非常喜欢书法，却还没有掌握书法艺术的真谛，今天献丑了，请多多包涵。"②自嘲。适当的自我嘲讽，是在自贬中包含着自解、自慰。在诙谐幽默中自我讽刺可以露出实在的自信和自得之意，既能增强语言风趣，又不流于自夸。如曾有人如此自我介绍："我叫马克想，和伟大的思想家马克思的名字只相差一个字，有可能是他失散多年的兄弟？因为我们都是有思想的人。"③自识。自己对自己的认识。在自我介绍中，如实数出自己的弱点，不仅不会失去别人对你的信任，相反，自知之明的睿智和坦荡的品格，使对方更尊重你，更信任你。

4. 讲究态度

在做自我介绍时要注意这样几个问题：首先，态度保持自然、友善、亲切、随和，整体上讲求落落大方，笑容可掬。其次，举止要庄重、充满自信，这样容易使人产生信赖和好感。介绍时可将右手放在自己的左胸上，不要随随便便用手指指划划，毛手毛脚的。同时眼睛应该看着对方，用眼神、微笑和亲切的面部表情表达友好之情。既不应拘谨忸怩，也不要满不在乎。最后，在介绍时要语气自然，语速正常，语音清晰。生硬冷漠的语气、过快过慢的语速、含糊不清的语音，都会影响自我介绍的形象。

总的说来，当希望结识他人，或他人希望结识自己，或认为有必要令他人了解或认识自己的时候，自我介绍就会成为重要的交往方式。自我介绍常常会成为商务活动的组成部分，承担着拓展交际范围的重任，因此，掌握有关自我介绍的商务礼仪非常重要。

第二节　为他人做介绍

在商务活动中，经常需要在他人之间架起人际关系的桥梁。他人介绍，又称第三者介绍，是经第三者为彼此不相识的双方引见、介绍的一种交际方式。他人介绍，通常是双方的，即对被介绍双方各自做一番介绍。有时，也可进行单向的他人介绍，即只将被介绍者中的某一方介绍给另一方。为他人做介绍时需要把握一些基本的礼仪要求。

一、为他人做介绍时应把握的原则

为他人做介绍之前，一定要仔细观察，不可贸然行事。首先要弄清双方是否有结识的愿望，双方有意相互结识并期待你做介绍时，就应该义不容辞地为双方做好介绍工作。如果双方根本不愿结识而被介绍，使他们陷于不情愿或者难堪之中而又不得不勉为其难，这也是失礼。恰当处理这种事的原则有两方面：一方面，作为介绍人对双方情况都比较了解，遇事要有主见，思想上要明确究竟是介绍还是不介绍。当发现即将面临这一问题（如另一个朋友已远远地出现了）而自己又拿不定主意时，不妨先征求一下同行朋友的意见。如："那边走过来的是我的同学方红，我得给她打个招呼。"这样，随行的朋友如果愿意结识她，就会留在你身边，如果无意则会避开。另一方面介绍人要善解人意，通过观察发现双方是否要求介绍。如果发现互不认识的双方相互注视，或者一方有意注视而另一方并不回避，同时相互都不愿很快离去，这时你应该明白，这正是扮演介绍人的好机会。

二、为他人做介绍的顺序

在为他人做介绍时谁先谁后，是一个比较敏感的礼仪问题。根据商务礼仪规范，在处理为他人做介绍的问题上必须遵守"尊者优先了解情况"规则。也就是在为他人介绍前，先要确定双方地位的尊卑，然后先介绍位卑者，后介绍位尊者，使位尊者先了解位卑者的情况。根据这个规则，为他人做介绍时的商务礼仪顺序有以下几种：

（1）介绍上级与下级认识时，应先介绍下级，后介绍上级。把下级人员介绍给上级人员，首先称呼上级人员，然后再将被介绍者介绍出来。如："王经理，这是我的秘书李明。李明，这是销售部的王经理。"

（2）介绍长辈与晚辈认识时，应先介绍晚辈，后介绍长辈。介绍晚辈给长者，首先要称呼长者，然后把晚辈介绍给长者，最后再对长辈做一介绍。如："周医生，这是我儿子马国，他刚刚从清华大学毕业。马国，这是周医生。"

（3）介绍女士与男士认识时，应先介绍男士，后介绍女士。介绍女士与男士认识时，通常先把男士介绍给女士，并引导男士到女士面前做介绍。介绍中，女士的名字应该先被提到，如"马丽，我给你介绍一下，这是我同学李涛。"需要注意的是，在商务场合，不必要采用"女士优先"的原则。而是不分性别年龄，都应遵从"尊者优先了解情况"的原则。如介绍时可说："王总经理，请允许我将我的助理王小姐介绍给您。"然后才说："王小姐，这位是××公司的王总经理。"在商业界，只有当两个人的社会地位相同时，才遵循先介绍男士，后介绍女士的惯例。

（4）介绍公司同事与客户时，应先介绍同事，后介绍客户。把自己公司的人介绍给其他公司同等地位的人时，首先要提及其他公司的人的名字。如："李刚，这是我们公司通信部的朱伟。朱伟，这是××公司通讯部的李刚。"

（5）介绍已婚者与未婚者认识时，应先介绍未婚者，后介绍已婚者。

（6）介绍同事、朋友与家人认识时，应先介绍家人，后介绍同事、朋友。

（7）介绍来宾与主人认识时，应先介绍主人，后介绍来宾。

（8）介绍与会先到者与后来者认识时，应先介绍后来者，后介绍先来者。

但是在一些非正式的场合，不必过于拘泥于礼节，不必讲究先介绍谁后介绍谁。介绍人一句："我来介绍一下。"然后即可做简单的介绍，也可直接报出被介绍者各自的姓名："王明——张华"。

三、为他人做介绍的方法

在商务活动中，在为他人做介绍时，由于实际需要的不同，介绍时所采取的方式也会有所不同。常见的介绍方法有：

（1）一般式　也称标准式，以介绍双方的姓名、单位、职务等为主。这种介绍方式适合于正式场合。如："请允许我来为两位引见一下。这位是××公司主任王刚先生，这位是××集团副总贺宏先生。"

（2）引见式　介绍者所要做的是将被介绍者双方引到一起即可，适用于普通场合。如："两位互相认识一下。大家其实都在同一个单位工作，只是平时没机会认识。那我先失陪了。"

（3）简单式　只介绍双方姓名一项，甚至只提到双方姓氏，适用一般的社交场合。如："我来为大家介绍一下，这位是贺总，这位是许总。希望大家合作愉快。"

（4）附加式　也可以叫强调式，用于强调其中一位被介绍者与介绍者之间的特殊关系，以期引起另一位被介绍者的重视。如："大家好！这位是××公司的营销部主任贺洋先生。这是小儿刘伟，请各位多多关照。"

（5）推荐式　介绍者经过精心准备再将某人举荐给某人，介绍时通常会对前者的优点加以重点介绍。通常适用于比较正规的场合。如："这位是李峰先生，这位是××公司的刘朋董事长。李峰刚从国外留学回来，他是经济学博士，管理学专家。刘总，我想您一定有兴趣和他聊一聊。"

（6）礼仪式　是一种最为正规的他人介绍，适用于正式场合。介绍时在语气、表达、称呼上都更为规范和谦恭。如："王女士，您好！请允许我把××公司的总经理王小东先生介绍给您。王先生，这位就是××集团的生产部经理王玲女士。"

四、把握为他人做介绍的时机

在为他人做介绍时，如遇到下列情况，就有必要进行介绍。

（1）与家人外出，路遇家人不相识的人士，而对方又跟自己打了招呼。

（2）本人的接待对象遇见了其不相识的人士，而对方又跟自己打了招呼。

（3）在家中或办公地点，接待彼此不相识的客人或来访者。

（4）打算推荐某人加入某一方面的交际圈。

（5）受到为他人做介绍的邀请。

（6）陪同上司、长者、来宾时，遇见了其不相识者，而对方又跟自己打了招呼。

（7）陪同亲友前去拜访亲友不相识者。

五、介绍时的神态与手势

在为他人介绍时，态度要热情友好，语言要清晰明快。开口前首先要把目光投给身份高的人，然后转向将要介绍的人。手的正确姿势应掌心向上，胳膊略向外伸，指向被介绍者。但介绍人不能用手拍被介绍人的肩、胳膊和背等部位，更不能用食指或拇指指向被介绍的任何一方。在介绍过程中除女士和年长者外，一般被介绍者都应点头示意或起身站立，面带微笑，目视介绍者或对方，显得高兴、专注。介绍后，身份高的一方或年长者，应主动与对方握手，问候对方，表示非常高兴认识对方等。身份低的一方或年轻者，应根据对方的反应做出相应的反应，如果对方主动伸手来与你握手，就应立即将手伸出与对方相握。但是若在会谈进行中，或在宴会等场合，被介绍双方则可不必起身，只略微欠身致意就可以了。

六、介绍人的措辞

介绍人在做介绍时要先向双方打招呼，使双方有思想准备。介绍人的介绍语应简明扼要，并使用敬辞。在较为正式的场合，可以说："尊敬的李洋先生，请允许我向您介绍一下……"或说："李洋，这就是我和你常常提起的赵克先生。"（注：在汉语中这一说法在非正式的场合一般不用，或是省略掉"允许"，直接说："李经理，我向您介绍一下赵总，他是某某公司的总工程师……"）。在公务、商务场合，所介绍的内容也应包含有关自己的信息，它反映了介绍人对被介绍人的评价和看法。如果你在介绍你的秘书时这么说："这是我的得力秘书，王小姐。"就表明你承认了她的工作。在介绍中要避免过分赞扬某个人，不要给人留下厚此薄彼的感觉。在介绍别人时，最好使用双方全名，或是用姓氏加头衔，以示郑重，切忌把复姓当作单姓。常见的复姓有"欧阳""司马""司徒""上官""诸葛""西门"等。当介绍人为双方介绍后，被介绍人应在点头示意或握手的同时以"您好！""很高兴认识您！"等友善的语句问候对方。介绍人在介绍后，不要随即离开，应给双方的交谈提示话题，可有选择地介绍双方的共同点，如相似的经历、共同的爱好和相关的职业等，待双方进入话题后，再去招呼其他客人。当两位客人正在交谈时，切勿立即给其介绍其他的客人。

在向外人介绍自己的亲属时应尽量避免称呼上的含混，如介绍公婆时，若只简单地说"我爸爸""我妈妈"，用意虽善，但容易招致混淆，最好说："这位是我婆婆。"介绍岳父母时则与此相类似。

七、介绍中的姓名问题

外国人的姓名与我国汉族人的姓名大不相同，除文字之外，姓名的组成、排列的顺序也都不一样，初次称呼时往往不易掌握，下面介绍几种情况。

我国汉族人的姓名组合比较简单，姓在前，名在后；有单姓和复姓，有单名和复名。称呼时，可根据场合的需要和关系的远近，既可连名带姓，也可直呼其名而不称姓。男女都一样，且无婚前婚后之别。当然，在正式场合，称呼时要么用姓名全称，要么以姓氏加称谓。然而在港澳地区，女性结婚后，除了原来自己的姓外，还要在前面加上丈夫的姓。如一女士在结婚前叫刘玉英，其丈夫姓李，那她婚后姓名全称为李刘玉英，我们一般称呼时，称其为"李太太"即可。

日本人的姓名顺序与我国相同，即姓在前名在后，但姓的字数常常比我国汉族人的姓要多，一般最常见的姓名由四个字组成，如福田赳夫、二阶堂进等。但姓和名的搭配并不是绝对固定的，如福田、二阶堂是姓，赳夫、进是名，往往不易区分。公关人员在接到名单时应设法了解清楚，以免误会。一般称呼只称姓，对男子也有加"君"字的，如"福田君"。正式场合和社交场合才呼全名。姓名按姓前名后顺序构成的，还有朝鲜、柬埔寨、越南等国。另外，匈牙利人的姓名和欧洲其他国家不同，也是姓在前，名在后。

欧美人的姓名排列是名在前，姓在后。

英美人的姓名，一般为名在前，姓在后，有时还加教名。如威廉·亨利·哈里森，则威廉是教名，亨利是本人名，哈里森是姓。另外，也有把母姓或与家庭关系密切者的姓作为第二个名字。在西方，还有人沿用父名或父辈名，在名后缀以小（Junior），或罗马数字以区别，如William Harrison, Junior译为小威廉·哈里森；William Harrison. Ⅱ译为威廉·哈里森第二。妇女结婚后，则不得再用自己原本的姓，必须改用丈夫的姓。英美人姓名的书写常把名字缩写为一个字头，但姓不能缩写，如W.S.Thomson，可译为W.S.汤姆森。口头称呼时，一般只称姓，如汤姆森先生、怀特小姐等。除非是非常正式的场合才称呼姓名全称。以英语为本国文字的国家，姓名组成称呼大致如此。

法国人的姓名也是名在前，姓在后，一般由2～5节组成，但最后一节总是姓，其余全是名，多是教名或由长辈起的名字，如亨利·勒内·阿贝尔·居伊·德·莫泊桑，一般可简称为居伊·德·莫泊桑。法国妇女的姓名，口头称呼时与英语国家相同，婚后也改用丈夫的姓。

西班牙人的姓名常有三四节，前一二节为本人名字，倒数第二节为父姓，最后一节为母姓。已婚妇女常把母姓去掉加上丈夫的姓。口头称呼时常称父姓，或第一节名加父姓。

俄罗斯人姓名一般由三节组成。如伊万·伊万诺维奇·伊万诺夫，伊万为本人名字，伊万诺维奇为父名，伊万诺夫为姓。口头称呼时一般可只称姓或只称名，但为表示客气和尊重时也可称名字加父名。俄罗斯人姓名排列顺序通常是名字、父名、姓，但有时也可将姓置于最前面。名字和父名一般都可以缩写为一个字母，而姓不能缩写。妇女婚前用父亲的姓，婚后多用丈夫的姓，但本人名字和父名不变。

总之，为他人做介绍，是人际沟通的重要组成部分，是良好合作的开始，掌握怎样为他人做介绍是商务人员的基本要求。

第三节　集体介绍

一、集体介绍的含义

集体介绍是他人介绍的一种特殊形式，是指介绍者在为他人介绍时，被介绍者其中一方或者双方不止一个人，甚至是许多人。

在需要做集体介绍时，原则上应参照为他人介绍的顺序进行。其基本规则是：介绍双方时，先卑后尊。而在介绍其中各自一方时，则应当自尊而卑。

二、集体介绍时的顺序

1. 将一人介绍给大家

在被介绍者双方地位、身份大致相似，或者难以确定时，应使一人礼让多数人，人数较少的一方礼让人数较多的一方，先介绍一人或人数少的一方，后介绍人数较多的一方或多数人。

2. 将大家介绍给一人

若被介绍者在地位、身份之间存在明显差异，特别是当这些差异表现为年龄、性别、婚否、师生以及职务有别时，地位、身份明显高者即使人数较少，甚至仅为一人，仍然应被置于尊贵的位置，先向其介绍人数多的一方，再介绍地位、身份高的一方。

3. 人数较多的双方介绍

若需要介绍的一方人数不止一人，可采取笼统的方法进行介绍，如可以说"这是我的家人""她们都是我的同事"等。但最好还是要对其一一进行介绍。进行此种介绍时，可按位次尊卑顺序进行介绍。先介绍位卑的一方，后介绍位尊的一方；或先介绍主方，后介绍客方的顺序。

4. 人数较多的多方介绍

当被介绍者不止两方，而是多方时，应根据合乎礼仪的顺序，确定各方的尊卑，由卑至尊，按顺序介绍各方。如果需要介绍各方的成员，也应按由卑到尊的顺序，依次介绍。

三、介绍的禁忌

在介绍时，应尽量避免不得体的做法。

（1）介绍者为被介绍者介绍之前，一定要征求一下被介绍双方的意见，不要上去开口便介绍，显得很唐突，让被介绍者感到措手不及。

（2）被介绍者在介绍者询问自己是否有意认识某人时，一般不应拒绝，而应欣然应允。实在不愿意时，则应讲明原因。

（3）介绍时，介绍人和被介绍人都应起立，以表示尊重和礼貌；待介绍人介绍完毕后，被介绍双方应微笑点头示意或握手致意。

（4）介绍外国人时，应避免在引见时只介绍教名而不介绍姓，这种介绍不仅会引起混淆，甚至带有一点污辱性，好像被介绍人的姓氏不值得一提。

（5）介绍时切忌用命令的口气进行介绍。如"汤姆先生来见见我的同事杰克先生。"或者"刘先生你和王先生握个手吧。"也不要随便把一个一般交情的人介绍为"我的朋友"，除非你们的亲密友谊众所周知。否则，言外之意就是说另一方不是你的朋友。

（6）要避免重复介绍你所要介绍的双方的名字。例如，对史密斯先生说："史密斯先生，这是安娜小姐"，又对安娜小姐说："安娜小姐，这是史密斯先生。"只介绍一次双方的名字就可以了，除非外国姓名不易听懂。

（7）当你在晚会上想认识某人，而旁边又无人引见时，切忌冒冒失失地跑去问："你叫什么名字？"这种行为实在不礼貌。应该首先自报姓名，若仍不能使对方做自我介绍的话，也不必再问，可以事后设法找人打听。

（8）在宴会、会议桌、谈判桌上，视情况介绍人和被介绍人可不必起立，被介绍双方可点头微笑致意；如果被介绍双方相隔较远，可举起右手，点头微笑致意。

（9）介绍完毕后，被介绍者双方应依照合乎礼仪的顺序握手，并且彼此问候对方。问候语有"你好、很高兴认识你、久仰大名、幸会幸会"等，必要时还可以进一步做自我介绍。

综合案例

情景一：A男士A女士两白领在门口迎候来宾。

一辆小轿车驶到，B男士下车。A女士走上前，道："王总您好！"呈上自己的名片。又道："王总，我叫李月，是××集团公关部经理，专程前来迎接您。"B男士道谢。A男士上前："王总好！您认识我吧？"B男士点头。A男士又道："那我是谁？"B男士尴尬不堪。

情景二：B女士陪外公司一女士（C女士）进入本公司会客厅，本公司C男士正在恭候。

B女士首先把C男士介绍给客人："这是我们公司的陈总。"然后向自己人介绍客人："这是××公司的刘总。"

案例思考题：

1. 请判断以上情景中人物做法的正误。

    A男士（　　）A女士（　　）B男士（　　）B女士（　　）
2. 做法不对的人错在哪？应怎样做？

本 章 小 结

在商务交往中免不了与外人接触。与别人正式会面时，尤其是初次会面时，是否知礼、守礼，往往关系到交往对象对自己的第一印象。因此在商务交往中与他人会面时，每一个商务人员都应充分地注意自己的所作所为，以及个人的教养和品味应如何恰到好处地得以展现的问题。本章主要讲述在正式的商务交往中，自我介绍、为他人做介绍和集体介绍的礼仪。在介绍礼仪中应注意把握介绍的原则、顺序、方法、时机、措辞、称谓等。

复习与思考

一、名词解释

为他人做介绍　　自我介绍　　集体介绍

二、简答题

1. 为他人做介绍应把握的原则有哪些？
2. 在哪些情况下应当为他人做介绍？

3. 简述为他人做介绍时的顺序。

4. 在哪些情况下应当做自我介绍？

5. 自我介绍的方法有哪些？

6. 简述集体介绍的顺序。

三、技能实训题

1. 小王到某学校推销课本，他找到学校的负责人，应怎样做自我介绍？

2. 小李与本单位销售部王经理正在商谈业务，对面走来本单位的一位客户——刘小姐，王经理与刘小姐都有互相认识的愿望，小李应怎样做介绍？

第六章
餐饮礼仪

学习目标

知识目标

了解餐饮服务的特点,掌握不同形式宴会的礼仪规范,掌握中餐、西餐、喝咖啡、喝茶及饮酒的礼仪知识。

能力目标

在商务宴会社交中能够根据对方的特点和饮食习惯来安排、招待客人,表现出良好的礼仪风范。具备举办不同形式宴会的组织接待能力。

第一节 宴请礼仪

在社会交往中，尤其是在商务交往中，宴请是最常见的交际活动。宴请不但可以使人们聚在一起共享美酒佳肴，还可以沟通感情，增进友谊。所以宴请礼仪在整个商务社交礼仪中占有非常重要的地位。宴请的形式、宴请的规模、宴请的档次、参加的人员及邀请的函件都有一定之规，而且宴会的具体安排也有一些规范化的做法。

一、常见的宴请形式

宴请可以根据不同的标准划分为多种形式，每种形式的宴请在菜肴、人数、时间、着装等方面也有许多不同的要求。就目前看，国际上宴请主要分为宴会、招待会、茶会和工作进餐等四种形式。宴请活动采用何种形式，要根据活动的目的、邀请的对象、人数、时间、地点以及经费开支等各种因素而定。

1. 宴会

宴会是最正式、最隆重的宴请形式。宴会为正餐，坐下进食，由服务人员按顺序上菜。宴会种类繁多，按举办时间划分，可分为早餐、午餐、晚餐，其中以晚餐档次最高；按形式划分，可分为中餐宴会、西餐宴会、中西餐合并宴会；按性质划分，可分为工作宴会、正式宴会、节庆宴会；按礼宾规格划分，可分为国宴、正式宴会、便宴和家宴。一般情况下，宴会持续时间为2个小时左右。

（1）国宴　这是国家元首或政府首脑为国家庆典或欢迎外国元首、政府首脑而举行的规格最高的正式宴会。

国宴由国家元首或政府首脑主持，席间由主人和主宾致辞和祝酒，宴会厅悬挂国旗，安排乐队演奏国歌和席间乐。国宴的礼仪要求最为严格，参加国宴者必须正式着装，座次按礼仪次序排列。

（2）正式宴会　正式宴会安排与国宴大致相同，但不挂国旗、不奏国歌，宴席的规格也不同。宾主均按餐桌上写有姓名的席卡入座。正式宴会讲究排场，它对来宾、服务员的服饰、仪表以及餐具、酒水和菜肴的道数，也都有一定的要求。

（3）便宴　便宴不属于正式宴会，故比较亲切、随便，更适合于日常友好的交往。便宴形式简便，偏重于人际交往，而不注重规模、档次，可以不排座次，不做正式讲话致辞，菜肴的道数亦可酌减。西方人的午餐如果选择的是便宴形式，则有时不上汤，不上烈性酒。

（4）家宴　即在家中设宴招待客人，是便宴的一种形式。西方人士喜欢采用这种方法，以示亲切友好。家宴往往由主妇亲自下厨烹调，家人共同招待客人，显得亲切、自然。

2. 招待会

招待会是指各种不备正餐、较为灵活的宴请形式。常备有食品、酒水、饮料，由客人根据自己的口味选择自己喜欢的食物和饮料，然后或站或坐，与他人一起或独自一人用餐。招待会一般不排席位，可以自由活动。常见的招待会有冷餐会、酒会等。

（1）冷餐会　冷餐会又叫自助餐宴会，可在室内或院子里、花园里举行，参加者可坐可立，并可自由活动，是一种非常流行、灵活、方便的宴请方式。根据主客双方的身份，冷餐会规格隆重程度可高可低，常用于官方的正式活动，以宴请人数众多的宾客。冷餐会一般在中午12时至下午2时，下午5时至晚上7时之间举办。菜肴以冷食为主，也可以用热菜，连同餐具陈设在桌子上。客人不排座次，可以按食品类别顺序多次取食。酒水陈放在桌子上，供客人自取，也可由服务人员端送。食品、饮料应按量取食，不可浪费。

（2）酒会　酒会亦称鸡尾酒会，适用于各种节日、庆典、仪式及招待性演出前后。所谓鸡尾酒，实际上是一种混合酒，其配方据说至今已有2 000多种。有的配方还是秘方，有独特的味道。那么，混合酒为什么要叫"鸡尾酒"呢？其说法不一。

一说从前外国有一位驸马，善于配制混合酒，很受宾客欢迎。有一次他不小心丢失了调酒的勺子，便信手拔下头饰上的鸡毛来调制，因而得名。

另一说，西欧某国，猎人上山狩猎时各自带酒，一次进餐时，大家把酒混在一起共饮，酒味极佳。由于各种颜色酒混在一起，五光十色，在阳光下闪烁，像雄鸡尾那样好看，因而得名。

酒会的形式活泼，不设座椅，以便客人随意走动，自由交往。酒会以酒水为主，佐以各种小吃、果汁，不用或少用烈酒，食品多为三明治、小香肠、炸春卷等，不设刀叉，以牙签取食。食品和酒水由服务人员用托盘端送，或部分放置在小桌上由客人自己取。酒会举办的时间较为灵活，上午、下午、晚上均可。客人到达和退席时间不受限制。近年国际上举办大型活动采用酒会的形式渐趋普遍，庆祝各种节日，欢迎代表团访问，以及各种开幕、闭幕典礼，文艺、体育招待演出前后往往举行酒会。

3. 茶会

茶会是一种更为简单的招待方式，通常安排在下午4时或上午10时左右在客厅举行，内设茶几、座椅。会上备有茶、点心和地方风味小吃，请客人一边品尝，一边交谈。茶会不排座次，如果是为贵宾举行的活动，入座时应有意识地将主宾和主人安排坐在一起，其他人员可随意就座。茶会对茶叶的品种、沏茶的用水和水温以及茶具都颇有讲究。茶叶的选择要照顾到客人的嗜好和习惯，茶具要选用陶瓷器皿，不要用玻璃杯，也不要用热水瓶代替茶壶。欧洲人一般用红茶，日本人喜欢乌龙茶，美国人用袋茶。有外国人参加的茶会还可以准备咖啡和冷饮。

4. 工作进餐

工作进餐是现代国际交往中经常采用的一种非正式宴请形式，是利用进餐的时间和形式，边吃边谈工作。按用餐时间可分为工作早餐、工作午餐和工作晚餐。此类活动不请配偶和与工作无关的人员参加。工作进餐一般不排座次，大家边吃边谈，不必过于拘束，形式较为灵活。如果是双边正式工作进餐，往往要排座次，同时为了便于交谈，常用长桌。工作进餐可以由做东者付费，在国外，工作进餐经常实行"AA制"，由参加者各自付费。

宴请采用何种形式，主要取决于惯例。通常正式的、高级别的、小范围的宴请以举行宴会为宜；人数众多时采用冷餐会或酒会为宜；女士聚会则多采用茶会形式。

二、宴会的组织

宴会可以创造亲切、融洽的交际气氛，是商务活动中常见的聚会形式，尤其在饮食文化历史悠久的中国，它是沟通人的情感、密切人与人之间商业合作关系的重要手段。为使宴请活动取得圆满成功，宴会前要做好如下准备工作：

1. 宴会的形式选择

（1）宴会的目的多种多样，或者为某个人举行，又或者为某件事举行。例如，庆祝节日、纪念日、迎送外宾，为展会开幕、闭幕等。举办宴会的目的一定要明确，师出无名会对宴会和活动的举办者带来不良的影响。

（2）确定宴会以谁的名义邀请和被邀请的对象。确定邀请者与被邀请者的主要依据是主宾双方的身份等。在外国人眼中，以谁的名义举办宴会关系着宴会的档次，身份过低会使对方感到怠慢，身份过高亦无必要。对外举办宴会，如邀请主宾携夫人出席，主人应以夫妇的名义发出邀请。国内的宴会，邀约客人时，可以主办宴会的单位最高负责人的名义或主办单位的名义发出邀请。

（3）确定宴请的形式。形式的选择必须切合宴请的目的和名义。接待嘉宾，如果是官方性质或商务性质的，则采用正式宴会、招待会、茶会等形式；如果是私人关系的，则选择便宴、家宴比较合适。我国的宴会基本上采用中餐宴会。

2. 宴会的时间、地点选择

（1）宴会的时间应对主、宾双方都合适，尤其要照顾来宾方面。按国际惯例，晚宴被认为规格最高。安排宴会的时间要注意避开重要的节假日、重要的活动日或双方或一方的禁忌日。如西方客人禁忌十三和星期五；伊斯兰教徒在斋戒日太阳没有落山前禁止进食，宴请宜在日落后进行；港澳同胞禁忌"四"，认为它是一个不吉利的数字。宴请活动时间要与主宾商议，征求客人的意见，主宾同意后，确定时间，再约请其他宾客。

（2）宴请的地点要根据活动的性质、规模、宴请的形式、主人的意愿以及实际可能而定。越是隆重的活动，越要讲究环境和条件，因为它体现了对对方的礼遇。官方正式的宴会，应安排在政府、议会大厦或高级宾馆内。民间的宴请可以在酒店、宾馆，也可以安排在有独特风味的餐馆。

3. 宴会邀请

向客人发出邀请的形式有很多种，有请柬、邀请信、电话等。各种宴请活动，一般均应向客人发请柬。

请柬上一般应注明宴请的主题、形式、时间、地点、主人的姓名、对服饰的要求、回复等内容。请柬的信封上必须清楚地写明客人的姓名、职务，信封角上还要写上席次号（Table No.××）。请柬行文不用标点符号，其中的人名、单位名、节日名应尽量采用全称。请柬的内容印刷或书写均可。书写时，要求字迹清晰美观。

除了宴请临时来访人员，时间紧促的情况以外，宴会请柬一般应在二三周前发出，至少亦应提前一周，以便客人可以安排好时间，做好出席的准备。口头约妥的活动，仍应补送请柬，并在请柬右上方或左上方注上"备忘（To Remind）"字样。

需要排座位的宴会，为了便于事先确切掌握和安排座位，可要求被邀请的客人收到请柬后给予答复。为此可在请柬下角注明"请答复"。如仅要求不能出席者给予答复，则可注上"不能出席者请答复"并注明电话号码，以备联系。另外，请柬发出后，必须及时地落实嘉宾出席的情况，准确地记录，以便安排并调整席位。

4. 确定宴会的菜单

组织好宴会，菜单的确定至关重要。在菜单的安排上关键是要了解客人尤其是主宾不能吃什么，排除个人禁忌、民族禁忌与宗教禁忌，而不是问其爱吃什么。具体安排菜单时，既要照顾客人口味，又要体现特色与文化。具体注意事项如下：

（1）拟定菜单时要注意宴请对象的喜好和禁忌。如伊斯兰教用清真席、不喝酒，印度教徒不吃牛肉等。不要以主人的喜好为准，让客人"客随主便"。不要以为中国人喜欢的或是名贵的菜肴也都适合外国人，比如海参、动物内脏，许多欧洲人并不喜欢。

（2）应考虑开支的标准，做到丰俭得当。

（3）宴会的菜单，应安排有冷有热，有荤有素，有主有次。

（4）菜单以营养丰富、味道多样为原则。

（5）略备些家常菜，以调剂客人口味。

（6）晚宴比午宴、早宴都隆重些，所以菜的种类也应丰富一些。

（7）在征求饭店同意的情况下，可以自己设计菜单，以更加适应客人的口味和宴会的需要。

5. 宴会座位的安排

正式宴会，一般都事先排好座次，以便宴会参加者各得其所，入席时井然有序；同时也是对客人的尊重礼貌。非正式的小型便宴，有时也可不必排座次。安排座位时，应考虑以下几点：

（1）以主人的座位为中心。如有女主人参加时，则以男主人和女主人为基准，以靠近者为上，依次排列。

（2）要把主宾和主宾夫人安排在最尊贵显眼的位置上。通常做法，以右为上，即主人的右手是最主要的位置；其余主客人员，按礼宾次序就座。

（3）在遵照礼宾次序的前提下，尽可能使相邻就座者便于交谈。例如，在身份大体相同时，把使用同一语种的人排在邻近。

（4）主人方面的陪客，应尽可能插在客人之间坐，以便同客人接触交谈，避免自己人坐在一起。

（5）夫妇一般不相邻而坐。西方习惯，女主人可坐在男主人对面，男女依次相间而坐。女主人面向上菜的门。我国和其他一些国家，不受此限。

（6）译员可安排在主宾的右侧，以便于翻译。有些国家习惯不给译员安排席次，译员坐在主人和主宾背后工作，另行安排用餐。

（7）在多边活动场合，对关系紧张、相互敌视国家的人员，应尽量避免将其座次排在一起。

在具体实行时，还应根据当地的习惯和主客双方的实际情况，妥为安排。例如，主宾偕夫人出席宴会，而主人的夫人因故不能出席，通常可安排其他身份相当的女主人在主宾夫人的邻近就座，以便招呼攀谈。有时还要根据客人临时因故不能来等情况，在入席前将座次在现场进行调整。

为了保证全体赴宴者临场不乱，都能迅速找到自己的席位，应在请柬上注明桌次。还可以在宴会现场悬挂桌次图，在每张餐桌上放置桌次牌、座次牌或姓名牌。宾客入场时，安排领台员引导客人入座。

6. 宴会现场的布置

宴会成功与否，不仅仅取决于菜肴的质量，环境和气氛也是至关重要的。如果环境不好，往往会直接降低宴会的档次，败坏宾客的食欲，影响宾主之间的交流，宴会的效果也会大打折扣。

宴会现场的布置取决于活动的性质和形式。

官方的正式宴会布置应该严肃、庄重、大方，可以少量点缀鲜花、刻花等，不要用红红绿绿的霓虹灯做装饰。如果是年轻人居多的酒会，整个会场的布置可多放置些鲜花以及一些炫目的装饰物，尽量使整个气氛轻松浪漫些。总之宴会环境要高雅、有文化气息，同时要整洁卫生。要注意宴会厅色彩的运用和灯光的调节，如果有席间音乐，乐声宜轻，以便身心得以调节和放松。

7. 宴会过程中的礼仪

（1）主人应注意的礼节　　宴会的组织者要安排好工作人员，尽可能周到地做好宴会的各项准备工作，为来宾提供完善的服务。

宴会开始前，主人一般在门口迎接客人。如果规格较高，还要由少数主要官员陪同主人排列成迎宾线。客人抵达后，宾主相互握手问好，随即由工作人员将客人引入休息室或直接引领入宴会厅。

在休息厅内应有相应身份的人员照应客人，并以饮料待客。主宾到达后，由主人陪同进入休息室与其他客人见面。如其他客人尚未到齐，由迎宾线上其他人员代表主人在门口迎接。

主人陪同主宾进入宴会厅，全体客人就座，宴会开始。如休息厅较小，或宴会规模大，也可以请主桌以外的客人先入座，主桌人员最后入座。

客人入座之后，主人应该首先起立，举杯向客人敬酒。碰杯先后以座次顺序为序，从主到次进行，只轻轻一碰即可。碰杯、干杯之后，主人应持筷子示意，请客人正式用餐。如有正式讲话，各国安排的时间不尽一致。一般正式宴会可在热菜之后，甜食之前，先由主人讲话，然后客人讲话。也有的一入席，双方即讲话。

从礼节上讲，主人的职责是使每一位来宾都感到主人对自己的欢迎之意。当客人到来时，主人应争取同所有来宾见面握手致意。主人还要努力使客人之间有机会相互认识和交谈。主人要努力使席间的谈话活泼有趣、气氛融洽。如果有人谈及不恰当的话题，主人应立即巧妙地设法转移话题。用餐时，主人应适当掌握用餐速度，待客人吃完一道菜时，再换下一道菜。如有少数人没有吃完，主人可适当放慢速度，以免使客人感到不安。如客人将刀叉掉在地上，应立即让招待员另换一把，如有客人不慎打翻酒杯或打碎盘碗，应镇静地让招待员收拾干净，安慰客人，不可露出不悦之色。由于宴会前的大量准备工作，主人有时比较疲劳，但不可显示疲惫厌倦之态。主人不可频频看表，显示出希望客人早走之意。

吃完水果，主人与主宾起立，宴会即告结束。

国外日常宴请在以女主人为第一主人时，要以她的行动为准。入席时，女主人先坐下，并由女主人招呼客人开始进餐。餐毕，女主人起立，邀请女宾与之共同退出宴厅，男宾随后进入休息室。

宴会结束后，主宾告辞，主人应送至门口，热情话别，主宾离去后，原迎宾线的人员仍应列队于门口，与其他客人一一握手话别，表示欢送之意。

（2）客人应注意的礼节

1）应邀。接到宴会邀请，应尽早答复对方主人以便主人做出安排。在接受邀请以后，不要随意改动。万一遇到不得已的特殊情况不能出席，尤其是主宾，应尽早向主人解释、道歉，甚至亲自登门表示歉意。要核实宴会举办的时间、地点，是否邀请配偶，主人对服装的要求等情况。

2）出席。出席宴会前，最好稍做梳洗打扮，穿上一套合时令的干净衣服。最忌穿着工作服，带着倦容赴宴。这会使主人感到没有受到尊重。而按时出席宴请是一种礼貌，因为客人抵达时间的迟早，逗留时间的长短，在一定程度上反映了对主人的尊重。因此，参加宴会时，要准确地掌握时间。否则，太早到达常常会令人尴尬，难于应付；迟到太久，又会给人没礼貌或有意冷落的印象，并且给主人的安排带来麻烦。身份高的人可略晚到达，一般客人宜略早到达，或提前两三分钟，或按主人的要求到达。

3）交谈。进入宴会厅之前，应先了解自己的桌次和座位，如邻座是年长者或妇女，应主动为其拉开椅子，协助其坐下。入座后应自由地与其他客人交谈，交谈面可宽些，不要只找熟人或一两人说话，应热情有礼地与同桌人交谈，如互相不认识，可先做自我介绍。

4）进餐。应待主人招呼后，才开始进餐。吃东西要文雅，闭嘴咀嚼，不发出声响，食物太热时，等稍凉后再吃，切勿用嘴吹。鱼刺、骨头、菜渣不要直接外吐，可用餐巾掩嘴，用手或筷子取出，放在骨碟中。嘴内有食物时，切勿说话。剔牙时，要用手或餐巾遮口。

5）致谢。一般是吃完水果后，主人起身，表示宴会即将结束，主宾离席。客人应在女主人站起来之后才能站起，然后离席。客人应向主人致谢，称赞宴会组织得好，菜肴丰盛精美。参加宴会后的两三天内，客人应以致感谢卡或打电话的形式向主人致谢。

第二节　中、西餐礼仪

一、中餐礼仪

中国是一个讲究吃的国家，中国菜也是世界上四大美食之一，很受外国朋友的喜爱。在涉外交往中，请外宾吃中餐是经常的事，而这种看似最平常不过的中式餐饮，用餐时的礼仪却是有一番讲究的。

1. 中餐宴会的席次与座位的安排

（1）中餐宴会的席次排列　一般中餐宴会使用的桌子以圆桌为主，而席次则有双桌、三桌、四桌、五桌等不同的安排方式，但排列时的基本原则不变。主要是以面对正门中间的为首席，之后则以右为尊，按照由右至左的原则来排列，如图6-1所示。在安排席次时，除主桌可以略大之外，其他餐桌大小、形状应大体相仿，不宜差别过大。

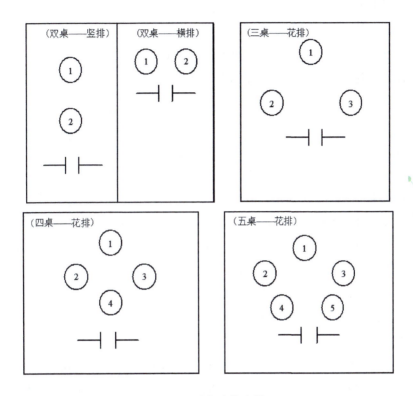

图6-1 中餐席位安排

（2）中餐宴会座位的安排　宴会的主人应坐在主桌上，面对正门就座。如果有副主人、主宾及副主宾之分时，则副主人坐在主人的正对面，主宾坐在主人的右侧，副主宾坐在副主人的右侧，如图6-2所示。其他宾客则没有严格的规定。每张餐桌上，安排就餐人数应限制在10人之内，并且为双数，人数过多的话，也会照顾不过来的。由于座位的安排通常是以宾客身份地位的高低作为排序的依据，因此，如果是大型宴会、贵宾人数较多时，应事先将座位的安排绘制成图，张贴在宴会的入口处，并安排专人服务带位。

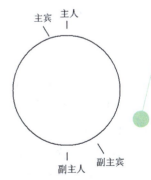

图6-2 中餐宴会座位的安排

2. 中餐上菜顺序

标准的中餐，不管风味怎样，其上菜的顺序大致相同。上菜的顺序一般是：先上冷盘，接着上热炒，随后是主菜，然后上点心汤水，最后水果拼盘。

上菜时，如果由服务员给每个人上菜，要按照先主宾后主人，先女士后男士或按顺时针方向依次进行。如果由个人取菜，每道热菜应放在主宾面前，由主宾按顺时针方向依次取食。切不可迫不及待地越位取菜。

3. 餐具的使用

（1）餐具的摆放　中餐的餐具主要有杯、盘、碗、碟、筷、匙六种。在正式的宴会上，水杯放在餐盘上方，酒杯放在右上方。筷子与汤匙可放在专用的座架上，或放在纸套中。公用的筷子和汤匙最好放在专用的座架上。餐具的摆放如图6-3所示。

（2）餐具的使用方法

1）筷子。筷子虽然用起来简单、方便，但也有很多规矩。比如：不能举着筷子和别人说话，说话时要把筷子放到筷架上，或将筷子并齐放在饭碗旁边。不能用筷子去推饭碗、菜碟，不要用筷子去叉馒头或别的食品。

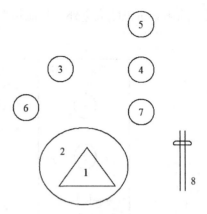

图6-3　中餐餐具的摆放
1—餐巾　2—餐盘　3—啤酒杯　4—小酒杯
5—水杯　6—味碟　7—汤碗汤匙　8—筷子

其他用筷忌讳还有：忌舔筷——不要用舌头去舔筷子上的附着物；忌迷筷——举着筷子却不知道夹什么，在菜碟间来回游移，更不能用筷子拨盘子里的菜；忌泪筷——忌夹菜时滴滴答答流着菜汁，应该拿着小碟，先把菜夹到小碟里再端过来；忌移筷——刚夹了这盘里的菜，又去夹那盘里的菜，应该吃完之后再夹另一盘菜；忌敲筷——敲筷子是对主人的不尊重。

另外，筷子通常应摆放在碗的旁边，不能放在碗上。在用餐时如需临时离开，应把筷子轻轻放在桌子上碗的旁边，切不可插在饭碗里。比如韩国宴会多实行每人配备公筷母匙（公筷用来夹菜，母匙用来舀汤，只能本人使用，不能大家共用），那么，就要记住不能用筷子、汤匙给别人夹菜、舀汤。

2）汤匙。汤匙主要用以饮汤，尽量不要用其舀菜。使用汤匙应注意：①用它饮汤时，不要全部放入口中吸食；②用汤匙取食物后，应立刻食用，不要再次倒回原处；③不用时，应将汤匙放入自己的食碟，不要放在桌上或汤碗里。

3）碗。碗主要用于盛放主食、汤、羹用。在正式的宴会上，使用碗要注意：①不要端起碗进食，尤其不要双手端起碗进食；②碗内的剩余食物不可往嘴里倒，也不要用舌头舔；③碗内的食品要用餐具取，不能用嘴吸；④暂不用的碗不可放杂物。

4）盘。每个人面前的食碟是用来放从公用菜盘中取来的菜肴的。使用食碟要注意：①不要取放食物过多；②不要将不宜入口的残渣、骨头、鱼刺吐在地上或桌上，应轻放在食碟中的前端，由服务人员撤换。

5）水杯。中餐的水杯，主要用于盛白开水、饮料、果汁。要注意不能用来盛酒，也不要倒扣水杯，喝入口中的东西不能再吐回去。

6）餐巾。如今很多餐厅都为顾客准备了餐巾，通常，要等坐在上座的尊者拿起餐巾后，其他人才可以取出平铺在腿上，动作要小，不要像斗牛似的在空中抖开。餐巾很大时可以叠起来使用，不要将餐巾别在领上或围在脖子上。餐巾的主要作用是防止食物落在衣服上，所以只能用餐巾的一角来印一印嘴唇，不能拿整块餐巾擦脸、擤鼻涕，也不要用餐巾来擦餐具。如果你是暂时离开座位，请将餐巾叠放在椅背或椅子扶手上。

7) 水盂。有时品尝某些食物需要直接动手，往往会在餐桌上摆上一个水盂。它里面的水不能喝，只能用来洗手。洗手时动作不宜过大，不要乱抖乱甩。应用两手轮流沾湿指头，轻轻涮洗，然后用餐巾擦干。

8) 牙签。牙签主要用来剔牙，就餐时，尽量不要当众剔牙。如果要剔，应以手或餐巾轻掩住口部。剔出的东西切勿当众观赏或再次入口，也不要随手乱弹，随口乱吐。剔牙后，不要长时间用嘴叼着牙签。

9) 湿毛巾。服务员为每人送上的第一道湿毛巾是擦手用的，最好不要用它去擦脸。宴会结束时，再上一条湿毛巾，它是用来擦嘴的，不能用来擦脸、擦汗。

4. 用餐礼仪

上菜后，不要立即动手取食，应待主人示意开始时，客人才能开始进餐。如果酒量还能够承受，对主人敬的第一杯酒应喝干。同席的客人可以相互劝酒，但不可以任何方式强迫对方喝酒，否则是失礼。

夹菜要文明，应等菜肴转到自己面前再动筷，不要抢在邻座前面。一次夹菜不宜过多，而且不要专挑自己喜欢吃的菜。夹菜时不要碰到邻座，更不要把盘里的菜拨到桌上。正在夹的菜若不小心掉在桌上，不可把它重放于原碟，应放于盛置残渣的碟中。

用餐动作要文雅。进餐时不要一边吃东西，一边和人聊天。吃菜喝汤不要狼吞虎咽，不要发出不必要的声音。如果菜、汤太热，可稍待凉后再吃，切勿用嘴吹。嘴里的骨头和鱼刺不要吐在桌子上，可用餐巾掩口，用筷子取出来放在碟子里。剔牙时要用牙签，而不要用手指，还应用手或餐巾掩住嘴。不要玩弄碗筷，令餐具发出任何声响，尤其不要用筷子指向别人。女士注意口红不要沾在杯、吸管或碗上，以免不雅。进食时尽可能不咳嗽、打喷嚏、打呵欠、擤鼻涕，万一不能抑制，要用手帕、餐巾纸遮挡口鼻，转身，脸侧向一方，低头尽量压低声音。

如果不小心打翻酒水溅到邻座的客人身上，应表示歉意并帮助擦干。如对方是异性，则应把干净的餐巾递过去，由其自己擦。

用餐过程中为表示友好、热情，彼此之间可以让菜，劝对方品尝，但不要为他人布菜。尤其对外国客人不要反复劝菜，因为国外没有劝菜的习惯，应由其本人决定吃不吃。

参加宴会最好不中途离去。万不得已时应向同桌的人说声"对不起"，同时还要郑重地向主人道歉，说明原委。若中途需要离席一会儿，可把餐巾放在座椅上，若放在桌边上，会被人认为餐毕离去。吃完之后，应该等大家都放下筷子，主人示意可以散席，才能离座。用餐后，不要随便带走餐桌上的物品，除了主人特别示意作为纪念品的东西外，其余的招待用品（包括糖果、水果、香烟等），都不要带走。

宴会完毕，可以走到主人面前，握手并说声"谢谢"，向主人告辞，但不要拉着主人的手不停地说话，以免妨碍主人送其他客人。

二、西餐礼仪

吃西餐在很大程度上讲是在吃情调：大理石的壁炉、熠熠闪光的水晶灯、银色的烛台、缤纷的美酒，再加上人们优雅迷人的举止，这本身就是一幅动人的油画。为了在初尝西餐时举止更加娴熟，费些力气熟悉一下这些进餐礼仪，还是非常值得的。

1．西餐宴会的席位排列

（1）席位排列的规则

1）女士优先。在西餐礼仪里，往往体现女士优先的原则。排定用餐席位时，一般女主人为第一主人，在主位就位。而男主人为第二主人，坐在第二主人的位置上。

2）距离定位。西餐桌上席位的尊卑，是根据其距离主位的远近决定的。距主位近的位置要高于距主位远的位置。

3）以右为尊。排定席位时，以右为尊是基本原则。就某一具体位置而言，按礼仪规范其右侧要高于左侧之位。在西餐排位时，男主宾要排在女主人的右侧，女主宾排在男主人的右侧，按此原则，依次排列。

4）面门为上。按礼仪的要求，面对餐厅正门的位子要高于背对餐厅正门的位子。

5）交叉排列。西餐排列席位时，讲究交叉排列的原则，即男女应当交叉排列，熟人和生人也应当交叉排列。在西方人看来，宴会场合是要拓展人际关系，这样交叉排列，用意就是让人们能多和周围客人聊天认识，达到社交目的。

（2）就座 西餐的位置排法与中餐有一定的区别，中餐多使用圆桌，西餐则以长桌为主。长桌的位置排法主要有以下两种方式：

1）法式就座方式。主人位置在中间，男女主人对坐，女主人右边是男主宾，左边是男次宾，男主人右边是女主客，左边是女次客，陪客则尽量往旁边坐，如图6-4所示。

2）英美式就座方式。桌子两端为男女主人，若夫妇一起受邀，则男士坐在女主人的右手边，女士坐在男主人的右手边，左边则是次客的位置，如果是陪同客尽量往中间坐，如图6-5所示。

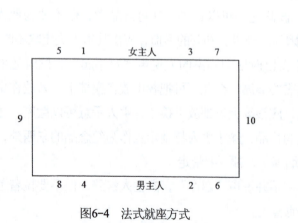

图6-4 法式就座方式

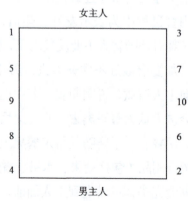

图6-5 英美式就座方式

在隆重的场合，如果餐桌安排在一个单独的房间里，在女主人请你入席之前，不应当擅自进入设有餐桌的房间。如果都是朋友，大家可以自由入座；在其他场合，客人要按女主人的指点入座。客人要服从主人的安排，其礼貌的做法是，在女主人和其他女士坐下之后方可坐下。一般说来，宴会应由女主人主持。如果女主人说"祝你们胃口好"，这就意味着你可以吃了。如果女主人还没有发话，勺子就进了嘴，那可是非常不礼貌的。

2．西餐上菜顺序

西餐一般按下列顺序上菜：

（1）头盘　西餐的第一道菜是头盘，也称为开胃品。一般是由蔬菜、水果、海鲜、肉食组成的拼盘。

（2）汤　与中餐有极大不同的是，西餐的第二道菜就是汤。西餐的汤大致可分为清汤、奶油汤、蔬菜汤和冷汤四类。品种有牛尾清汤、各式奶油汤、海鲜汤、美式蛤蜊周打汤、意式蔬菜汤、俄式罗宋汤、法式焗葱头汤。冷汤的品种较少，有德式冷汤、俄式冷汤等。

（3）副菜　鱼类菜肴一般作为西餐的第三道菜，也称为副菜。品种包括各种淡水、海水鱼类、贝类及软体动物类。西餐吃鱼类菜肴讲究使用专用的调味汁，品种有鞑靼汁、荷兰汁、酒店汁、白奶油汁、大主教汁、美国汁和水手鱼汁等。

（4）主菜　肉禽类菜肴是西餐的第四道菜，也称为主菜。肉类菜肴的原料取自牛、羊、猪等各个部位的肉，其中最有代表性的是牛肉或牛排。牛排按其部位又可分为沙朗牛排（也称西冷牛排）、菲利牛排、"T"骨型牛排、薄牛排等。其烹调方法常用烤、煎、铁扒等。肉类菜肴配用的调味汁主要有西班牙汁、浓烧汁精、蘑菇汁、白尼斯汁等。

禽类菜肴的原料取自鸡、鸭、鹅，通常将兔肉和鹿肉等野味也归入禽类菜肴。品种最多的是鸡，有山鸡、火鸡、竹鸡，制作方法可煮、可炸、可烤、可焖，主要的调味汁有黄肉汁、咖喱汁、奶油汁等。

（5）蔬菜类菜肴　蔬菜类菜肴可以安排在肉类菜肴之后，也可以与肉类菜肴同时上桌，所以可以算为一道菜，或称之为一种配菜。蔬菜类菜肴在西餐中称为沙拉。与主菜同时吃的沙拉，称为生蔬菜沙拉，一般用生菜、西红柿、黄瓜、芦笋等制作。

还有一些蔬菜是熟食的，如花椰菜、煮菠菜、炸土豆条。熟食的蔬菜通常是与主菜的肉食类菜肴一同上桌，称之为配菜。

（6）点心　吃过主菜后，一般要上些诸如蛋糕、饼干、吐司、三明治等西式点心。

（7）甜品　点心之后，接着上甜品，最常见的有布丁、冰淇淋等。

（8）水果　吃完甜品，一般还要摆上干鲜水果。

（9）热饮　在宴会结束前，还要为用餐者提供热饮，一般为红茶或咖啡，以帮助消化。

从实际情况看，西餐也在简化，比较简便的西餐菜单可以是：开胃菜、汤、主菜、甜品、咖啡。

3. 西餐餐具的使用

（1）餐具排法　吃西餐的餐具有刀、叉、匙、盘、碟、杯等，一般讲究吃不同的菜要用不同的刀叉，饮不同的酒也要有不同的酒杯。其摆法为：正面放着主菜盘，左手放叉，右手放刀，主菜盘上方放着匙，右上方放着酒杯。餐巾放在主菜盘上或插在水杯里，也有放在餐盘的左边的。奶油盘放在左上方。具体如图6-6所示。

图6-6　西餐餐具的摆放

1—奶油碟子和奶油刀（butter plate and knife）　2—甜点匙（dessert spoon）　3—饮料杯（glass）　4—沙拉盘（salad plate）　5—餐巾（napkin）　6—主菜叉子（main course fork）　7—沙拉叉子（salad fork）　8—主菜盘（main plate）　9—主菜刀子（main course knife）　10—汤匙（soup spoon）　11—茶（咖啡）杯、碟和茶匙（cup, saucer and teaspoon）

（2）餐具的使用方法

1）刀。宴会上最正确的拿刀姿势是：右手拿刀，手握住刀柄，拇指按着柄侧，食指则压在柄背上。不要把食指伸到刀背上，除了用大力才能切断的菜肴，或刀太钝之外，食指都不能伸到刀背上。另外，不要伸直小指拿刀，有的女性以为这种姿势才优雅，其实这是错误的。刀是用来切割食物的，不要用刀挑起食物往嘴里送。

如果用餐时，有三种不同规格的刀同时出现，一般正确的用法是：带小锯齿的那一把用来切肉制食品；中等大小的用来将大片的蔬菜切成小片；而那种小巧的、刀尖是圆头的、顶部有些上翘的小刀，则用来切开小面包，然后用它挑些果酱、奶油涂在面包上面。切割食物时双肘下沉，前臂应略靠桌沿，否则会令对方觉得你的吃相十分可怕，而且正在切割的食物没准也会飞出去。

2）叉。叉子的拿法有背侧朝上及内侧朝上两种，要视情况而定。背侧朝上的拿法和刀子一样，以食指压住柄背，其余四指握柄，食指尖端大致在柄的根部，若太前方，外观不好看，太往后，又不太能使劲，硬的食物就不容易叉进去。叉子内侧朝上时，则如铅笔拿法，以拇指、食指按柄上，其余三指支撑在柄下方。拇指和食指要按在柄的中央位置，如果太靠前，会显得笨手笨脚。左手拿叉，叉齿朝下，叉起食物往嘴里送，如果吃面条类软质食品或豌豆叉齿可朝上。动作要轻，叉起适量食物一次性放入口中，不要拖拖拉拉一大块，咬一口再放下，这样很不雅。叉子叉起食物入嘴时，牙齿只碰到食物，不要咬叉，也不要让刀叉在齿上或盘中发出声响。吃体积较大的蔬菜时，可用刀叉来折叠、分切。较软的食物可放在叉子平面上，用刀子整理一下。

使用刀叉要注意：不要动作过大，影响他人；切割食物时，不要弄出声响；切下的食物要刚好一口吃下，不要叉起来一口一口咬着吃；不要挥动刀叉讲话，也不要用刀叉指人；掉落到地上的刀叉不可捡起再用，应请服务员换一副。

如果在就餐中，需暂时离开一下，或与人交谈，应放下手中的刀叉，刀右、叉左，刀口向内、叉齿向下，呈"八"字形状放在餐盘上。它表示：菜尚未用毕。但要注意，不可将其交叉放置呈"十"字形状。西方人认为这是令人晦气的图案。如果吃完了，或者不想再吃了，可以刀口向内，叉齿向上，刀右、叉左并排放在餐盘上。它表示：不再吃了，可以连刀叉带餐盘一起收走。

3）餐匙。在正式场合下，餐匙有多种，小的是用于咖啡和甜点心的；扁平的用于涂黄油和分食蛋糕；比较大的，用来喝汤或盛碎小食物；最大的是公匙，用于分食汤，常见于自助餐。汤匙和点心匙除了喝汤、吃甜品外，绝不能直接舀取其他主食和菜品。进餐时不可将整个餐匙全部放入口中，应以其前端入口。餐匙使用后，不要再放回原处，也不要将其插入菜肴或"直立"于餐具中。

4）餐巾。一般说来，餐巾放在餐盘的正中或叉子的旁边。大家坐下后，可以将餐巾放在胸前下摆处，不要将餐巾扎在衬衣或皮带里。或者餐巾可以平铺到自己并拢的大腿上。如果是正方形的餐巾，应将它折成等腰三角形，直角朝向膝盖方向；如果是长方形餐巾，应将其对折，然后折口向外平铺在腿上。餐巾的打开、折放应在桌下悄然进行，不要影响他人。

餐巾有保洁作用，防止菜肴、汁汤落下来弄脏衣服；也可以用来擦嘴，通常用内侧，但不能用其擦脸、擦汗、擦餐具；还可以用来遮掩口部，在需要剔牙或吐出嘴中的东西时，可用餐巾遮掩，以免失态。如果餐巾掉在地上，应另要一块，然后将地上的捡起来。

有事暂时离席，餐巾应放在本人所坐的椅面上，而不是桌子上，因为放在桌上就表示：我不再吃了，可以撤掉。

4. 西餐进餐礼仪

（1）就座时，身体要端正，手肘不要放在桌面上，不可跷足，与餐桌的距离以方便使用餐具为佳。餐台上已摆好的餐具不要随意摆弄，将餐巾轻轻放在腿上。

（2）使用刀叉进餐时，从外侧往内侧取用刀叉，要左手持叉，右手持刀；切东西时，左手拿叉按住食物，右手执刀将其锯切成小块，然后用叉子送入口中。使用刀时，刀刃不可向外。每吃完一道菜，将刀叉并拢放在盘中。如果是谈话，可以拿着刀叉，无需放下。不用刀时，也可以用右手持叉，但若需要做手势时，就应放下刀叉，千万不可手执刀叉在空中挥舞摇晃，也不要一手拿刀或叉，而另一只手拿餐巾擦嘴；更不可一手拿酒杯，另一只手拿叉取菜。要记住，任何时候，都不可将刀叉的一端放在盘上，另一端放在桌上。

（3）每次送入口中的食物不宜过多，在咀嚼时不要说话。

（4）喝汤时不要啜，吃东西时要闭嘴咀嚼。不要舔嘴唇或咂嘴发出声音。如汤菜过热，可待稍凉后再吃，不要用嘴吹。喝汤时，用汤勺从里向外舀，汤盘中的汤快喝完时，用左手将汤盘的外侧稍稍翘起，用汤勺舀净即可。吃完汤菜时，将汤匙留在汤盘（碗）中，匙把指向自己。

（5）吃鱼、肉等带刺或骨的菜肴时，不要直接外吐，可用餐巾捂嘴轻轻吐在叉上放入盘内。如盘内剩余少量菜肴时，不要用叉子刮盘底，更不要用手指相助食用，应以小块面包或叉子相助食用。吃面条时要用叉子先将面条卷起，然后送入口中。

（6）面包一般掰成小块送入口中，不要拿着整块面包去咬。抹黄油和果酱时也要先将面包掰成小块再抹。

（7）吃鸡时，欧美人多以吃鸡胸脯肉为贵。吃鸡腿时应先用力将骨去掉，不要用手拿着吃。吃鱼时不要将鱼翻身，要吃完上层后用刀叉将鱼骨剔掉后再吃下层。吃肉时，要切一块吃一块，块不能切得过大，或一次将肉都切成块。

（8）不可在餐桌边化妆，用餐巾擦鼻涕。用餐时打嗝是最大的禁忌，万一发生此种情况，应立即向周围的人道歉。取食时不要站立起来，坐着拿不到的食物应请别人传递。

（9）就餐时不可狼吞虎咽。对自己不愿吃的食物也应要一点放在盘中，以示礼貌。有时主人劝客人添菜，如有胃口，添菜不算失礼，相反主人也许会引以为荣。

（10）不可在进餐时中途退席。如有事确需离开应向左右的客人小声打招呼。饮酒干杯时，即使不喝，也应该将杯口在唇上碰一碰，以示敬意。当别人为你斟酒时，如不要，可简单地说一声"不，谢谢！"或以手稍盖酒杯，表示谢绝。

（11）在进餐尚未全部结束时，不可抽烟，直到上咖啡表示用餐结束时方可。如在左右有女客人，应有礼貌地询问一声"您不介意吧？"

（12）喝咖啡时如愿意添加牛奶或糖，添加后要用小勺搅拌均匀，将小勺放在咖啡的垫碟上。喝时应右手拿杯把，左手端垫碟，直接用嘴喝，不要用小勺一勺一勺地舀着喝。吃水果时，不要拿着水果整个去咬，应先用水果刀切成四或五瓣再用刀去掉皮、核，用叉子叉着吃。

（13）进餐过程中，不要解开纽扣或当众脱衣。如主人请客人宽衣，男客人可将外衣脱下搭在椅背上，不要将外衣或随身携带的物品放在餐台上。

5．西餐的酒水搭配

西餐宴会所用的酒水可以分为餐前酒、佐餐酒和餐后酒三种。

（1）餐前酒　又叫开胃酒，在用餐之前饮用，或在吃开胃菜时饮用。通常作为开胃酒的有鸡尾酒、威士忌和香槟酒。

（2）佐餐酒　是在正式用餐期间饮用的酒水。西餐的佐餐酒均为葡萄酒，选择佐餐酒的一条重要原则是"红配红，白配白"，即红葡萄酒配红肉，白葡萄酒配白肉。红肉指的是猪、牛、羊肉，白肉指的是鱼肉、海鲜。

（3）餐后酒　是用于餐后，用来助消化的酒水。常用的有利口酒、白兰地酒。

第三节　喝咖啡礼仪

咖啡可以自己磨好咖啡豆以后用咖啡壶煮制，也可以用开水冲饮速溶的。人们一般认为自制的咖啡档次比较高，而速溶的咖啡不过是节省时间罢了。

饮用咖啡可以加入牛奶和糖，称为牛奶咖啡。也可以不加牛奶和糖，称为清咖啡或黑咖啡。

在西餐中，饮用咖啡是大有讲究的。

一、杯的持握

供饮用的咖啡，一般都是用袖珍型的杯子盛出。这种杯子的杯耳较小，手指无法穿过去。但即使用较大的杯子，也不要用手指穿过杯耳端杯子。正确的拿法应是用右手的拇指和食指握住杯耳，轻轻地端起杯子，慢慢品尝。不能双手握杯，也不能用手端起碟子去吸食杯子里的咖啡。用手握住杯身、杯口，托住杯底，也都是不正确的方法。

二、杯碟的使用

盛放咖啡的杯碟都是特制的。它们应当放在饮用者的正面或右侧，杯耳应指向右方。咖啡都是盛入杯中，放在碟子上一起端上桌的。碟子是用来放置咖啡匙，并接收溢出杯子的咖啡的。喝咖啡时，可以用右手拿着咖啡的杯耳，左手轻轻托着咖啡碟，慢慢地移向嘴边轻啜。不要满把握杯大口吞咽，也不要不端杯就直接俯首喝咖啡。如果坐在远离桌子的沙发上，不便用双手端着咖啡饮用，此时可以做一些变通。可用左手将咖啡碟置于齐胸的位置，用右手端着咖啡饮用，饮毕应立即将咖啡杯置于咖啡碟中，不要让二者分家；如果离桌子近，只需端起杯子，不要端起碟子。添加咖啡时，不要把咖啡杯从咖啡碟中拿起来。

三、匙的使用

咖啡匙是专门用来搅咖啡的，如果咖啡太热也可用匙轻轻搅动，使其变凉。饮用咖啡时应当把咖啡匙取出来，不要用咖啡匙舀着咖啡喝，也不要用咖啡匙来捣碎杯中的方糖。不用匙时，应将其平放在咖啡碟中。

四、咖啡的饮用

饮用咖啡时，不能大口吞咽，更不可以一饮而尽，而是一小口一小口细细品尝，切记不要发出声响，这样才能显示出品味和高雅。如果咖啡太热，可以用咖啡匙在杯中轻轻搅拌使之冷却，或者等自然冷却后再饮用。用嘴试图去把咖啡吹凉，是很不文雅的动作。

五、怎样给咖啡加糖

给咖啡加糖时,砂糖可用咖啡匙舀取,直接加入杯内;也可先用糖夹子把方糖夹在咖啡碟的近身一侧,再用咖啡匙把方糖加在杯子里。如果直接用糖夹子或手把方糖放入杯内,有时可能会使咖啡溅出,从而弄脏衣服或台布。

六、用甜点的要求

有时喝咖啡时可以吃一些点心,但不要一手端着咖啡杯,一手拿着点心,吃一口、喝一口地交替进行,这样的行为是非常不雅观的。饮咖啡时应当放下点心,吃点心时则放下咖啡杯。

在咖啡屋里,举止要文明,不要盯视他人。交谈的声音越轻越好,千万不要不顾场合,高谈阔论,破坏气氛。

第四节 喝 茶 礼 仪

扫描二维码观看
茶艺表演视频

中国是茶的故乡,制茶、饮茶已有几千年历史,名品荟萃,主要品种有绿茶、红茶、乌龙茶、花茶、白茶、黄茶。茶有健身、治疾之药物疗效,又富欣赏情趣,可陶冶情操。品茶待客是中国人高雅的娱乐和社交活动,坐茶馆、茶话会则是中国人社会性群体茶艺活动。中国茶艺在世界享有盛誉,在唐代就传入日本,形成日本茶道。

茶是中国人最喜欢的饮料,同时外宾也乐于接受。在商务交往中,经常有专门举行茶会招待来宾的。茶水虽然物美价廉,但饮茶却是一种文化。

为客人沏茶之前,首先要清洗双手,并洗净茶杯或茶碗。要特别注意茶杯或茶碗有无破损或裂缝,残破的茶杯或茶碗是不能用来招待客人的。还要注意茶杯或茶碗里面有无茶迹,有的话一定要清洗掉。茶具以陶瓷制品为佳。

不能用旧茶或剩茶待客,必须沏新茶。在为客人沏茶前,可以先征求其意见。就接待外国客人而言,美国人喜欢喝袋泡茶,欧洲人喜欢喝红茶,日本人喜欢喝乌龙茶。

茶水不要沏得太浓或太淡,每一杯茶斟得七成满就可以了。主人在陪伴客人饮茶时,要注意客人杯、壶中的茶水残留量,一般用茶杯泡茶,如已喝去一半,就要添加开水,随喝随添,使茶水浓度基本保持前后一致,水温适宜。正规的饮茶,讲究把茶杯放在茶托上,一同敬给客人。茶把要放在左边。要是饮用红茶,可准备好方糖,请客人自取。喝茶时,不允许用茶匙舀着喝。

上茶时,可由主人向客人献茶,或由招待员给客人上茶。主人给客人献茶时,应起立,并用双手把茶杯递给客人,然后说:"请"。客人也应起立,以双手接过茶杯,说:

"谢谢"。添茶水时，也应如此。

由接待员上茶时，要先给客人上茶，而不允许先给主人上茶。如果客人较多，应先给主宾上茶。

上茶的具体步骤是：先把茶盘放在茶几上，从客人的右侧递过茶杯，右手拿着茶托，左手扶在茶托旁边。要是茶托无处可放，应以左手拿着茶盘，用右手递茶。注意不要把手指搭在茶杯边上，也不要让茶杯撞在客人的手上，或撒了客人的一身。妨碍了客人的工作或交谈时，要说一声"对不起"。客人对接待员的服务应表示感谢。在往茶杯倒水、续水时，如果不便或没有把握一并将杯子和杯盖拿在左手上，可把杯盖翻放在桌上或茶几上，只是端起茶杯来倒水。服务员在倒、续完水后要把杯盖盖上。注意，切不可把杯盖扣放在桌面或茶几上，这样既不卫生，也不礼貌。如发现宾客将杯盖扣放在桌面或茶几上，服务员要立即斟换，用托盘托上，将杯盖盖好。

如果用茶水和点心招待客人，应先上点心，点心应给每个人上一小盘，或几个人上一大盘。点心盘应用右手从客人的右侧送上。待其用毕，即从右侧撤下。

在喝茶时，不应大口吞咽茶水，或喝得咕咚咕咚直响，应当慢慢地一小口一小口地仔细品尝。遇到漂浮在水面上的茶叶，可用杯盖拂去，或轻轻吹开，切不可用手从杯里捞出来扔在地上，也不要吃茶叶。

我国旧时有以再三请茶作为提醒客人应当告辞了的做法，因此在招待老年人或海外华人时要注意，不要一而再，再而三地劝其饮茶。

西方常以茶会作为招待宾客的一种形式，茶会通常在下午4时左右开始，设在客厅之内，准备好座位和茶几就行了，不必安排座次。茶会上除饮茶之外，还可以上一些点心或风味小吃。

第五节　饮酒礼仪

饮酒是增进感情、加强联络的一种方式，酒文化也是一个既古老而又新鲜的话题。现代人在交际过程中，已经越来越多地发现了酒的作用。的确，酒作为一种交际媒介，在迎宾送客、聚朋会友、彼此沟通、传递友情中，均发挥了独到的作用，所以，探索一下酒桌上的奥妙，有助于商务人士交际的成功。

一、斟酒碰杯的礼仪

饮酒在各种宴会中是不可或缺的一个项目，在正式的宴会上，服务员打开酒瓶后，先要倒上一点给主人品尝。主人应先饮一小口仔细品评，然后再尝一口，感到所有的酒完全合乎要求时，再向服务员示意，服务员即刻开始为客人斟酒。斟酒的顺序是：先主宾，随后才是其他客人。

作为主人，也可亲自为客人斟酒。酒瓶要当场打开，酒杯大小要一致。如在座的有年长者，或有长辈、远道来的客人或职务较高的同志，要先给他们斟酒。如不是这种情况，可按顺时针方向，依次斟酒，酒可斟满，但不要溢出来。作为客人，当主人为自己斟时，要起身或俯身，以手扶杯或欲扶状，以示恭敬。还有一种"叩指礼"，就是主人在给客人斟酒时，客人要把拇指、食指、中指捏在一块，轻轻在桌上叩几下，表示感谢主人的斟酒。

席上喝酒讲究碰杯，要碰杯就必须把杯中的酒喝干，一口气喝下去，还要倒过来让旁人看自己的杯子。在山区，这一礼俗很严格。碰杯后不干杯，要再罚酒的，也表示对朋友不够仗义。一般是主人和主宾先碰杯，然后主人顺时针方向依次与其他客人碰杯，客人之间也可以互相碰杯。碰杯时，客人应起立举杯，目视对方致意，说祝愿的话语。身份低或年轻者与身份高或年长者碰杯时，应稍欠身点头，杯沿比对方杯沿略低以表示尊敬。

二、敬酒祝酒的礼仪

敬酒要适可而止，意思到了就行了。不要成心把别人灌醉，更不要偷偷地在他人的软饮料里倒烈性酒。虔诚的穆斯林不允许敬酒，甚至不能上酒。因为穆斯林饮酒是违背教规的。不应当在餐桌上摆放一大堆酒瓶。正式宴会中主人皆有敬酒之举，会饮酒的人应当回敬一杯。

敬酒时，上身挺直，双腿站稳，以双手举起酒杯，待对方饮酒时，再跟着饮，敬酒的态度要热情而大方。在规模盛大的宴会上，主人将依次到各桌上敬酒，而每一桌可派遣一位代表到主人的餐桌上去回敬一杯。敬酒干杯时，要有自知之明，保持风度，切忌饮酒过量。一般在正式宴会中，要主动将饮酒量控制在本人实际酒量的三分之一以内，切不可饮酒过多，失言失态，或醉酒误事。要慢酌细饮，不要"吃酒不认输"，或者"不醉不够朋友"，结果喝得酩酊大醉，甚至有失体统。这是宴会中饮酒最忌讳的一个方面。

不会喝酒或不能饮酒时，要注意礼貌拒酒。当主人或朋友们向自己热情地敬酒时，不要乱推乱躲、将酒杯倒扣，更不要把他人所敬的酒悄悄倒在地上。拒绝他人敬酒通常有三种方法：第一种方法是主动要一些非酒类的饮料，并说明自己不饮酒的原因。第二种方法是让对方在自己面前的杯子里稍许斟一些酒，然后轻轻以手推开酒瓶。按照礼节，杯子里的酒是可以不喝的。第三种方法是当敬酒者向自己的酒杯里斟酒时，用手轻轻敲击酒杯的边缘，这种做法的含义就是"我不喝酒，谢谢。"

正式宴会祝酒，是宴会间的一个重要的礼仪程序。通常由男主人向来宾提议，提出某个事由而饮酒。在饮酒时，要讲一些祝愿、祝福类的话，甚至主人和主宾还要发表一篇专门的祝酒词，内容越短越好。祝酒词适合安排在宾主入座后、用餐前，也可安排在吃过主菜后、甜品上桌之前。在主人和主宾祝酒时，应暂停进餐，停止交谈，注意倾听，并且不能借此机会抽烟。主人和主宾讲完话，与贵宾席人员碰杯后，往往到其他桌敬酒，各桌人员应起立举杯，碰杯时要目视对方致意。相互碰杯祝酒，可以表示友好，活跃宴会气氛，但注意不要交叉碰杯；客人、晚辈、女士一般不宜先提议为主人、长辈、男士的健康干杯，以免喧宾夺主。西餐宴会的祝酒，与中餐有所不同。在西餐宴会上，祝酒讲究只用香槟酒，这时即使不会喝也要沾几滴。西方人一般只祝酒，不劝酒；只敬酒，不真正干杯，喝与不喝，喝多喝少随自己的意愿。

综合案例

C城市接待了一位外商。这位外商是美国人，他来这座城市是进行投资考察的。考察进行得比较顺利，双方达成了初步的合作意向。这天接待方设宴款待这位外商，宴会的菜肴很丰盛，主客双方交谈得比较愉快。这时席间上来了一道特色菜，为表示我方的热情，一位接待方领导便为这位外商夹了一筷子菜放到他的碟子里。这位外商当即露出不悦神色，也不再继续用餐，双方都很尴尬。

案例思考题：
1. 这位外商为什么露出不悦神色？
2. 接待方应该怎样表示热情之意？

本 章 小 结

本章主要介绍了宴请礼仪、中西餐礼仪以及喝咖啡、喝茶及饮酒礼仪，参加不同形式宴会的注意事项。通过本章的学习，应当认识到：在商务交往中，应注意不同形式、规格的宴会对人们所提出的不同礼仪要求和规范。遵守约定俗成的餐饮礼仪对一名商务人员开展工作显得尤为重要。

复习与思考

一、名词解释

餐前酒　饮酒　宴会

二、简答题

1. 常见的宴请形式有哪些？
2. 中餐用餐中所上的两次湿毛巾各有何用途？
3. 西餐的上菜顺序是怎样的？

4. 英美式就座方式是怎样安排的？
5. 怎样饮用咖啡？

三、技能实训题

请你判断并分析以下情景中人物做法的正误：

（　　）A女士盛装参加一个正式的宴会，在用餐过程中，为了使自己的妆容更完整，她拿出化妆包当众补妆。

（　　）B先生去参加一位朋友的宴请，大家陆续入席，这时B先生这桌来了位老人家，B先生连忙起身，为老人将一张空椅子向后撤一些，待老人坐稳后，再回到自己的座位上。

（　　）C参加一个生日宴会，因为天气比较炎热，C出了不少的汗，他顺手拿起桌上的餐巾拭汗。

（　　）D到咖啡厅喝咖啡，但端上来的咖啡比较热，D想让咖啡变凉便用嘴去吹，同时还用匙子舀着喝，以免烫着自己。

（　　）G是一位男士，在用餐过程中，不小心将一杯饮料打翻，汁水溅到旁边的一位女士身上，G觉得非常不好意思，连忙用餐巾帮她擦干并表示歉意。

（　　）在一次欢迎外商来考察合作事宜的晚宴上，A先生充分利用自己的"特长"，不停地向外商劝酒，一会儿来一句"感情深一口闷（干）"，一会儿又来一句"饮酒不醉非君子"。

第七章 舞会礼仪

学习目标

知识目标

了解社交舞会的来源、发展以及舞会的种类。掌握组织商务舞会的礼仪要求和注意事项。熟练运用舞会中的各种礼貌用语和文明的行为规范，掌握舞会前的仪容修饰、服饰搭配技巧。

能力目标

熟练运用舞会中的各种礼貌用语和文明的行为规范，掌握组织一场舞会的要求和注意事项。在商务舞会的前、中、后期能按照舞会礼仪规范要求去运作。

第一节 舞文化及发展史

一、国际舞文化发展

1. 国际舞来源

国际标准交谊舞,原名为"社交舞"也叫"交谊舞",英文为"Ballroom Dancing",最早起源于欧洲,由古老的民间舞蹈发展演变而成,盛行于当时欧洲贵族在宫廷里举行的交谊舞会中。法国革命后,Ballroom Dancing成为欧洲各国一种普通的社交活动,故有"世界语言"之称。第二次世界大战后,美国人又将该舞蹈散播到全球各地,并形成一股跳舞热潮,至今不衰,所以又称它为"国际舞"。

2. 社交舞的分类、来源、特点

经历一百多年的发展,"社交舞"从单一的舞种发展为拉丁舞、摩登舞两大系列十个舞种,并由1904年成立的"英国皇家舞蹈教师协会"组织制定了有关舞蹈理论、技巧、音乐、服装的统一标准,并公布为"国际标准交谊舞"(简称"国标舞"),为世界各国所遵循,英国的黑池甚至成了"国标舞"的圣地。

(1)拉丁舞 国标舞中的拉丁舞包括:桑巴、伦巴、斗牛、恰恰、牛仔。这五种舞在社交场合中都很盛行。拉丁舞是由来自拉美地区的三种舞蹈即欧洲、黑人、本土人的舞蹈融合而成,舞蹈中也体现了三种古老的文化,到17、18世纪又逐渐融入了新的文化产生了切分音节奏等拉丁舞的特征。

拉丁舞除了斗牛舞外,都源于美国各地,它的音乐热情、洋溢、奔放,特具节奏感,以淋漓尽致的脚法律动引导,自由流畅,展现了女性的优美线条,动人入情,气氛迷人,生动活泼,热情奔放,充分表达了青春欢乐的气息;男士则展现出刚强、气势轩昂、威武雄壮的个性美。

(2)摩登舞 1924年由英国发起的,欧美舞蹈界人士在广泛研究宫廷舞、交谊舞及拉美国家的各式土风舞的基础上,进行规范和美化加工,于1925年正式颁布了华尔兹、探戈、狐步、快步四种舞的步伐,总称摩登舞。并将此种舞蹈首先在西欧推广比赛,1950年的英国黑池舞蹈节后,把规范后的舞蹈命名为"国际标准交谊舞",同时摩登舞中还增加了"维也纳华尔兹",继而推广到世界各国,受到许多国家的欢迎和喜爱。

摩登舞除探戈外,都源于欧洲大陆,它的音乐时而激情昂扬,时而缠绵性感;动作细腻严谨,穿着十分讲究,体现欧洲国家男士的绅士风度和女士们的妩媚。男士需身着燕尾服,白领结;女士则以飘逸、艳丽的长裙表现她们的华贵、美丽、高雅、闺秀之美。

二、国际舞在中国的发展

舞会自20世纪20年代传入中国后,经历了曲折发展的历史。20世纪30、40年代在东南沿海和长江沿岸城市掀起第一个高潮后，因地痞流氓、赌徒恶棍等利用舞会进行不正当的活动和利用舞场滋事，致使舞会蒙上了一层特殊的色彩。新中国成立后，舞会又在大陆特别是在校园里盛行，但是，随之而来的政治运动又把舞会视为"黄色""下流"之地。于是舞会几乎绝迹。从20世纪70年代末开始，舞会从无到有，从"地下"到公开，很快在全国各大城市流行起来。

第二节　舞会礼仪规范

一、舞会的特点与交际的关系

舞会是现代交往时的重要形式之一，是一种无声的世界语言，是不同国度、不同民族、不同肤色的人进行交流沟通的一种有益的工具。高雅的舞会由于优美的音乐、舒适典雅的布景、神秘变幻的灯光，成为人们结交朋友、进行文化生活和休闲娱乐的好去处。人们可在舞会中从听音乐、赏美景、踏舞步、谈友谊等活动中，获得听觉、视觉等方面的美感和轻松感，宣泄紧张的情绪，缓解疲乏的身体。健康的舞会，的确是培养性情、净化灵魂、提高修养、陶冶情操的好去处。舞会除了休闲娱乐之外，还是培养感情、交流信息的极好场所。在舒适典雅的环境中，在轻松活泼的气氛中，人们往往最能以诚相见，最能理解和考虑对方的境遇和要求。因此，现在很多营销业务、商务谈判等并不一定都是在谈判桌上谈成的，不少是舞会中跳出来的。因为谈判活动虽然严肃正式，但未免有些枯燥无味；舞会轻松而令人兴味盎然。其中的奥妙在于：舞会上人们愉快的心情、高昂的情绪是促使交际活动走向成功的重要条件。也正因为如此，中国人才早早把舞会当作交际舞或交谊舞。

舞会也是高雅文明的场所，能表现和体验一个人的风度，也是最能表现一个人的道德水准、礼仪修养的环境。因此，舞会吸引着国内外各社会阶层人士，任何一个出入舞会的国内、国外的营销人员、公关人员、公务员、商人等，都不应该等闲视之，必须懂得、了解并自觉遵守一定的舞会礼仪规范。

二、舞会的类别

舞会根据人员的组成、主题的性质和所要达到的目的可大致分为四类：大型商务接待舞会、交谊舞会、篝火舞会、家庭舞会。

1. 大型商务接待舞会

（1）人员组成：与商务活动有关的各界朋友及特邀嘉宾，人员范围很广。

（2）主题：有特定的主题，有所指向性，有公关的性质和目的。

（3）适用于：商务活动，各种大型的会议，特别的授奖、获奖、颁奖仪式等。

2. 交谊舞会

（1）人员组成：业界同行，范围较广。

（2）主题：加深了解和信任，结识朋友，放松心情。

（3）适用于：庆祝活动、婚礼、欢迎宴会后、周末舞会等。

3. 篝火舞会

（1）人员组成：范围较窄，多为某圈内人士，以及志同道合、兴趣相投的人。

（2）主题：增进友情，放松心情。

（3）适用于：节日庆祝、生日庆祝、各种校友会、班会等。

4. 家庭舞会

（1）人员组成：要好的几个相关家庭，范围最窄。

（2）主题：表达久别重逢后的喜悦，增进亲情、友情。

（3）适用于：很久没有团聚的人，或是家庭主要成员的生日，或是特别有庆祝意义的日子。

三、舞会前的准备

舞会的组织者和参加者都应该进行舞会前的准备工作，遵守文明道德规范。

1. 舞会的组织准备

要使一场舞会获得圆满成功，舞会的组织工作能否中规中矩，是至关重要的。在组织一般性的交谊舞时，应该注意的主要问题是：时间、地点、曲目、来宾、接待等。

（1）舞会举办的时间　举办舞会首先必须选择适当的时间。举办舞会的时间问题，实际上又涉及下述两点：

1）时机。在一般情况下，涉外性质的交谊舞会既可以单独举办，也可以作为宴会、晚会的压轴节目。举办任何一场舞会都要"师出有名"，有一个恰当的名义，如：大型商务接待舞会和交谊舞会可以放在各种商务会议的行程当中、洽谈会晤的行程当中、经验交流会议的行程当中，还有欢度佳节之际、款待贵宾之时举行；家庭舞会、篝火舞会可以在庆祝生日、纪念结婚、晋职升学、周末聚会之时举行。以上都是举办舞会的最佳时机。

2）舞会的长度。确定一次舞会的具体长度，应当兼顾各种因素，但是其中最重要的：一是不要令人过度疲劳，二是不要有碍工作和生活。在正常情况下，舞会适合于傍晚开始举行，并以不超过午夜为好，其最佳长度通常被认为是2～4小时。

（2）舞会的场地　舞会的场地问题，具体说来又分为举办地点和舞池选择两个方面。

1）地点。确定舞会举行的具体地点时既要考虑人数、交通、安全问题，更要注意档次与氛围是否适宜举办舞会，与此同时，还须量力而行。依照常规：举办小型舞会，可以选择自家的客厅、庭院，或是公园的湖边、广场等；举行大型的舞会，则宜租借单位俱乐部、营业性舞厅或是大酒店的演艺厅等设施齐全的地方。

2）舞池。舞池一般是指在舞会举办地点之内的专供跳舞的地方。在举行大型正式的舞会时，对于舞池的选择与布置，必须再三考虑，其中有五点尤须高度重视：

① 舞池大小应当适宜，最好与跳舞的人数比例大致相配，人均1平方米最佳。

② 舞池的地面务必干净平整，若其过脏、过滑、过糙，都会有碍跳舞。

③ 舞池的灯光一定要正常，并且在柔和之中又要有所变化。若其"失明"，或是过强、过弱，都不甚合适。

④ 舞池的音响需要认真调试，音量也要适度。切勿以噪声扰人。

⑤ 舞池周围最好设置足够的桌椅，专供跳舞者在舞会期间休息之用。

（3）选择曲目　举办大型、中型舞会，有条件的部门最好组织小型乐队，没有条件的部门也可以准备好音乐碟片，舞曲是舞会的导向和灵魂。在为舞会选择曲目时，主要考虑以下四条：

1）从众。选择舞曲要符合大多数人的需要，切忌"曲高而和寡"。在一般情况下，最好选择众人熟悉的、节奏鲜明、清晰、旋律优美、动听的曲目作为舞曲。

2）交错。从总体上讲，曲目的安排应当有"快"有"慢"，在节奏上令人一张一弛，各取所需。可将不同国家、不同风格、不同节奏的曲目穿插在一起，使舞曲时而婉转抒情，时而热烈奔放，好似波涛起伏一番，令人为之陶醉。

3）适量。在正式舞会上最好提前将选好的舞会曲目印成曲目单，届时人手一份。曲目单上所列的舞曲总数，应该与舞会所定的时间相呼应，并且"雷打不动"，一经确定，便不再增减。跳舞者一看曲目单上的舞曲数量，便会对舞会的时间长度略知一二了。

4）依例。选择舞曲曲目，还须遵守约定俗成的惯例。比如：一般适宜以慢拍的布鲁斯和华尔兹曲开头，使人们心理上做好准备，中间还可以有两三段慢节奏的舞曲，使到会者稍做休息、彼此认识、相互交谈等，收场时的音乐多用慢华尔兹《一路平安》《友谊地久天长》等作为最后一支舞曲，使人们的兴奋情绪逐渐安静。此曲一经演奏，等于是在宣布舞会"到此结束"。

（4）舞会的来宾　对于舞会的来宾，组织者要做的工作有：约请、限量、定比等。

1）约请。确定舞会参加者名单后，即应尽早以适当的方式，向对方发出正式邀请。在常用的口头邀请、电话邀请、书面邀请等几种方式中，书面邀请最为正规。要强调的是，为了便于被邀请者早做安排，在一般情况下，最好令对方在舞会举行的前一周得到邀请柬，在请柬上注明准确的时间、正确的地点和着装要求，以及有否特别的事宜等事项。

2）限量。舞会的来宾绝非多多益善。来宾过多，不仅会在现场造成拥挤，使舞者难以尽兴，而且还有可能危及大家的安全。因此，在筹办舞会时，必须以舞池面积为重要依据，规定参加者的具体数量，并予以认真掌握。

3）定比。在较为正式的社交舞会上，根据惯例，来宾须同时邀请一位异性舞伴一同前来参加，以确保舞会者在性别上保持一定的均衡比例。要做到这一点，舞会的组织者就要采取一切可行的具体措施，以保证舞会的全体参加者在总量上做到男女比例大致相仿，基本上以各占一半为准。

（5）舞会的接待　要确保舞会顺利进行，在主人这一方，还有一些具体的接待工作需要认真做好。其中较为重要的工作，是确定舞会主持人、招待员，并且准备好适量的茶点。

1）主持人。任何一场正式的交谊舞会都必须有一位名义上的主人。在因公举办的交谊舞会上，应以举办单位的正职负责人作为舞会的主持，大都是男主人充当舞会主人，在任何情况下都不应当是男士一人，无论如何都要约请一位异性，届时充当女主人与之一道主持。在较为正式的舞会上，通常需要由经验丰富的、具有组织才能的人充当舞会主持人，一般情况下是男、女两人担任。在家庭舞会上女主人则是最佳人选。主持人的主要任务是：除了迎送接待宾客外，在舞会开始时还应该有一段简短的致辞，一般不超过三分钟；还有更重要的是要控制、调整场地的氛围，使舞会始终保持欢快、热烈的气氛。

2）招待员。在可能的情况下，主人一方还须组织一支精明强干的招待人员队伍。舞会招待人员主要包括：礼宾人员、接待人员、安全保卫人员、舞曲演奏人员、音响与灯光工作人员等。他们应当由青年男女组成，并穿着统一的服装，或佩戴统一的标志。他们的职责一是迎送接待来宾；二是为来宾提供必要的服务；三是邀请单身前来的嘉宾共舞；四是为遭到异性纠缠的客人"排忧解难"。

2. 应邀者舞会前的准备

（1）参加舞会前男士的礼仪

1）容貌整洁。参加舞会时仪表要整洁大方。舞会多在晚间举行，赴会前应该先洗澡、漱口、理发、刮胡须，不吃葱、不吃蒜、不要饮酒，头发梳理整齐，切不可像一只"刺猬"似的跑去参加舞会，因为这样不但失礼于自己，也失礼于主人。

2）服装得体。参加舞会的服饰要与舞会的环境、气氛相协调。正式舞会按国际惯例在请柬上有注明的服饰要求，参加者应当自觉遵守。一般舞会请柬上服装这一项都写着"常服"，所谓"常服"就是日常的服饰，你不必穿礼服，但也不能只穿衬衫赴会，也应该着西装结领带。如大型涉外商务舞会的请柬上注明"请着礼服"，就应及早准备。男士礼服一般是黑色的燕尾服、黑色漆皮鞋，正式场合有的须戴白手套。有时男士也可穿正规的西装，西装颜色应符合西方传统的深蓝色、灰色，结领带。灯芯绒或格子呢的肘部打补丁的休闲西装，不宜出现在十分正规的舞会上。男士必须穿长裤参加舞会，穿西装短裤或沙滩裤去跳舞是不礼貌的行为，同时皮鞋应擦亮，不能穿拖鞋。要系好衣扣，不要当众更衣或脱下外衣，患重感冒、传染病及严重高血压者不宜参加舞会。

3）找舞伴。一般请柬都是邀请嘉宾自带舞伴前往。如果男士已经有太太或女友当然不愁没有舞伴，如果既没有太太又没有女友也没关系，因为舞伴也可以是女同事、女同学、自己的姐妹、表姐妹，不过记住要提早约好。找不到舞伴的，也可单身去，但以有舞伴为佳。进门之后，首先要把女友介绍给主人，假如是亲戚，那么在介绍时要明确：这位是我的妹妹或表妹××小姐，那么主人在介绍你的舞伴给其他人认识的时候，就会留意这点，不致误会。假如是同事或同学就不需要特别声明，一般介绍××小姐就行了。

（2）参加舞会前的女士礼仪

1）容貌整洁。女子参加舞会之前，也是同男士一样需要梳洗一番，面部化妆要比白天稍浓，但不能太过，一定要保持自然美，因为舞会中人与人距离较近，过浓的化妆，会引起别人的反感。用香水也要适可而止，用得过多，味太浓也会起反效果。

2）服装得体。一般舞会，女子宜着裙摆较大、裙长及脚踝的裙子，使舞姿更飘逸动人。职业套装不适宜舞会。

如果应邀参加大型正规的舞会，或者涉外舞会，这时的请柬上会注明"请着礼服"。接到这种请柬应尽早准备，正式场合的女子礼服一般是晚礼服。晚礼服源自法国，法语是"袒胸露背"的意思。有条件经常参加盛大晚会的女子应该准备有晚礼服，偶尔用一次的，可以向婚纱店租借。近年来，也有穿旗袍改良的晚礼服，既有中华民族的特色，又端庄典雅，适合中国女性的气质。

正规舞会，女子头发最好盘起来，梳成发髻；一般舞会则发型随意，可以是"清汤挂面"式的直发，也可以将长波浪吹得蓬蓬松松的。

着晚礼服一定要佩戴首饰。露肤的晚礼服一定要戴成套的珠宝首饰：耳环、项链、手镯。晚礼服是盛装，因此最好要佩戴贵重的珠宝首饰，让它们在五彩斑斓的灯光照耀下为你增添光彩。

手袋是晚礼服的必备配饰，手袋的装饰作用非常重要，缎子或丝绸做的小手袋必不可少。参加舞会的鞋子必须是高跟鞋。因为平底鞋跳舞不好看，而且非常吃力，容易累，也不要穿新鞋子，很容易把脚磨起泡。同样，预定参加舞会的当天，千万不要吃口气重的食物和大量饮酒、吸烟，去前最好漱口，然后嚼几块口香糖。

3）如果是参加"迪斯科专场"舞会，装扮就不必受约束。T恤、牛仔裤、超短裙、运动鞋都可以穿，人们只求在扭摆中宣泄得酣畅淋漓，领带、高跟鞋反倒成了累赘。

4）掌握好舞会的时间。无论参加朋友的私人舞会还是参加大型的商务舞会或是交谊舞会，遵守时间是首要礼仪，要准时到达舞场。一般舞会都注明了舞会持续的时间，而没有限定参加者到场和离场的时间。朋友的私人舞会最好坚持到舞会结束后再离去，这也是对朋友的支持和对主人的尊重。至于其他舞会，只要不是只跳一支舞曲显得应酬色彩过浓就可以了。当然如果来得晚走得早，也是极不礼貌的表现。

四、舞会中的礼仪

1．舞会中男士礼仪

在较为正式的舞会上，根据礼仪规定，第一曲和最后结束曲是应该和一起来的舞伴共舞的，其他曲目可以酌情自择舞伴。以下简介一下男士邀请舞伴的合礼顺序。

（1）邀舞伴的顺序

1）就主人方面而言。自舞会第二支曲开始，男主人应当前去邀请男主宾的女伴跳舞，而男主宾则应回请女主人共舞。接下来，男主人还须依次邀请在礼宾序列上排位第二、第三的男士所带的女伴各跳一支舞曲，而那些被男主人依照礼宾序列相邀舞伴的男士，则应同时回请女主人共舞。

2）就来宾而言。有下列一些女士是男宾应当依礼相邀，共舞一曲的。她们主要包括：①舞会的女主人；②被介绍相识的女士；③碰上的旧交女伴；④坐在身边的女士。以上的女士若被男宾相邀后，与其同来的男伴最好回请该男宾的女伴跳一曲。

3）在家庭舞会上。对主人的太太或爱人或姊妹，都应该邀请她们共舞一次，跳完后又应该回到自己的舞伴身边。男士应该随时关心自己的舞伴有什么需要，例如是否饮茶、喝水等，不要让对方为难。

（2）邀请舞伴的礼节

1）常规。在舞会上邀请舞伴的下述基本规范必须严格遵守，不然就会失敬于人，令人见笑。请舞伴时，通常是邀请异性。一般讲究由男士邀请女士，不过女士可以拒绝。而女士邀请男士，男士则不能拒绝。在较为正式的舞会上，尤其在涉外舞会上，同性之人切勿相邀共舞。

2）方法。邀请他人跳舞，应当力求文明、大方、自然，并注意讲究礼貌。千万不要勉强对方，尤其不要出言不逊，或是与他人争吵。

一般邀请舞伴有两种办法可行：①直接法。即自己主动上前邀请舞伴。男士可以走到女子面前，应先向她的男友招呼一下，表示想邀请她跳舞，这是礼节，然后目光温和地注视着她，微微欠一欠身，礼貌地说："我可以请你跳舞吗？"或"能有幸和你跳一曲吗？"当听到女子说"可以"的时候，男士则试探性地伸出右手，如果女士没有马上把手递给你，你可以顺势说声"请"，然后让女子走在前面，由她在舞场中选一个地方再由男士带着她跳，一曲终了，男士应把女子送回原来的座位，并说"谢谢。"②间接法。即自觉直接相邀不便，或者把握不是很大时，可以托请与彼此双方相熟的人士代为引见介绍，牵线搭桥。

不论采用何种方法请人，万一自己来到被邀请者面前，已有人捷足先登时，则须保持风度，遵守先来后到顺序，礼让对方先行邀请。如果被人委婉拒绝邀请，要听话听音，要有自知之明，知难而退，有台阶就下。千万不要自找没趣，赖着不走，胡搅蛮缠。

（3）共舞时的文明礼节　参加舞会，应该注意自己的舞姿和舞技，但更重要的是跳舞时的举止风度，要符合文明礼仪的规范要求。

1）舞姿与风度。步入舞池时，要尊重女舞伴，女在前，男在后，由女士选择跳舞的位置；跳舞时则一般由男士领舞引导在先，女士配合在后；一曲终了，应立于原处，面向乐队或主持人鼓掌表示感谢，再将女士送回原处。

舞姿要标准，动作要协调，跳舞时要保持身体端正，双方胸部保持30厘米左右的距离，不要太近或太远。男士应右臂前伸，右手轻扶住对方左侧的腰部，左手使左臂以弧形向上与肩部成水平线举起，掌心向上，拇指平展，将女伴的右掌轻轻托住。女士的左手轻轻地放在男士的右肩上，右臂弯曲举起，手指并拢，手掌掌心向下，轻轻搭在男士的左手上。旋转时，膝盖应自然放松，步伐不要超过本人平时的自然跨度，并注意重心转移。每个人在跳舞之时，身体都应保持平衡，步伐切勿零碎、杂乱。在需要前进或后退的时候，迈出的脚步大小、身体的重心转移、力量的均衡应谨慎而准确，并且要注意移动自如。在跳舞时还要掌握运步的技巧，要记住，在变换各种方向时，均应以自己左脚或右脚的前脚掌为轴心进行转动。

2）舞姿与文明。男士不要把女士的手握得太紧，或把右手掌心向内侧全贴在女士的腰上，也不要旋转时把女士扯来扯去。女士不要把头俯靠在男士的肩上，或双手套在男士的脖子上，更不能跳贴面、贴胸、贴腹舞，有意粘在一起。即使是夫妻或热恋中的情侣，在舞会上也不要过分亲昵，在社交场合这样做是不礼貌的。不论与哪位舞伴共舞，都应该与对方保持适当的间距。男士还应该迁就女士的身材，不要把女士架得太高，这样会使对方感到不舒服，也不好看；不要因为紧张把舞伴搂得太近，或把舞伴的手握得太牢、太紧，这样容易引起误会和反感。无论舞步娴熟与否，男士应带领舞伴与舞池中其他人的舞蹈方向保持一致，一般按逆时针方向绕行，而不要在舞场中横冲直撞。

跳舞时，除交谈外，切勿长时间地紧盯着舞伴的双眼，万一碰到对方身体的其他部位或不小心踩了对方的脚，应马上为自己的不慎说"对不起"。在跳快步舞曲时，切不可只顾自己高兴，一股劲儿地猛转，如果男士是高个子还要留意步子不可开得太大，舞曲结束时要慢慢地停下来，扶女士一下，帮她站稳，并对她说"谢谢"，然后再陪送舞伴回原处。

第二曲开始，如果自己的舞伴已被别人邀请去跳舞，那么，男士便可以去请别人跳舞。一场舞会中不要只和一个舞伴跳舞，这也是礼节。

在跳舞中还应该注意不要无休止地讨论或争论一件事情；跳舞时对方询问有关自己的事情时，你大可坦白地告诉他，如果不愿意让其知道，也可以拒绝回答，但切勿编造谎言。这也体现了个人素质和修养。

（4）离场的礼节　假如有其他原因需提早离开舞会，要预先向主人说明，到离开的时候，不必喧嚷以免破坏舞会的气氛，也不用再向主人告辞。在有乐队演奏时，一曲舞毕，跳舞者应首先面向乐队立正鼓掌，以示感谢，方可离去。当舞会结束时，播出结束曲，这时大家要鼓掌致谢，这也是一种礼节。

2. 舞会中女士礼仪

（1）仪态　在舞会中，女士要特别留意自己的仪态。对刚认识的新朋友要大方谈吐，不可做神圣不可侵犯之状，不过也不要高谈阔论或大笑，也不要和相熟的人指手画脚谈论他人。休息时坐在一旁，坐的姿势也要留意，双腿不要交叠，也不要叉开两只脚，更不要搔首弄姿，应端庄自然。

（2）舞会中拒绝的态度与托词　一般情况下，当本人在舞场上被邀请时，通常不要轻易拒绝，更不要生硬地拒绝，万一确实要回绝他人邀请时，则务必注意态度和措辞，勿伤及对方的自尊心。

1）态度。在拒绝他人的邀请时，态度要友好、自然，表现要彬彬有礼。不要让对方有被"晾"在一边而下不了台的感觉，也不要对对方视而不见。口头拒绝对方时，最好起身相告具体原因，并且勿忘向对方致谢，同时说上一声"实在对不起"或者"抱歉之至"。拒绝一个人的邀请后，不要马上接受另一个人的邀请，尤其是不要当着前者的面，堂而皇之地这样做，否则会被视为是侮辱。要知道尊重别人也是尊重自己，所以千万别令人难堪，或受到伤害。

2）托词。拒绝他人时，语言不宜僵硬、粗鲁，不宜说"您是谁呀""一边待着去""请别来烦我""也不看看我是谁"等。通常拒绝别人应在说明原因时使用委婉、暗示的托词。最常见的有七种：

① "谢谢，已经有人邀请我了。"
② "我累了，想单独休息一会。"
③ "我不会跳这种舞。"
④ "我不喜欢跳这种舞。"
⑤ "我不熟悉这首舞曲。"
⑥ "我不喜欢这首舞曲。"
⑦ "我很累，下一曲再跳吧。"

（3）邀请舞伴　舞会中一般女士等待男士邀请才步入舞池，切勿同性共舞，否则，等于在说明"没有男士相邀"，所以迫不及待以此举动呼吁男士们"见义勇为"。在特殊情况下，需要请长者或者是贵宾时，则可以不失身份地表达："先生，请您赏光。"或者"我能有幸请您吗？"在共舞时，请小心不要把口红沾染在男伴的衣襟或领带上。

3. 舞会中的文明交际

参加舞会时，不能只图跳舞尽兴，而忘却了本应该进行的交际活动。

（1）叙旧　在舞会上碰见老朋友、老关系，除了要争取邀请对方或其舞伴共舞一曲之外，还要尽量抽时间找对方叙上一叙，致以必要的问候，传递恰当的信息，千万不能在舞会上表现"喜新厌旧"，为了新朋友，而对旧交不屑一顾。

（2）交友　在舞会上结交新朋友，通常有两种方法可行：

1）主动把自己介绍给对方。

2）请主人或其他与双方都熟悉的人士代为引见，通过邀请舞伴的方式直接或间接地认识对方。

在舞会上结识新朋友之后，一般不宜长时间深谈，可在此后适当的时间，主动打电话邀请或交谈，以进一步推进双方的关系。

与不认识的舞伴跳舞时，也可略做交谈。其内容以称道对方的舞技、表扬乐队的演奏等为佳。有时也可以进行简短的自我介绍，交谈时不宜打探对方的个人隐私、贬低他人的舞技或是胡吹八卦。无论如何，都不要在跳舞时伺机向对方提出单独约会的要求，或者心急火燎、急不可耐地向其表白"一见钟情"的爱慕之意。

综合案例

在一个商务活动的社交舞会上，A男士看准了他的营销对象——某公司老总的夫人，A男士急匆匆地走到夫人面前，微笑着弯着90度腰，双手放在膝盖上，毕恭毕敬地低着头说："我可以请你跳舞吗？"夫人望了望身边的丈夫，停顿片刻说："对不起！我累了……"这时又来了一位男士B，姿态端庄，微笑着，彬彬有礼地走到夫人面前说："夫人，您好呀！"然后又转向夫人的丈夫，友好地说："您好！先生，我可以邀请您的夫人共舞吗？"丈夫微笑着看了看身边的夫人说："你请便吧。"然后B先生转向夫人同时伸出右手掌心向上，手指向舞池并说："我可以请您跳舞吗？"夫人欣然同意，共同步入舞池……

案例思考题：

1. A男士违反了哪些礼仪规范？应该如何去做？
2. 夫人违反了哪些礼仪规范？应该如何去做？

本 章 小 结

本章主要介绍了舞会中交谊舞的来源和发展，以及世界交谊舞的文化背景，着重介绍了如何组织商务舞会和参加商务舞会时的各种礼仪常识。正确地运用好舞会礼仪，常常会给人留下难忘而美好的印象，达到意想不到的商务营销效果。学习舞会礼仪对商务人员的自身素质的培养与提高有帮助，对有关工作的开展也有现实意义。

复习与思考

一、单选题

1. 舞会通常在（　　）时候进行。
   A. 早上　　　B. 中午　　　C. 下午　　　D. 晚上
2. 舞厅交谊舞的基本要求是（　　）。
   A. 女主男辅　B. 女主　　　C. 男主女辅　D. 男女平等
3. 舞会中（　　）既是组织者又是参与者，负有使舞会充满激情的职责。
   A. 男性　　　B. 主持人　　C. 女性　　　D. 男女双方
4. 作为舞会主持人，最基本的礼节是（　　）。
   A. 礼貌　　　B. 谦虚　　　C. 热情　　　D. 微笑

二、多选题

1. 男性的舞会礼仪有（　　）。
   A. 热情主动邀请女伴
   B. 舞姿举止注意分寸
   C. 曲终礼貌送女伴回座
   D. 不邀请有男友陪伴的女士
   E. 邀请遭拒绝要不失风度
2. 男性的舞姿礼仪有（　　）。
   A. 右手轻扶女伴腰肢
   B. 左手紧握女伴右手
   C. 身体保持合适距离
   D. 上身保持正直，两肩放松
   E. 目光要注视女伴
3. 交际舞的舞蹈形式除伦巴外，还有（　　）。
   A. 慢华尔兹
   B. 快华尔兹
   C. 慢四步
   D. 福克斯
   E. 探戈
4. 为了表示对男伴尊重，也为了自尊，女性参加舞会时，夏天不宜穿（　　）。
   A. 西服裙
   B. 超短裙
   C. 长裤
   D. 背心
   E. 长外套

三、简答题

1. 简述男性邀请舞伴的顺序及礼仪。
2. 简述在跳舞时应该避免哪些不文明的行为。
3. 简述摩登舞与拉丁舞在音乐上有何不同。
4. 简述男性的舞会礼仪。
5. 简述女性的舞会礼仪。

第八章 公共场所礼仪

学习目标

知识目标

了解观影、观演、观赛的礼仪要求，掌握乘坐交通工具的基本礼仪，掌握出外旅游的礼仪要求。

能力目标

提高自身的综合素养，使其行为举止符合公共场所的礼仪要求，树立良好的个人形象。

现代社会许多商务活动均涉及公共场所礼仪，因此商务人员除了需了解商务场合中应注意的礼仪要求外，还应遵守公共场合中应遵循的礼仪要求。因此在公共场所，保持优雅得体的礼仪会让自己变得更有礼貌，更能使商务活动获得成功。公共场所是指可供全体社会成员进行各种社会活动的公共活动空间，包括商场、影院、音乐厅、广场等。而公共场所礼仪则指人们在公共场所中所应遵守的行为准则和礼仪规范。

第一节　观影、观演、观赛礼仪

随着人们娱乐活动的不断丰富，去影院看电影、去剧院看演出、去体育场观看体育比赛已经成为大家生活中不可缺少的一部分。在享受这种高尚的娱乐大餐时，言行举止得体大方会为这种享受锦上添花。

一、观影礼仪

观影礼仪主要是指去电影院看电影时应注意的礼仪。观影是现在人们很常见的活动之一，保证自身的言行举止文明是必不可少的，其基本的礼仪要求有：

（1）衣着整洁、庄重，不穿背心、短裤、拖鞋进入影院观影。女性可化淡妆，男士也应当稍做修饰。

（2）排队购票，进入影院时应主动出示票据，并对号入座。

（3）不要迟到，一般电影院在开映前15分钟开始收票，最好能在影片开映之前进入电影院寻找座位。如果迟到了，最好请服务员引导入座，并向受影响的观众表示歉意。如果别人坐错了位子，要礼貌地请对方再查看一下座号，避免争执，必要时可请工作人员帮助解决。

（4）注意公共卫生，不吸烟，不随地吐痰，打喷嚏、吐痰要悄悄进行；不吃带壳的、有刺激性气味的、咀嚼声音过大的食物，以免干扰别人。吃带壳的食物应吐在垃圾袋中；咀嚼声音大的食物分成小块吃；如需吸烟应自觉到吸烟室或室外去吸，如厕离位应向两边的人致歉。

（5）为避免手机铃声的干扰，进入影院后最好将手机调至振动或关机；观影过程中尽量避免使用手机。因为在黑暗的环境中使用手机，势必会影响旁边的观众。

（6）不要大声喧哗，带小孩的观众则要注意管好孩子，禁止小孩在过道上乱跑、哭闹；观影时，不要与身边的人聊天，实在要说应长话短说；对于已经看过的影片，不要在下面提前说出结果并进行评论。

（7）情侣间举止要自重，不要有过分亲密的动作，尤其避免有伤风化的行为出现，以免引起别人的反感。

（8）电影接近尾声时不要抢先站起，应该等剧情完全结束，影院灯亮后再起身按顺序离场，离开时注意将各种废弃物扔到垃圾箱里。

二、观演礼仪

观演礼仪主要是指去剧院、音乐厅等演出场所观看各类文艺表演时应注意的礼仪。为了营造安静、优雅的欣赏环境，使观演者得到最完美的艺术享受，除了艺术家的精彩表演、剧场规范化服务，观演者的礼仪举止应与其氛围相协调。

1. 剧院礼仪

无论哪种剧院，其礼仪要求基本大同小异，一般来说，具体应做到：

（1）着装　应穿较为正式的礼服，如男士穿深色的西服套装，女士穿晚礼服。

（2）时间　尽早到场，以免迟到。通常情况下，剧院都会在演出前45分钟允许进场，这样可以做到从容地与友人会合，做好观演前的各项准备工作，如寄存物品等。如果迟到，应等待曲间（幕间），按照场务人员的指引，轻声入场就近入座，待中场休息时再找到自己的座位。

（3）观演过程中　不摇头晃脑、手舞足蹈或交头接耳，也不要高谈阔论，切忌不能起哄、尖叫、吹口哨等，尽量保持场内安静；自我约束，不吃带壳的、带响声的食物，要有礼貌的适时对艺术家精彩的表演给予掌声，以表达对演职人员的尊敬、钦佩和谢意。但需要记住的是要掌握好鼓掌的时机。如一首动听的歌曲演唱完毕时应鼓掌、一个高难度的杂技动作表演成功时应鼓掌、演出全部结束时应起立热烈鼓掌。不宜中途退场，如需要退场时，应在幕间或一个节目结束后退场。

（4）退场　当演出结束后，观众应在最后一个节目谢幕时热烈鼓掌，以向艺术家表示敬意和感谢，待演员退场后或大幕关闭时再秩序井然的退场。

2. 音乐厅礼仪

到音乐厅欣赏音乐，是一件非常高雅而庄重的事情，不可在高雅场合做出不雅的举动。

（1）注重仪表和仪态　女士可以稍稍化一点淡妆，不要素面朝天去观看音乐会；发型要精心梳理，女士头发上可以有装饰；服装要求穿正规的、符合现场气氛的礼服出席，如男士西装、燕尾服，女士晚礼服等。

（2）不迟到或提前退场　音乐会入场最好能提前三至五分钟入场，如果迟到，不要在音乐会进行当中入场，应等演出间隙由服务员引入；特殊情况需要中途离场的观众，请在一首乐曲结束后离开座位。

（3）保持场内安静　进入音乐会现场后，应先关闭手机或调至振动；禁止带食品、饮料、塑料袋等入场；对于难以自控的咳嗽和喷嚏，最好用手帕或者围巾捂住以减弱发出的声响；演出过程中，不要与同伴聊天或对艺术家发表议论，更不要一时高兴跟着哼唱或手舞足蹈；非儿童专场，禁止带1.2米以下的小朋友入场。

（4）献花和鼓掌　一般情况下演出过程中观众不得随意向艺术家献花，如有特殊情况想送花应事先与场务人员联系，待获得同意后按工作人员的指示进行献花；欣赏音乐会作品时，应掌握好鼓掌的时机。如欣赏交响乐时，不要在乐章之间鼓掌，以免破坏作品的意境。鼓掌应注意姿势，男士两手掌一起用劲，声音坚实、清脆；女士则用一只手的手指去拍打另一只手的掌心，以表现女士的文雅。

（5）退场　演出结束后，听众应在座位上停留一会儿，待演奏者或演唱者谢幕时，全场应起立鼓掌，以示对艺术家的尊重，然后方可有秩序的退场。

三、观赛礼仪

随着我国国力的增强，我国体育健儿在国际赛场上取得了诸多骄人的成绩，使得人们对于观看体育比赛的热情越来越高，进入现场观看各种类型的国内、国际体育赛事的人也越来越多。与之相对应的有关赛场上观众不文明的言行举止也时有耳闻，给赛场造成负面影响，影响比赛的正常进行，损害了一个群体、一座城市，甚至一个国家的形象。可见，遵守赛场礼仪、做文明观众，是非常必要的。

体育比赛涉及的项目很多，不同运动项目的比赛场地不同，需遵守的礼仪也不同。由于篇幅的原因，在这里主要介绍赛场礼仪常识及常见体育项目的观赛礼仪，希望对广大的体育爱好者有所帮助。

（一）赛场礼仪常识

1．进场礼仪

（1）随气候与个人爱好按场地要求着装。盛夏季节，不能穿背心，更不能光膀子观看比赛。有些场地、场馆对观众穿鞋有特殊要求，应提前了解。

（2）尽量提前或准时入场，当有安检时，应积极配合；如开车前往，应按规定路线行驶，在指定地点停车；进场后对号入座，同时应关闭随身携带的手机等通信工具。

（3）不带易燃易爆等危险物品及酒瓶、凳子、刀具等硬件物品入场；不带罐装物品及宠物入场。

（4）入场时应排队有序进场，碰到老、弱、妇女、儿童及外国朋友入场注意礼让，如有需要，应主动为其引路指座。

（5）进出场时，不要拥挤。

2．退场礼仪

（1）一般不在比赛没有结束时提前离场，如确实需要提前退场，应尽量在不影响别人观看比赛的情况下快速离开。

（2）比赛结束时，要向双方运动员鼓掌致意。退场时，按座位顺序退场，向最近的出口缓行或顺着人流行进。

（3）离场时，应将饮料、矿泉水瓶、果皮果核等垃圾带出场外。

3．比赛中礼仪

（1）对于国际比赛，举行中国国旗升旗仪式时都应面向国旗，肃立致敬，不嬉笑打闹或随意走动，表现庄重；升比赛对手所在国家的国旗时，也应给予应有的尊重和礼遇。

（2）观看比赛时，不抽烟，不吃带响声的食品；当选手表现不好时也不应起哄、吹口哨、怪声尖叫、喝倒彩、扔东西，更不能用污辱性的语言叫骂。

（3）不嘲讽、辱骂裁判员、运动员、教练员，不做有损国格、人格之事。

（4）爱护公共设施，不蹬踏座椅，不乱涂写刻画。

（5）文明加油。为运动员加油有助于发挥其最佳水平，有助于观众与运动员之间的感情联络，但在给自己支持的运动员或运动队加油时，不要挑衅、污辱对方的运动员或运动队，不能攻击对方啦啦队队员，避免不必要的冲突。

（6）冬天在暖和的室内观看比赛，应脱下帽子和外衣，不能在观看比赛中又脱又穿，影响他人。

（二）常见体育项目的观赛礼仪

对于观众来说，除了懂得基本的观赛常识外，还应对不同的体育项目其特定的观赛礼仪有所了解，以利于提高对于体育项目专业素质的了解，做一名文明的观赛者。

1. 田径观赛礼仪

田径是世界上最为普及的体育运动之一，也是历史最悠久的运动项目之一。至今，田径运动仍然是体育比赛中观赏性极强的运动之一，特别是短跑及接力项目。在观看田径比赛时，应注意的礼仪包括：①当裁判员发出各就各位的口令，准备鸣枪时，观众应立刻保持安静。②懂得配合运动员比赛时进行有节奏的助威。如当运动员开始跳跃、投掷项目的助跑时，可根据运动员的助跑节奏击掌。观看马拉松和竞走比赛时，要服从现场工作人员的指挥，自觉在安全线外观看比赛；严禁横穿比赛路线、擅自给运动员递送物品、翻越护栏等道路安全设施，影响比赛进行。

2. 足球观赛礼仪

（1）凭票入场，不持假票、废票等无效证件入场，配合验票员的工作。

（2）球迷服饰应整齐划一、简洁大方，在体现当代球迷个性的前提下，又符合现代社会的文明规范，雅俗能共赏，新奇不古怪。

（3）不携带可能破坏赛场秩序的不文明、不健康甚至有侮辱或谩骂性的旗帜、标语等上看台。观赛口号内容要文明健康，格调要积极向上，克服狭隘的地域情节。

（4）保持平和心态，控制好自己的情绪，"理智对待输赢"。不擅自进入比赛场地，不围堵、攻击裁判员、运动员和赛场工作人员；不向赛场内投掷各类杂物干扰比赛。

（5）热情友好的对待周围的球迷和外地的球迷或球迷组织，杜绝说挑衅性的话语、做可能引起暴力行为倾向的动作。

3. 篮、排球观赛礼仪

（1）在比赛入场仪式上，当现场主持在逐一介绍双方比赛队员时，观众要为每一位球员鼓掌。在升参赛国国旗、奏参赛国国歌时，观众应该起立行注目礼。比赛结束后，还可能会进行颁奖仪式，观众应等场内所有仪式全部结束后再离场。

（2）观众可以带上充气棒或写有助威词语的标语牌等物品，但标语牌大小要适中，文字应避免粗俗。比赛中，注意在为己方球队加油助威时，不要使用带有侵犯对方球队的语言；不要利用嘘声影响比赛、打压对手；不要使用带有挑衅性的肢体语言。

（3）观赛过程中，可以随现场DJ（唱片骑师）、体育馆内强烈节奏的背景音乐为双方的运动员加油呐喊。

（4）当场内发生不愉快事件时，观众应保持理智，特别注意不要向场地内扔杂物，以免砸伤运动员。

（5）爱护场内公共设施。

4．网球观赛礼仪

（1）比赛开始之前坐到自己的位置上，不能随意停留在过道或坐在栏杆上看球。

（2）比赛进行时保持安静，不要带年龄太小的孩子去观看网球比赛。比赛过程中不可随意走动，只有在球员休息的90秒内，可以起身活动、去洗手间或者买饮料，在一个球成为死球的时候再回到座位上。

（3）鼓掌加油时要注意，只有在一分的比赛确实结束时，方可开始加油叫好。当球员发出ACE球（网球中，对局双方中的一方发球，球落在有效区内，但对方却没有触及球而使之直接得分的发球）时应鼓掌叫好，以示对球员的鼓励。

5．台球观赛礼仪

台球作为一项绅士运动，对观赛的礼仪要求很高。

（1）保持安静。在选手击球时，禁止发出任何声响，包括掌声。

（2）掌握鼓掌时机。只有当选手结束击球之后，参赛选手连续进攻、台面上剩下的分值让对手已经"无力回天"时、参赛选手在比赛中积分达到100分时、单杆打满了147分才可以送出掌声。

（3）在比赛过程中，禁止拍照。

6．花样滑冰观赛礼仪

（1）当选手比赛结束后，可以抛掷毛绒玩具和鲜花表达对运动员的喜爱，但礼物和鲜花一定要用透明的包装纸包装严密，毛绒玩具往往是礼物的首选。

（2）鼓掌和喝彩要选择合适的时机。当选手完成了高难度的动作之后，观众可以给予掌声和喝彩。当选手完成一套精彩绝伦的节目后，全场观众应起立鼓掌。

7．高尔夫球观赛礼仪

（1）着装。不允许穿牛仔裤、高跟鞋进入高尔夫球场。

(2)保持安静。在选手准备推杆和推杆的过程中要保持安静,不能随意鼓掌喝彩;使用相机时禁止使用闪光灯,使用快门不能发出声音。

(3)严禁在任何情况下触摸、移动球员的高尔夫球。

8．跳水观赛礼仪

观看比赛时,不要往跳水池内扔东西;更不要因为馆内比较闷热而衣着不整。

当运动员准备跳动作时,全场应保持安静;当运动员完成动作后,应给予掌声为其加油叫好。

在观影、观演、观赛过程中,除了遵循以上这些基本的礼仪,还应注意以下两个方面的礼仪:

❖ 乘坐电梯礼仪

(1)当需要乘坐电梯时,应在电梯口右侧等候,先下后上。

(2)与年长者、客人同行时,应主动谦让;与不相识者同乘电梯,进入时要讲先来后到,出来时则应由外而里依次走出。

(3)进入电梯尽量往里站,以方便后来者进入;站立在门口者,应主动提供开、关门服务。

(4)电梯内已有很多人时,后进的人应面向电梯门站立;当电梯关门时,不要扒门或强行进入。

(5)当电梯在升降途中因故暂停时,应耐心等候,不要冒险攀缘而行。

(6)禁止在电梯内吸烟,乱扔垃圾,不可大声喧哗或嬉笑吵闹。

(7)乘坐电梯时,不要谈论他人隐私或是商业机密。

(8)乘坐自动扶梯,要搀扶老人和看好小孩。上下自动扶梯应该站在每一格楼梯的中央,以免发生危险;站上自动扶梯后应尽量靠右站,空出左侧通道,以便有急事的人通行。

❖ 洗手间礼仪

(1)不论男女,在洗手间有人占用的情况下,都应排队等待。

(2)公共洗手间使用频率较高,注意如厕时间,尽量做到"来去匆匆",留下一个干净的位置。

(3)如厕时要关上门,以免令人难堪,用完厕所要及时冲水,保持马桶干净;方便后冲水时不要将卫生纸、护垫等杂物丢进马桶,以免堵塞下水道。

(4)应整理好衣饰后再走出洗手间,切忌不要一边系着裤口或者整理着衣裙一边往外走,显得很不雅观。

第二节　乘坐交通工具礼仪

随着社会竞争压力的增大，人们生活节奏越来越快，对工作效率的要求也越来越高，因此，对交通工具的依赖也越来越大。在乘坐交通工具时，应懂得并遵守公共礼仪。

一、乘坐公共汽车礼仪

公共汽车在国内是城乡居民最常用的交通工具之一。由于我国人口多，车内拥挤现象非常普遍。所以，乘坐公共汽车应讲究礼仪，互相谦让，共同营造一个优良的乘车环境。

（1）自觉遵守交通秩序　　乘坐公共汽车，应排队候车，先下后上；主动让老、弱、病、残、怀孕妇女、儿童先上车；乘客上车应主动购票，乘坐无人售票车时应主动刷卡或将事先准备好的零钱自觉投入箱内；上车的乘客应尽量往车厢内移动，不要堵在车门口，以免妨碍后面的乘客上车。

（2）主动让座，相互理解　　在车上有座位的年轻乘客应主动给老人、病人、残疾人、孕妇和带小孩的乘客让座，他人给自己让座时要立即表示感谢；车上人多，乘客之间发生拥挤和碰撞时，大家应互相谅解，避免争吵。

（3）注意乘车安全和车厢卫生　　禁止携带危险品上车；携带有尖、硬、脏这类物品乘车时，上车要提醒乘客，以免误伤乘客或弄脏乘客的衣服；为保证车厢环境卫生，乘坐公交车时应做到不吸烟、不随地吐痰、不乱扔果皮和纸屑；不在车上饮食。

（4）注意文明细节　　在车上不要大声聊天、谈论别人隐私；也不要当众大声训斥孩子；入座后注意不要把腿伸到过道上，人为地设置路障；下雨天乘车时，应在上车前把雨伞收拢、雨衣脱下叠好，放在自己的座位下或自己脚边的地板上，以免打湿别人的衣服；与恋人或配偶一同乘车时，举止不宜过于亲密。

二、乘坐火车礼仪

在西方有一种讲法：旅途在500公里以内，宜乘汽车；旅途在1 500公里以上，宜乘飞机；而旅途在二者之间，则宜乘火车。但在中国，尤其在节假日，人多行李多，火车一直是老百姓出行首要选择的交通工具。在此情况下，任何人都有必要学习掌握相关的礼仪要求。

（1）上车　　包括候车、排队上车及携物定量三个部分，对其中的每一个环节都不应该轻视和忽略。

1）乘坐火车应预先购票，持票提前到站按所乘车次指定的候车室及候车位置等候；如来不及买票，上车时应预先声明，并尽快补票；进站接送亲友，需要购买站台票；在候车室候车时，应爱护室内物品、设施，不大声喧哗；行李物品应放在座位下方或前面，不抢占、多占座位；讲究公共卫生，不随地吐痰、不乱扔垃圾。

2）检票进站时要自觉排队，不要拥挤、插队；进入站台后，要站在安全线后面等候，等火车停稳后，方可在指定车厢排队上车；上车时，不要拥挤、插队，更不能爬车窗上车；有次序地进入车厢后按要求将行李放在行李架上，不能放在过道上或小桌上。

3）随身携带物品的长度和体积应适于放在行李架上或座位下边，不得妨碍其他旅客就座或通行。

（2）就座　上火车后应根据车票按次序对号入座；中途上车找座，应先以礼貌用语向他人询问是否有人，不要硬挤、硬抢、硬坐；身边有空位时，则应主动请无位者就座，不要占着不让；发现有老人、孩子、病人、孕妇、残疾人无座时，应尽量挤出地方请其就座，或干脆让出自己的座位来，以照顾对方。

（3）休息　在火车上休息，应注意个人的行为举止要得体文雅。不当众更衣，不光着膀子，硬座休息不脱鞋袜；不要东倒西歪靠在他人身上，或把脚跷到对面的座席上；在卧铺车上休息，不宜与恋人、配偶共享一张铺位。

（4）用餐　去餐车用餐，如人数过多，应排队等候；在用餐时，应遵循"来去匆匆"的原则，节省时间，不猜拳行令大吃大喝；用餐完毕，应及时离开，不要坐着不走，借以休息、聊天；若不去餐车，则可享用自己带的食物，或购买服务员送来的盒饭，一般情况下，不应吃别人的东西；尽量不要在车上吃气味刺鼻的食物。

（5）交际　由于坐火车相对时间较长，为了缓解旅途的枯燥，与邻近座位的人进行交谈必不可少，但应注意几个问题：

1）入座后，可主动向邻座点头问好。

2）与别人交谈时，应注意以不影响其他乘客休息为前提，看到有人看书、睡觉等情况，应压低声音；注意说话分寸，不瞎吹乱侃，不传播小道消息；对主动与自己打招呼的人，不要置之不理。

3）看到别人需要帮助时，应主动伸出援助之手，彼此关心，相互照顾。如有人行李太重放不到行李架上，应主动帮忙；有人晕车或生病了，应当加以体谅。

4）注意公共卫生，不在车厢内吸烟，不随地吐痰，不乱扔果皮纸屑。

（6）下车　下车时应提前准备好自己的行李物品，自觉排队按次序下车；不要拥挤，不踩在座椅上强行从窗户下车。

三、乘坐飞机礼仪

现代社会生活中，飞机已经成为非常普遍、快捷的交通工具之一，人们需要经常乘飞机出差、开会、旅行。在乘坐飞机的过程中，机场和飞机舱内是我们与其他乘客接触最多的地方。因此，大家必须要知道乘飞机时的礼仪。

1．机场候机礼仪

（1）提前到达机场　由于乘坐飞机前要进行行李托运、机票检查、确认身份、安全检查等，因此国家民航局规定，乘坐国内航班提前一个半小时到达机场，乘坐国际航班应提前两个小时到达，以便办理登机手续。

（2）携带的行李应符合民航规定　随身携带的行李以轻便为原则，其他行李应进行托运。按民航规定，每位旅客的免费行李额（包括托运和随身携带的行李）：持成人或儿童客票的头等舱旅客为40公斤，公务舱旅客为30公斤，经济舱旅客为20公斤；持婴儿票的旅客，无免费行李额。

（3）过安检礼仪　领取登机卡后，应查看具体的登机时间，如航班因故延误，应听从工作人员的指挥，不能乱喊乱叫，造成秩序混乱；积极配合安检人员进行安全检查，不应拒绝合作，或无端进行指责；将有效证件（身份证、护照等）、机票、登机卡交安检人员查验；上机时不得携带有碍飞行安全的物品，如易燃、易爆、剧毒、放射性物质等危险物品，若有违禁物品，应积极配合妥善处理，不应妄加争辩，扰乱秩序。

（4）候机厅内的礼仪　在候机厅内，不要用行李占座，不要大声喧哗，不随地吐痰，不乱扔垃圾，严禁在候机厅内吸烟，吸烟应去专门的吸烟区；在前往登机口的途中，可乘坐扶梯，但要单排靠右站立，将左侧留给需要急行的人。

2．乘坐飞机时机舱内礼仪

（1）上下飞机时，应主动回应空乘服务人员的热情问候。

（2）登机后，旅客需要根据飞机上座位的标号按秩序对号入座，随身携带的物品放在座位头顶的行李箱内，贵重物品自己保管好，不要在过道上停留时间过长，以免影响其他乘客。

（3）飞机起飞前，认真观看空乘人员对救生器具、氧气面具的示范表演，以防意外；在飞机起飞和降落以及飞行期间出现颠簸情况，乘客都要系好安全带；在飞行的过程中，禁止使用手机，以免干扰飞机的飞行，影响飞行安全。

（4）飞机起飞后，需要放低座椅靠背休息时，应礼貌询问后面的乘客是否方便；每个座椅后背有供乘客使用的小桌，除用餐时间外，不宜长时间放下；要饮料的时候，只能先要一种，喝完了再要，以免饮料洒落；飞机上要遵守"禁止吸烟"的规定，禁止使用电子设备；飞机上的盥洗室和卫生间，应排队依次使用，并注意保持清洁；避免儿童在机舱内嬉戏喧闹。

3．下飞机出机场的礼仪

飞机未停稳前，不可起立走动或拿取行李，以免摔落伤人；下飞机不要拥挤，应等飞机完全停稳后，带好随身物品，按次序下飞机；领取行李时应按次序排队等候。

四、乘坐轮船礼仪

轮船是人们水上旅行的主要交通工具，与我们的生活紧密相关，需要注意的礼仪主要有：

（1）提前候船，主动礼让　由于客船一般在启程前40分钟检票。因此，旅客应提前到码头候船，特别是在中途站候船，更要注意。上船后，旅客按指示牌寻找票面上规定的等级舱位乘坐。由于上、下船的扶梯陡而窄，因此对于女士、老人、小孩应主动礼让，不要拥挤，排队按次序上、下船。

（2）乘船时要注意安全　上船时，一定要等船安全靠稳，待工作人员安置好上下船的跳板后再上船；海上风浪很大，到甲板上要小心防止摔倒；带小孩的乘客要看好自己的孩子，以免发生意外；不要在船头挥动丝巾或晚上拿手电乱晃，以免被其他船误认为打旗语或灯光信号。

（3）乘船时要注意小节　如不在船上大声喧哗；注意船上卫生，不乱扔垃圾；注意语言使用禁忌，避免谈及翻船、撞船之类话题，吃鱼时不说"翻"这类不吉利的词语。

五、乘坐地铁礼仪

随着我国轨道交通的快速发展，地铁作为一种快捷的现代交通工具也成为大家生活中非常重要的交通工具之一，在享受地铁带来方便的同时也应遵守乘坐地铁的礼仪及规定。

（1）乘坐地铁应凭票乘车　遵守"先下后上"的原则，排队上车，禁止拥挤、抢占座位的不良行为。上车后尽量往车厢内行走，以方便上下车。

（2）注意公共安全　遵守相关规定，严禁携带易燃、易爆、有毒、腐蚀性、放射性和杀伤性等危险品（如雷管、炸药、鞭炮、汽油等）上车。

（3）注意仪表仪态　女士乘坐地铁时，应注意基本仪态标准。如女士不应叉腿坐，男士也不应叉开双腿向后仰或歪向一侧，这都是很失礼的表现。

（4）遵守文明乘车行为礼仪　候车时禁止越过黄色安全线或倚靠屏蔽门；按标线排队候车，先下后上；注意保持车厢内环境卫生，禁止随地吐痰、乱扔果皮纸屑。

六、乘坐出租车礼仪

（1）道路右边招停，以不影响公共交通为宜。

（2）与年长者、女士、领导乘坐出租车时，应考虑尊者先上。

（3）注意小节，保持车内整洁，不乱扔垃圾；吐痰时应将痰吐在纸巾里，下车时随其他杂物随身带走。

第三节　出外旅游礼仪

随着我国旅游业的快速发展及人们支付能力的提高，出外旅游已成为现代人日常生活重要的组成部分。出外旅游注意各种礼仪，做文明游客将会给人留下美好的印象。

一、国内旅游礼仪

外出旅游，主要包括吃、住、行、游、购、娱六个方面。做一个文明游客，无论国内旅游还是国外旅游都应从这六个方面的礼仪规范及要求做起。

1. 饭店进餐礼仪

（1）进入酒店就餐时，如因人多没能及时上菜，应耐心等待，不可敲击桌碗或喊叫。

（2）团体游客集体就餐，应互相谦让。在吃团餐时首先要准时，不要让别人久等，用餐时使用公筷和公勺，如不吃团餐应提前告知导游。

（3）用餐时尽可能保持安静，不可大声喧哗，影响其他游客就餐。

（4）对于服务人员工作上的失误，要善意提出，不可恶语中伤。

（5）用餐遵循不浪费原则。

2. 酒店住宿礼仪

（1）散客出行应提前预订酒店，到达入住酒店首先应该到前台登记，如前面有正在登记的顾客，应按顺序并保持一定的距离等待。登记时主动出示身份证或其他有效证件。

（2）团队游客到达入住酒店后，应听从导游及领队分房安排，不要自作主张，如多人住同一间房，争取尽量统一作息时间。

（3）如有特殊要求可事先提出，不可在大厅和走廊里大声吵闹。

（4）游客在酒店居住期间不能在房间里大声喧哗，以免影响其他客人。

（5）要注意保持客房内的清洁卫生，爱惜房间里的设备，对损坏的物品应主动赔偿。

（6）对服务人员要以礼相待，对他们所提供的服务要表示感谢。

3. 乘坐交通工具礼仪

（1）上车时，按照惯例应当请长者、尊者、小孩先上车。到了车上，如果没有专门安排座位，那么，长者、尊者、小孩应在前排就座。

（2）下车时长者、尊者、小孩最后下车，其余的人先下，并在车门外等候或给予帮助。

（3）团队旅游在坐车游玩时，要注意集合时间，按规定时间上下车。在景点观光游览时，应尽量在规定的时间内活动，以免让其他游客等待。

（4）尊重司乘人员，离开时对于他们的优质服务应表示感谢。

4. 游览观光礼仪

（1）旅游属于户外活动，着装以自然、舒适的运动休闲装为宜，不着奇装异服，不赤身露体。

（2）一定要遵守时间，严守"提前10分钟到达集合地点"的原则。

（3）在游览过程中对老、弱、病、残要以礼相待，主动谦让。

（4）爱护景点的公共建筑、设施、文物古迹及花草树木，禁止乱写、乱画、乱刻，不采折花卉、践踏草地。

（5）维护景区的环境卫生，不随地吐痰、随地大小便，不乱扔果皮纸屑、杂物等。

（6）遇到景区观看某景点的人较多时，要自觉排队，不要前拥后挤，制造混乱。

（7）在知名景点前拍照，应互相谦让，依先后次序拍照，拍照者也应速战速决；拍照时有人妨碍镜头，应礼貌地向人招呼，不可大声叫嚷、斥责和上去推拉。

5．旅游购物礼仪

出门旅游，许多人都会购买一些当地的特色产品。购物时同样要注意礼仪，尤其是在商场等人员密集的公共场合。

（1）注意尊重商家和营业员，不要自以为是、不尊重别人；当营业员正忙于接待其他顾客时，要耐心等待，不要指手画脚或用手敲柜台。

（2）购物前先确定自己要买什么商品。不要对已选定的商品犹豫不决，切忌对一些特别贵重的珠宝、名画、工艺品等随意触摸、翻动；未经店家许可，不要随意试用、试穿所挑选的商品。

（3）避免争执，正确处理交易争端。购物发生纠纷时，应向导游或领队反映，或投诉到当地主管部门，有理、有节争取自己的合法权益，适当妥协也是有必要的，原则上尽量不直接与商家发生冲突。

6．娱乐礼仪

（1）提倡健康娱乐，抵制封建迷信活动，拒绝黄、赌、毒。
（2）在旅游景区听乐观剧，应按时进退保持安静，当演员表演结束后应鼓掌致谢。
（3）体验参与性旅游项目时，应听从工作人员的安排，按要求互动。

二、国外旅游礼仪

近几年，随着我国经济的持续发展，中国人的生活水平不断提高，人们口袋里的钱逐渐鼓起来了，出国旅游的人数也在逐年增加。到国外旅游观光，我们的言行举止不仅体现自己的素养，还代表着中国人的形象，因此要十分注意国外旅游礼仪。出国旅游需要掌握的礼仪有：

（1）出国旅游不要穿正装，以休闲服、平底鞋最为适宜。

（2）出国旅游用餐主要以自助餐或西餐为主，用餐时应遵守相关礼仪要求。如自助餐取菜顺序应按"冷菜（蔬菜、沙拉等）——汤、面包——主菜（肉、鸡等）"依次取食。享用自助餐时，应每次少取，多次取食，用餐过程中不拿吃完的空盘再去取菜。用餐时保持安静，避免大声说笑，以免影响其他游客就餐。

（3）入住酒店时由导游及地陪安排登记，游客应排队等候，禁止在大厅内叫嚷；在酒店内住宿注意电视音量不开太大以免影响他人；不可光着膀子在走道上串门；注意保持房间内清洁卫生；不多要酒店免费赠送的物品。

（4）在境外的旅游大巴上，一般都只能喝瓶装水；禁止在车上吃汉堡、薯片等有味道和容易发出声响的食物；遵守当地的交通规则，禁止闯红灯，过马路应走斑马线；跟团游玩请一定守时，以免影响整个旅游行程。

（5）参观旅游景区，应注重公共卫生，不随地吐痰和口香糖，不乱扔废弃物，不在禁烟场所吸烟；不强行和外宾合影；不大声喧哗，对外国人的行为举止不要紧盯不放、不要点评；尊重当地居民的民族宗教习俗（如在泰国触摸他人头部被认为是一种极大的侮辱）；爱护当地的旅游资源；上公厕应主动投币，不贪小便宜。

（6）在国外旅游购物时，一般不允许砍价，除非是在小市场的工艺品店或跳蚤市场才可砍价；国外很多店主不喜欢顾客东摸西摸，应在决定购买时，再触摸、询价才不会冒犯对方。

（7）小费制度在国外是很普遍的现象，当我们坐出租车、到酒店请人搬行李、享受各种服务都要给小费，且要若无其事地给，不可大呼小叫或态度轻慢。一般小费为消费总费用的10%～15%。

三、特定旅游场所的礼仪

1. 文物古迹

文物古迹是人类历史宝贵的文化遗产。参观时，要爱护文物，遵守相关礼仪。

（1）每一个人都要自觉爱护文物古迹，不能攀爬文物，更不能在文物上涂抹、刻画。

（2）有很多文物古迹禁止摄像，因此不能偷偷溜进禁止区域拍摄；为古文物、古字画拍照时，不要使用闪光灯，避免造成损害。

（3）在听取讲解时保持安静，对讲解员、服务员要以礼相待，对他们所提供的服务要表示真心的感谢。

（4）注意礼让，听从景点工作人员的安排。

2. 自然保护区

（1）到自然保护区旅游，应保护珍稀野生动物生活的自然环境，不捕捉、戏弄、杀伤它们。

（2）不到禁止旅游的核心区域观光游览。

（3）禁止在自然保护区内采药；对捕捉有益动物特别是珍稀野生动物者，要加以劝阻或向有关部门报告。

3. 宗教圣地

到宗教圣地参观旅游的时候，要遵循宗教圣地的礼仪要求，以免引起不必要的麻烦，影响旅游的兴致。

（1）进入宗教圣地不能袒胸露背衣冠不整，禁止穿背心、拖鞋、超短裙等进入。

（2）为避免触犯不同宗教教派的饮食禁忌，尽量不要携带食物进入，不与人讨论饮食的荤素。

（3）保持宗教圣地的安静和清洁卫生；不随便乱摸、乱刻、乱画神像，不随便触摸僧侣；不对宗教圣地内的物品或僧侣等品头论足；遵守宗教圣地的规定，不进入禁止进入的区域。

（4）宗教圣地对拍照有严格的规定，特别是神像和僧侣，是禁止游客拍照的，因此游客在拍照前应该先了解有关的规定。

4. 少数民族地区

随着民俗旅游的兴起，在旅游活动中参观游览少数民族地区，参加少数民族的节庆活动也越来越受到旅游者的喜爱，了解和遵守少数民族的礼仪必不可少。

在我国不同的少数民族地区，其风俗习惯也各不相同，如西北地区、西南地区、东北地区等其风俗各不相同。因此，到这些地方去旅游应事先了解少数民族礼俗禁忌，以减少误会，避免麻烦；要"入乡随俗"，尊重当地的风俗习惯和宗教戒规，不要评论、歧视他们的生活习惯、传统礼教、举止穿戴等；不要干涉他们的宗教活动，不要歧视和否定他们的宗教信仰，以免伤害他们的民族自尊心，产生不必要的冲突。

5. 博物馆、展览馆

博物馆、展览馆是高雅的场所，因而在这种场合更要讲礼仪。

（1）进入博物馆、展览馆参观，应排队按秩序参观，不可大声喧哗，参观者走动时脚步要轻，不要大声说话影响别人；不哄抢宣传册或赠品；不在博物馆、展览馆里吸烟、吃东西、喝饮料，更不要边参观边吃东西。

（2）禁止用手触摸展品，以免损坏这些艺术品或文物，也不要损坏博物馆的其他设施。注意保持馆内的清洁卫生，不乱扔垃圾。

（3）讲解员讲解的时候要专心听，有不懂的地方可以适当提问，但不要问个不停，不要提与参观内容无关的话题。

（4）严格遵守博物馆的禁止拍照规定，即使允许拍照，也不要使用闪光灯。

综合案例

在巴黎卢浮宫曾出现这样的场景，20多个游客呼啸着奔向《蒙娜丽莎》，把这幅画围了个里三层外三层，并争抢着和《蒙娜丽莎》合影，而别的游客本来在观看，也因为受不了拥挤的场面而离开。

案例思考题：

1. 这个案例中，这20多个游客的行为有哪些不妥的地方？
2. 去国外参观博物馆、展览馆等场所时应注意哪些礼仪规范？

本 章 小 结

本章主要介绍了观影观演观赛礼仪、乘坐交通工具礼仪和出外旅游礼仪。无论是作为商务人士、普通百姓还是旅游者，都应该懂得并掌握这些相关的礼仪要求，从而更好地提高自身的修养，使自己的行为举止符合社会规范。

复习与思考

一、名词解释

公共场所　公共场所礼仪　观赛礼仪　观演礼仪　旅游礼仪

二、简答题

1. 观影礼仪的基本要求有哪些？
2. 简述乘坐飞机的礼仪要求。
3. 简述国内旅游应遵循的礼仪要求。
4. 出国旅游礼仪要求有哪些？

三、技能实训题

请你判断并分析以下情景中人物做法的正误。

（　　）在中国斯诺克大赛上，一场丁俊晖与戴维斯的比赛中，当现场观众看到丁俊晖每击打进一个球时，就鼓掌并大声喊"丁俊晖加油"。

（　　）中国游客在欧洲旅游，看见酒店有免费赠送的苹果，于是吃完后又叫服务员送一盘到房间来。

（　　）一名游客在境外入住酒店，当服务生帮他把行李放进房间后，他主动给了服务生小费。

（　　）某游客到泰国旅游，在参观寺庙时，不听从导游的讲解及注意事项要求，径直走进寺庙自我参观游览。

（　　）某游客参观敦煌石窟，见到里面精妙的艺术壁画，直接拿出手机就开始拍起照来。

（　　）在早上上班时间，一名游客在乘坐地铁时手里拿着一杯浓香的咖啡旁若无人地喝着。

第三部分
商务交往中的常用公务礼仪

第九章
商务接访礼仪

学习目标

知识目标

了解办公室的布置及礼品馈赠礼仪，掌握办公室礼仪及接打电话礼仪。

能力目标

能按照办公室礼仪规范要求进行商务接待，正确运用接打电话礼仪规范及礼品馈赠礼仪，能够有针对性地修饰和美化办公环境。

第一节　办公室礼仪

办公室是处理日常公务和进行公务洽谈、交接的场所。办公室的布置和装饰在很大程度上体现了机关、团体、企事业单位的团体精神和团体氛围，商务人员应当讲究办公室布置及注意办公室礼仪。

一、办公室的布置

办公室是企业的门面，是来访者对企业的第一印象。办公室的布置不同于家庭、酒店的布置，它的设计风格应是严肃、整洁、高雅、安全。办公室一般由办公场所、文件柜、电话机、写字台四部分组成，其布置标准主要是指从礼仪学角度合理、有效地布置和装饰。

1. 办公室的场所布置

办公场所是指专门用于办公的房间，即办公室。办公室应有鲜明的标志，在对外的房门上或门旁可以挂上一个醒目、美观的招牌。办公桌应放在房间内采光条件较好、正对门口的地方，与窗户保持1.5～2米的距离，如果是多人的办公室，可采用不同规格的隔板，把各个工作人员的办公区域分隔开来，以保持各自工作区域的独立，保证彼此的办公不受影响，提高工作效率。

办公室的布置应给人以高雅、宁静的感觉。商业企业是一个开放的系统，办公室既是工作的地方，也是社交的场所。所以，企业一般都将办公室装修得比较豪华，以显示自己强有力的经济实力。但也不应一味地追求豪华，应注意采光合理、色彩选择恰当、空气清新。根据工作性质和整个企业的经营宗旨以及企业形象和办公室的空间大小，可选择一些风景画、盆景、有特殊意义的照片、名人的字画、企业的徽标等作为办公室的装饰，以创造浓厚的企业文化气息和使主客心情愉快地交流信息和情感的环境。但要注意，不管多么好的装饰品，它所占的位置决不能影响工作人员的工作。同时用于办公室的装饰品应符合办公室的审美原则，以优雅、和谐、轻松、宁静等情调为主，不宜摆设充满战争、恐惧、紧张、死亡的题材和情调的装饰品。所有这些装饰品都应注意定期更换和清扫。

办公室应保持整洁。地板、天花板、走道要定期打扫，玻璃、门窗、办公桌要擦洗干净明亮。办公场所最先修饰的应该是办公桌。办公桌是办公的集中点，是进入办公室办理公务的人员注意力最为集中的地方，办公桌摆放好了，办公环境就确立了一半。办公桌要向阳摆放，让光线从左方射入，以合乎用眼卫生。桌面上只放些必要的办公用品，且摆放整齐。不要将杂志、报纸、餐具、皮包等物品放在桌面上。除特殊情况，办公桌上不放招待客人的水杯或茶具。招待客人的水杯、茶具应放到专门饮水的上方，有条件的应放进会客室；文具要放在桌面上，为使用的便利，可准备多种笔具：毛笔、自来水笔、圆珠笔、铅笔等，笔应放进笔筒而不是分散地放在桌上。文件应及时按类按月归档，装订整理好后，放入文件柜。正在办理的文件下班后也应锁入办公桌内。办公室内桌椅、电话机、茶具、文件柜等物品的摆设应以方便、高效、安全为原则。办公桌上的玻璃板下，主要放与工作有关的文字及数字资料，不应放太多的家人的照片，因为，办公室内需要的是严肃、高效而不是温馨。

在办公室用餐时，若使用一次性餐具，最好吃完立刻扔掉，不要长时间摆在桌子或茶几上。开了口的饮料罐，长时间摆在桌上会有损办公室雅观。喝剩的茶水想等会儿再喝，最好把它藏在不被人注意的地方。吃起来乱溅以及声音很响的食物最好不吃，以免影响他人。食物掉在地上，最好马上捡起扔掉。准备好餐巾纸，不要用手擦拭油腻的嘴。嘴里含有食物时，不要贸然讲话。他人嘴含食物时，最好等他咽完再跟他讲话。餐后将桌面和地面打扫一下，是必须做的事情。有强烈味道的食品，尽量不要带到办公室。因其气味会弥散在办公室里，这是很损害办公环境和公司形象的。在办公室用餐，时间不宜太长。他人可能按时进入工作，也可能有性急的客人来访，到时候双方都不好意思。在一个注重效率的公司，员工会自然形成一种良好的午餐习惯。

2．文件柜的摆放礼仪

办公室文件柜的摆放应以有利于工作为原则。通常情况下，应靠墙角放置，不宜占据较大的办公空间；也可放置在离工作人员较近的地方，以便随时查找资料，整理、收藏文件；柜内文件要及时清理、归档、建立目录，使之系统化、条理化；另外，还要注意防虫防鼠。有的办公室除设置文件柜外，还设置了保险柜。一些重要的文件、清单、保险单、账目、现金、支票等放在文件柜中不太安全，就应把它们放置在保险柜中，以防遗失和被盗。所有的公务文件和票据，工作人员均不得私自带出办公室。

3．电话机的摆放礼仪

办公室电话的摆放应以便于接听为原则。一般放在办公桌或写字台的右前缘。如果在同一写字台或办公桌上要安置几部电话，则应分别放置在办公桌或写字台的左右前缘。

二、办公礼仪的规范

1．仪表端庄、仪容整洁

无论是男职员还是女职员，上班时都应着职业装。有些企业要求统一着装，以此体现严谨、高效的工作作风，加深客人对企业的视觉印象。男士上班应穿西服、衬衣，扎领带；服装必须干净、平整，不应穿花衬衣、运动服上班；应穿深色的皮鞋而不应穿着拖鞋上班；不留胡须，不留长发，头发梳理美观大方，这样才能衬托出自己良好的精神面貌和对工作的责任感。女士上班应着西服套裙或连衣裙，颜色不要太鲜艳、太花哨；上班时不宜穿得太暴露，不宜穿过透、过紧的服装或超短裙，也不能穿奇装异服、休闲装、运动装、牛仔装等；应穿皮鞋上班，皮鞋的颜色要比服装的颜色深；应穿透明的长筒丝袜，袜口不能露在裙摆下，不能穿有破洞的袜子；佩戴首饰要适当，符合规范；发型以保守为佳，不能太新潮；最好化淡妆上班，以体现女性端庄、文雅的形象。

2. 言语友善、举止优雅

早晨，在跨进工作单位，走向自己的办公室时，无论遇到什么人，都应该面带微笑，主动问候。在进入办公室之前，要整理好自己的衣帽，检查帽子是否戴正，纽扣是否扣好，鞋带是否系紧。

进入办公室后，应挂起外衣和帽子，轻轻放下公文包；与此同时，主动地同早到的同事或领导打招呼。如果同事已开始工作，就不应该开口出声，对已经注意到自己进来了的人可用眼光、手势和微笑表示问候。如果大家正忙于搞卫生，就应该立即动手参加。

在办公时间里，要注意保持办公室的安静与整洁，不能大声讲话，更不能与同事交谈同工作无关的话；不能在办公室、过道上大声呼唤同事和上级；无论是对同事、上级还是来访者，都应使用文明用语。在办公室里，说话不要刻薄，与同事开玩笑要适度，不能挖苦别人，恶语伤人，更不能在背后议论领导和同事。在拟稿和起草文件时，不要乱丢废弃的纸张，不能因构思而用手击敲桌子和跺脚；喝茶不能喝得过响，吸烟不能过猛、过频，应到专门设置的"吸烟区"吸烟。如果因事要离开座位，应轻轻起身，把座椅轻轻置于办公桌下，然后轻轻离开。

公司职员的行为举止应稳重、自然、大方、有风度。走路时身体挺直，步速适中，抬头挺胸，给人留下正直、积极、自信的好印象。不要风风火火、慌慌张张，让人感到你缺乏工作能力。坐姿要优美，腰挺直，头正，不要趴在桌子上，歪靠在椅子上。有人来访时，应点头致意，不能不理不睬。工作期间不能吃东西、剪指甲、唱歌、化妆、与同事追追打打，这样有失体面。谈话时手势要适度、不要手舞足蹈，过于做作。

3. 彬彬有礼、讲求效率

在办公时间里，如上级召见，应立即停止手中进行的工作，将桌上的东西收拾整理好后，马上去见上级。在上级的办公室门前，应先告诉秘书或轻轻敲门。未经允许，直接进入别人的办公室是极不礼貌的行为。进门后，应顺手轻轻将门掩上，走到上级办公桌的正前方站立，等候上级问话。在上级领导没有请你入座前，不可径自落座；在上级领导请你入座后，应按照上级领导示意的座位坐下，落座后，不要跷二郎腿。递交文件时，要正面、文字朝向对方；递交钢笔时，要把笔尖朝向自己；递交刀、剪刀等利器，应把刀尖朝向自己。汇报时，要注意仪表、姿态，站有站相，坐有坐相，文雅大方，彬彬有礼。汇报内容要实事求是，汇报口音要清晰，语调、声音大小恰当。有喜报喜，有忧报忧，语言精练，条理清楚，不可"察言观色"、投其所好、歪曲或隐瞒事实真相。不应在上级领导面前随意评论同事的优劣是非。

上级领导对你说话时,不能随便插话,打乱上级的言语。回答问题完毕,应先起立,向上级告辞,说:"我可以出去了吗?"在得到允许后,轻轻离开上级的办公室,并轻轻带上门,径直回到自己的办公室。回到自己的办公室后,应不声不响地开始工作,切不可将自己所听到或看到的情况向同事渲染。

在办公时间里,同事因工作缘故产生矛盾甚至发生争吵时,应积极劝止,不能采用"事不关己,高高挂起"的态度。在劝止中,应以实事求是为原则,心平气和地劝说,不能态度粗暴、横加指责,那只能是"火上浇油",加深同事之间的矛盾与隔阂;若劝说无效,应如实报告有关部门,并协助有关部门了解落实情况,迅速解决纠纷。在办公清闲之时,不能几人坐在桌上聊天,或围坐一起打扑克、下象棋或高声谈笑,否则,会给人粗俗、无聊、不文明的感觉,也给单位形象造成坏影响。也不要将工作和个人生活混在一起。如果必须在工作中处理私人事情,要留到中午吃饭时,不要在工作时安排朋友到办公室来拜访。不要滥用自己有权利使用的办公用品,如传真机、复印机、抬头信纸等,这些办公用品不能用于节省家庭及个人支出。

下班时间到了,才能停止工作。不能在快要下班的时候,率先一人离开或与同事交谈些与工作无关的事。在离开办公室之前,要将办公用品和文件清点、收拾好,归档或锁起来。在离开办公室大门时,应向同事或尚未离开的人告别。

三、办公室接待礼仪

商务人员在办公时间里往往要接待来访。当确认来访人员是来找自己后,应立即放下工作马上起身,面带微笑,热情地招呼对方坐下,并为他们沏上热茶,然后在其一侧或对面坐下,礼貌地问明来访者的姓名、住址、工作单位、电话号码,认真仔细地阅读来访者的有关证件和材料,耐心地听取来访者的谈话。在来访者谈话时,不能用手抓这抓那,或者是眼睛望着别处,或将两条腿交叉叠起。这些都会让对方认为接待人员不耐烦或无心听取他的谈话。当对方说话声音过高或情绪异常激动时,接待人员要用暗示或手势要求对方放低声音和保持平静以免影响同事们的工作。可能的话,最好将对方请到洽谈室去交谈。

在接待来访时,要认真地做好来访记录,必要时,要向对方复述记录,看看是否有差异和需要补充的地方。在回答来访者提出的问题时,要深思熟虑,本着实事求是的原则,对没有把握的问题或不属于直辖权力以内的问题,不要轻易评说或做出许诺;应当把来访者的问题以记录的形式提交给有关部门或领导处理。当来访者故意找碴或蓄意骚扰、寻衅时,接待人员应保持高度的冷静与沉着,本着"有理、有利、有节"的原则,将事端制止于萌芽状态中,并将滋事者劝出办公场所,以免正常的工作秩序遭到干扰和破坏。千万不能张皇失措,甚至借故开溜或推诿责任。这样,只能助长其气焰,造成更大的损失。必要时,应迅速与公安机关取得联系。

在接待时，按照中国传统的习俗，应端茶送水。泡茶是一项很重要的礼节，包括：

（1）接待室应常备开水，否则客人来后现烧开水很不礼貌。

（2）泡茶时应站在客人右边倒茶。

（3）泡茶时应注意茶叶不要太多或太少。太多则茶浓、苦，不利于待客；太少则茶浅、淡，给人印象"清茶一杯"，比较小气，也不利于待客。所以，泡茶时除非客人要求浓些或淡些，一般情况下应浓淡适宜。

（4）泡茶时，第一遍可以只冲一点水，第二遍再倒八成满。

（5）倒水时不要洒水出来，这样不礼貌。如果不小心洒了水，应及时用抹布擦去。

（6）茶盖揭下来应倒放在桌子上，以避免弄脏茶盖。

（7）茶泡好后，盖好茶盖，应把茶杯摆在客人右前方，茶杯把手向右，以利于客人端放。

（8）如果有一桌客人，中间有一主人，应首先从主人的右边即第一主宾处开始倒起，逆时针转动倒茶。

总之，办公室礼仪讲究两个字，一个是"诚"，另一个是"礼"。"诚"要求商务人员凡事实事求是、以诚相见，不盲从、不轻信；"礼"要求商务人员正确掌握各个职能部门之间的公务关系、上下级之间的关系和同事之间的关系以及工作之余的处事态度，使大家在一个团结、求实、和谐的气氛中开展工作。

第二节　商务接待与拜访礼仪

随着企业业务往来的增加、对外交往面的扩大，企业的接待及拜访工作的重要性越来越明显。令人满意的、健康的接访礼仪，对于建立联系、发展友情、促进合作有着重要的意义。

一、商务接待礼仪

重要接待的客人有生产厂家、供货单位，也有本企业的顾客、媒体以及相关领域的企业等。如果细分，可以分成业务往来接待、顾客投诉接待、视察指导接待、参观学习接待等几种。接待工作繁杂琐碎，如有疏漏，将会给企业的业务、声誉等造成损失，因此，有必要讲究接待的艺术性。

扫描二维码观看
商务接待礼仪视频

1. 迎接礼仪

迎来送往，是社会交往接待活动中最基本的形式和重要环节，是表达主人情谊、体现礼貌素养的重要方面。在商务往来中，对于如约而来的客人，特别是贵宾或远道而来的客人，表示热情、友好的最佳方式，就是指派专人出面，提前到达双方约定的或者是适当的地点，恭候客人的到来。对前来访问、洽谈业务、参加会议的外国、外地客人，应首先了解对方到达的车次、航班，安排与客人身份、职务相当的人员前去迎接。

（1）迎候礼节　在迎候地点人声嘈杂或客人甚多时，可事先准备好一块牌子，上书"欢迎×××！"接到客人后，应首先问候"一路辛苦了""欢迎您来到我们这个美丽的城市""欢迎您来到我们公司"等，然后向对方做自我介绍。如果宾主早已认识，则一般由礼宾人员或我方迎候人员中身份最高者，率先将我方迎候人员按一定顺序一一介绍给客人，然后再由客人中身份最高者，将客人按一定顺序一一介绍给主人。如果有名片，可送予对方。迎接客人应提前为客人准备好交通工具，不要等客人到了才匆匆忙忙准备交通工具，那样会因让客人久等而误事。

（2）乘车礼节　客人所带箱包、行李，要主动代为提拎，但不要代背女客随身小提包。客人有托运的物品，应主动代为办理领取手续。如果主人陪车，应请客人坐在主人的右侧；如果是三排座的轿车，译员或随从人员坐在主人的前面；如果是二排座，译员或随从人员坐在司机旁边。上车时最好客人从右侧门上车，主人从左侧门上车，避免从客人座前穿过。主人亲自驾车，客人只有一人，应坐在主人旁边。若同坐多人，中途坐前座的客人下车后，在后面坐的客人应改坐前座，此项礼节最易疏忽。

（3）引导礼节　主人应提前为客人安排好住宿，帮客人办理好一切手续并将客人领进房间，同时向客人介绍住处的服务、设施，将活动的计划、日程安排交给客人，并把准备好的地图或旅游图、名胜古迹等介绍材料送给客人。主人带领客人到达目的地，应该有正确的引导方法。

1）行进过程中的引导方法：主人在客人两三步之前，配合步调，让客人走在内侧。

2）上下楼梯的引导方法：当引导客人上楼时，应该让客人走在前面，主人走在后面。若是下楼时，则应该由主人走在前面，客人走在后面。不过需要强调的是，如果陪同接待的客人是一位女士，而女士又身着短裙，在这种情况下，接待陪同人员则要走在女士前面，不要让女士高高在上，因为女士穿着短裙高高在上有可能会出现"走光"的问题，这是不允许的。

扫描二维码观看
电梯礼仪视频

3）出入电梯的引导方法：目前很多大公司的办公楼中都有升降式电梯，它们一般无人值守。引导客人乘坐电梯时，主人应先进入电梯，等客人进入后再关闭电梯门。到达时，主人应按"开"的钮，让客人先走出电梯，自己再走出。陪同者的先进后出，是为了控制电梯里的开关钮，不使电梯门夹挤客人。如一家电气设备公司还为此设计了一个"电梯礼仪大全"，条条框框细致到"进电梯后，最靠近控制板的人要长按开门键，保证所有人都进电梯后再按关门键,并帮助电梯深处不便伸手的人按下楼层键""看见有人赶电梯,要帮他开门,如果已经满员,要向他说明……"对不遵守"电梯礼仪"的员工,要扣当月的奖金。这说明在现代办公室礼仪中电梯礼仪越来越受到重视了。

2. 送客礼仪

人们常说:"迎人迎三步,送人送七步。"可见送客礼节是多么重要。接待工作顺利完成后,作为一位懂礼敬礼的商务人员,必须认识到送客比接待更重要,这是为了留给对方美好的回忆,以期待客人能再度光临。因此,送客又被称之为商务工作的"后续服务"。

在送客时应注意:当客人告辞时,应起身与客人握手道别。对于本地客人,一般应陪同送行至本单位楼下或大门口,待客人远去后再回单位。如果是乘车离去的客人,一般应走至车前,送行人员帮客人拉开车门,待其上车后轻轻关门,挥手道别,目送车远去后再离开。对于外来的客人,应提前为之预订返程的车、船票或机票。对于外宾,一般情况下送行人员可前往外宾住宿处,陪同外宾一同前往机场、码头或车站,必要时可在贵宾室与外宾稍叙友谊,或举行专门的欢送仪式。在外宾临上飞机、轮船或火车之前,送行人员应按一定顺序同外宾一一握手话别,祝愿客人旅途平安并欢迎再次光临。飞机起飞、轮船或火车开动之后,送行人员应向外宾挥手致意,直至飞机、轮船或火车在视野里消失,送行人员方可离去。不可以在外宾刚登上飞机、轮船或火车时,送行人员就立即离去。

二、商务拜访礼仪

从事商务工作经常要拜访各界人士,商谈各种事宜,广交朋友,扩大横向联系,增加信息渠道,而良好的拜访礼仪表现能够树立良好形象,有助于实现拜访目的。

1. 拜访礼仪

商务人员需要结交一些商业上的朋友,商业上的朋友之间也需要经常走动,通过走动可以交流信息、沟通思想、统一意见,进一步增进情谊。朋友之间的走动也需要遵守一定的拜访礼仪。拜访通常有三种类型:一是公务拜访;二是礼节性拜访;三是私人拜访。拜访需要注意的礼仪要求有如下几点:

(1)事先约定,遵时守约　　有约在先,是做客拜访礼仪中最重要的一条,就是说,到他人的工作单位和住所去拜访人家,必须事先有约定,不应随时、随意地不邀而至,成为打扰对方工作和生活计划的不速之客。

在具体的拜访时间选择上,最好是利用对方比较空闲的时间。到写字楼拜访,最好不要选择星期一,因为新的一周开始的时候,往往也是大家最忙的时候;最好是在工作时间内,应尽量避免占用对方的休息日或午休时间,如果没有急事,应绝对避免做清晨或夜间的拜访。如果是到家拜访,最好选择在节假日前夕;由于中国人普遍有午休的习惯,登门时间最好不安排在中午。从我国目前的实际情况看，晚上7点30至8点也许是到私宅拜访的较好时机。因为这时各家一般都吃过晚饭，而且电视台的新闻联播节目刚结束，"黄金时间电视剧"又还没有开始。注意，选择拜访时机无论如何应尽量避免对方的用餐时间，除非对方邀请赴宴。晚上拜访也不宜太晚，以免影响主人休息。还要注意约定人数，尤其在公务拜访中，要约定参加的人员和身份。一经约定，就不能随意变动，特别是主要成员，否则会令主人方打乱计划和安排，影响拜访的效果。

约定拜访时间和人员后，务必认真遵守，不可轻易变更。拜访对方时，最好要准时到达。既不要早到，让主人还没有做好准备，措手不及；也不要晚到，让主人空等，浪费很多时间。如果万一有特殊原因不能按时赴约或要取消拜访时，一定要尽快打电话通知对方，千万不要让对方空等。

（2）上门有礼，做客有方 到达拜访对方的单位时，首先应对接待处说明来意，听从接待处的引导，不要擅自行动。进入接待室后，尽量坐在下座上等候，对方进来后应马上站起来，握手寒暄，并待对方坐下后再坐下。当对方敬烟、献茶时应起身或欠身说"谢谢"，然后用双手迎接。在谈话进行中，要注意自己的坐姿。在拜访进程中还要留心对方的态度以及环境的变化，随机应变。遇到不愉快的事要尽力克制自己，温文尔雅的拜访礼仪有助于拜访目的实现。

去朋友家拜访应先按门铃或敲门，敲门时要把握好轻重，不能过重，一次敲三下，等5~10秒钟，屋里没有反映，再敲一次，但是敲门时间不能过长。敲门时还要注意不影响左邻右舍。按门铃时不能按住不放手，要注意节奏。如有应声，则侧身隐立于右门框一侧，待门开时再向前迈半步，与主人相对。主人开门请进屋时，应礼貌询问主人是否要换鞋。雨天携有雨具拜访时，进屋前就应向主人征询雨具该放在什么地方。进屋后，应主动向所有相识的人打招呼，或适当寒暄，对陌生人也应点头致意。主人请你入座时，应道声"谢谢"；并随主人指点的座位入座，不可见座位就座。如果主人没有吸烟的习惯，要克制自己的烟瘾，尽量不吸，以示对主人习惯的尊重。主人献上果品，要等年长者或其他客人动手后，自己再取用。在主人点烟、送水果时，要起身、点头，双手迎接，并说"谢谢"。带小孩时，一定要管住孩子，教育孩子做文明客。不让其随便翻朋友家的东西，不让其乱窜。孩子犯错时，不要在朋友家责骂孩子，应马上将孩子带走。拜访时间不宜过长，当宾主双方都已谈完该谈的事情，叙完该叙的情谊之后就应及时起身告辞。告别前，应向主人的友好、热情等给以适当的肯定，并说一些"打扰了""给您添麻烦了""谢谢了"之类的客套话，如果必要，还应根据对象和实情说"这两个小时过得真快""听君一席话，胜读十年书""请您以后多指教""愿我们以后多合作"等。出门时，还不应忘了向主人家里的其他成员说再见。出门后，回身主动伸手与主人握别，说："请留步。"待主人留步后，走几步，再回首挥手致意："再见。"总之即使在最熟悉的朋友家里，也不要过于随便。

2. 迎访礼仪

（1）认真准备，热情迎接　　为了让客人有一个良好的"第一印象"，平时，就应将办公室、会客室或家里的客厅收拾得干净、整洁一些，以免"不速之客"突然光临而手忙脚乱，无地自容。注意个人的仪容和着装，要干净、整洁。要准备好待客的物品：茶水、果品、小吃等。根据需要，还可做膳食、住宿和交通工具的准备。

根据我国传统习惯，如果是上级、贵宾、外单位团队来访，应当组织适当规模的欢迎仪式。接到客人后，对中国人可说"一路辛苦了""路上愉快吗"等；对外国人则应当说"见到你真高兴""欢迎你到某市"等。在家里接应客人时应说"欢迎，欢迎""稀客，稀客""一路辛苦啦""请进"等欢迎语和问候语。

（2）以礼待客，礼貌送客　　对待客人要主动、热情、周到、善解人意。要热情地招待客人，敬茶、递烟、送水果。对各位客人都要一视同仁，做到热情、平等相待。

递烟时，不应做"天女散花"状。应轻轻将盒盖打开，将烟盒的上部朝着客人，用手指轻轻弹出几支让客人自己取或抖出一两支让客人自取。不要自己用手指取烟递给客人。在英国，有"一火不点三烟"之说。这种"理论"的来历，据说是因为在第一次世界大战期间，有三个士兵夜间在战壕里吸烟，其中一人划着火柴给另外两个人和自己点了烟。由于火柴的发光时间较长，正好成了敌人从容瞄准的目标，结果一个士兵被打死了。此后"一火点三烟"演变成忌讳之举。吸烟时，不要才吸了一半就扔掉，也不要吸到烧手或吸到过滤嘴边时才捻灭。烟蒂应放进烟灰缸内捻灭，以免冒出难闻的烟味。

接待客人时，不应在客人面前摆架子、爱理不理、无精打采，或忙家务、训斥孩子、与家人聊天等，把客人冷落在一旁。同客人交谈要精力集中，表现出浓厚的兴趣，不要表现得心不在焉，让人理解为逐客。

当客人提出告辞时，主人应真诚挽留。如客人执意要走，主人应尊重客人意见。不要在客人未起身前，主人先起身相送，也不要主动先伸手与客人握手告别，让人感觉有厌客之嫌。

第三节　电　话　礼　仪

一、接电话礼节

（1）尽快拿起话筒，自报家门。一听到电话铃响，应马上放下手中的工作去接电话，一般应在电话铃响三遍之前拿起话筒。拿起话筒后的第一件事是自报家门："喂，您好！这里是×××公司，请问您找谁？"

（2）聆听对方的讲话，并不时用"嗯，对"等给予对方积极的反馈。

（3）一般应左手拿话筒，右手做记录，用事先准备好的纸笔，即刻将对方提供的信息、指示记录下来，特别是记录下时间、地点、数量等，并向对方重复一遍。

扫描二维码观看
电话礼仪视频

（4）如果对方向自己或企业发出邀请或会议通知，应记录下来，并致谢。

（5）如果自己手头工作正忙，不可能和对方长谈，则可委婉地告诉对方改天再打，或以后打电话给对方。

（6）如果接电话的人不是受话人，请对方稍等后，应把话筒轻轻放下，走到受话人身边通知对方。不能话筒尚未放下，就大喊"××，你的电话！"这很不礼貌。

（7）万一找的人正在忙工作或在卫生间，应说："对不起，请稍等一下，他马上就来。"而不应该说"他在卫生间"之类。

（8）若找的人不在，不能把电话一挂了事，而应耐心地询问对方的姓名、电话号码、是否需转告，征得对方同意后详细记录下来。

记录的要领包括：

1）对方公司的名称、所属单位、人名。

2）电话的具体内容。

3）来电话的日期和时间。

4）是否需回话。

5）回电话给何单位、何人。

6）将留言记录当面转交，如不能当面转交，则置于办公桌上，同时记下接电话的日期、地点、自己的姓名。

（9）商务人员代表上司拦截电话，一定要礼貌、友善，不要像笑话中所说："我们经理说他不在。"而应询问对方的姓名、单位名称后，根据上司的意思加以拦截或通知上司或记录在案以呈送上司。

（10）一般由发话人先结束谈话，如果对方还没讲完，自己便挂断电话是很不礼貌的。

（11）向对方说再见后轻轻放下话筒，切忌"啪"地扔下话筒。

二、打电话礼节

给对方打电话时应注意的礼节有如下几点：

（1）注意打电话的时间。除了紧急要事之外一般在以下时间是不宜打电话的。

1）三餐时间。

2）早晨7时以前。

3）中午午休时间。

4）晚上10点半以后。

（2）注意通话所需的时间。电话交谈所持续的时间，一般以3～5分钟为宜，如果一次电话要占用5分钟以上，就应该首先说出你要办的事，并问一下："您现在和我谈话方便吗？"假如不方便，就和对方另约一个时间。

（3）接通后，首先说："您好，我是××公司的×××，请帮忙找×××先生（小姐）接电话，谢谢。"

（4）如果对方说找的人不在，应致谢，并附带一句"改日再打"之类的话。

（5）当拨错号码时，应致歉："对不起"，不能不说话就挂断。

（6）当你被缠在电话上时，应先暗示对方希望结束通话，如无效，应在对方讲话停顿时或必要时打断他的讲话，可以说："非常抱歉，我得挂电话了，我有个约会，已经要迟到了。"或"对不起，我这里又来了一位客人，过一会我给你回电话好吗？"

（7）打商务电话应注意：

1）准备一张在电话中所要提及的要点核对单。

2）在心中仔细想好这次谈话的内容或要打电话前想办法取得所有相关电话内容的材料。

3）集中精力避免分心。

4）如果涉及事实或数字，应将所有的参考资料、计算器放在触手可及的地方。

（8）电话中的语言礼仪应注意：

1）语调不要过高或过低。过高，会使人感到严厉、生硬、冷淡，刚而不柔；过低，使人感到无精打采、有气无力。

2）语调不能过长或过短。语调过长则显得懒散拖沓，过短又显得不负责任。

3）一般情况下，语气要适中，语调稍高些，尾音稍拖一点，才会使人感到亲切自然。

4）使用礼貌用语"请""谢谢""您"之类。

三、手机礼仪

我们在日常生活中经常能碰到这样的场景：在公交车、地铁上，有些人不断大声重复"你在哪里""我在公交车上"之类的经典手机对话，吼得十万八千里外都听到了，却还以为对方听不到，让旁人大感吃不消，自己却浑然不知。

英国一位名叫约翰·代特里奇的艺术家就建立了一个网站，在网上宣传以反对手机吼叫为主题的内容，提倡文明使用手机。他认为有很多人喜欢对着手机大声讲话，而且声音大得完全没有必要，不知不觉地把周围的陌生人都卷进了自己的私事之中。业内人士把这种现象称为"手机吼叫"，这种手机吼叫现象甚至制造了一种痛恨手机吼叫的亚文化。

手机的日益普及为我们带来了方便，提高了生活水准，但并没有使我们的社会更文明，反而凸显我们的自私及对周边人士的冷漠。现在无论是在社交场所还是工作场合，放肆地使用手机已经成为礼仪的最大威胁之一，手机礼仪越来越受到关注。每一个文明社会都有一套日常生活的准则，请您在方便自己的同时，不要忽略了身边他人的权益。

（一）手机的携带

1．常规位置

（1）可以放在随身携带的手袋中或公文包里。

（2）可以放在上衣内袋里，但注意不要影响衣服的整体外观。

（3）不要在不使用时将其执握在手里，或是将其挂于上衣口袋之外。

2．暂放位置

（1）在参加会议时，可将其暂交秘书、会务人员代管。

（2）在与人坐在一起交谈时，可将其暂放手边、身旁、背后等不显眼之处，但不要对着对面正在聊天的客户。

把手机挂在脖子上、腰上、手上，均不雅观。

（二）使用手机的禁忌

1．要遵守公共秩序

（1）不应在公共场合特别是楼梯、电梯、路口、人行道等人来人往的地方，旁若无人地使用手机，应该把自己的声音尽可能地压低一下，而绝不能大声说话。

（2）不得在要求"保持安静"的公共场所，如音乐厅、美术馆、影剧院，对着手机喊叫。必要时，应关机，或让其处于静音、振动状态，把对他人的影响降到最低。如果非得回话，采用静音的方式发送手机短信是比较适合的。

（3）在会议中、和别人洽谈的时候，最好的方式是把手机关掉，起码也要调到震动状态。这样既显示出对别人的尊重，又不会打断发话者的思路。而那种在会场上铃声不断，像是业务很忙，使大家的目光都转向你，则显示出你缺少修养。

（4）不要在别人能注视到你的时候查看短信。一边和别人说话，一边查看手机短信，是对别人的不尊重。在餐桌上，关掉手机或是把手机调到震动状态还是必要的。避免正吃到兴头上的时候，被一阵烦人的铃声打断。

（5）平时与人共进工作餐（特别是自己做主人请客户时）也最好不打手机。如果有电话找自己，最好说一声"对不起"，然后去洗手间接，而且一定要简短，这是对对方的尊重。当着客人的面打电话，会使客人不知所措。

（6）个性化铃声应注意使用场合。现在很多年轻人都喜欢选用"爸爸，来电话了！""妈妈，来电话了！"还有搞笑的、动物叫声的各种铃声，如在办公室和一些严肃的场合，这种铃声不断响起的话，对周围人是一种干扰。

2. 要自觉维护安全

（1）不要在驾驶汽车时候使用手机。

（2）不要在病房、油库、加油站等处使用手机。

（3）不要在飞机飞行期间启用手机。

（4）不要在大马路上一边走一边打电话。如果确实有急事，可站在某个安静人少处打。

（5）手机铃声不能调得过大，以离开座位两米可以听见为宜。有些人的铃声像是"凶铃"，在大家埋头干活时突然刺耳地响起，让人心跳都会加快。还有在医院、幼儿园等场所，过大的铃声会成为一种公害。

讲究手机礼仪不能只靠个人素养，一位手机研发人员提出：手机礼仪的养成不仅在规范，还有赖于科技的进步，如语音激活免提技术、车载自动拨号应答手机等更加礼仪化的功能设计。同时作为移动通信的运营商还应该着眼于开发更多更新的有助于人们文明使用手机的新业务。

第四节　礼品馈赠礼仪

在商务交往中，礼品往往必不可少。它是沟通人际关系的润滑剂，无论好友，还是商务伙伴，相互馈赠礼品都能增进彼此的感情，因此，了解礼品馈赠礼仪的知识，能在处理生活与工作中的人际关系时更加得心应手。

一、赠送礼品的时机

从商务礼仪的角度而言，赠送礼品需要注意三个方面：赠送礼品的时间、赠送礼品的地点、赠送礼品的具体方式。三者需要兼顾。

（一）赠送礼品的时间

赠送礼品的时间是指选择赠送礼品恰当的时机及具体时间。

1. 选择恰当的时机

（1）节假日　遇到我国传统节日如春节、端午节、中秋节等，还有法定节日如元旦、五一国际劳动节、六一儿童节、教师节、国庆节等都可以送些适当的礼物表示祝贺。

（2）喜庆嫁娶　乔迁新居、过生日、生小孩、庆祝寿诞、结婚等，遇到亲友家中这些喜庆日子，一般应备礼相赠，以示庆贺。商务上的交往中也有一些喜庆日子，如开业典礼、周年纪念、校庆、重大科技成果投产等，备礼相送表示祝贺与纪念，可以增进社会交往关系。

（3）探视病人　亲友、同学、同事或领导有病，可以到医院或病人家中探望，顺便带去一些病人喜欢的水果、食品和营养品等，表示问候与关心。

（4）拜访、做客　这种时候可以备些礼物送给主人，特别是女主人或小孩。

2．选择具体时间

一般来说，当我们作为客人拜访他人时，最好在双方见面之初向对方送上礼品，而当我们作为主人接待来访者之时，则应该在客人离去的前夜或举行告别宴会上，把礼品赠送给对方。

（二）赠送礼品的地点

考虑赠送礼品的地点时要注意公私有别。一般来说，商务交往中所赠送的礼品应该在商务场合赠送，如在办公室、写字楼、会客厅；在谈判之余，商务交往之外或私人交往中赠送的礼品，则应在私人居所赠送，而不宜在公共场合赠送。

（三）赠送礼品的具体方式

在商务交往中，赠送礼品的具体方式应注意以下三点：

（1）应加以包装，显示馈赠者的情谊　正式场合赠送他人的礼品最好加以包装，向外籍客人赠送礼品则必须加以包装，因为包装意味着重视，不加以包装有敷衍了事的嫌疑。

礼品一般用包装纸（彩色纸）包装，即使有礼品盒装的礼品也要另外包装，扎上漂亮的绸带。在许多外籍人的心目中，礼品的精致包装是对他们的尊重。

如果是邮寄或托人赠送的礼品，也要加工包装，而且要附上贺词或名片。受礼者收到礼品后，也应回复一张名片或一封感谢信以示感谢的心情。

（2）应适当说明　礼物一般是当面赠送。在正式商务交往中将所选择的礼品赠送给他人时，要进行必要的说明，比如要说明礼品的含义、具体用途及与众不同之处，以使交往对象加深对礼品的印象，同时接受礼品赠送人的善意。例如，美国人的习惯是当场打开包装，欣赏礼品，赠礼者也会做一番介绍说明。

（3）应由在场地位最高者出面　赠送礼品时，如果条件允许，应该由本单位、本部门在场之人中身份地位最高者亲自出面赠送。由于领导亲自出面向客人赠送礼品，对方会有种被重视的感觉，换而言之，让身份较低的人去赠送礼品，难免会失敬于对方，使对方有不被重视的感觉。

二、礼品的选择

馈赠之前，要对礼品进行认真选择，首先要考虑对方有什么爱好、兴趣和禁忌；其次要考虑送礼的原因和目的，尽量使礼品恰如其分；同时送礼不可太贵重，过于贵重的礼品易使对方产生不安，有行贿之嫌，总觉得背负你的"人情债"，就事与愿违了；最后还得注意礼品的包装。

礼品可以分为两种：①可以长期保存的，如工艺品、书画、照片、相册等；②保存时间较短的，如挂历、食品、鲜花等。馈赠时可根据自己的实际情况加以选择。喜礼，如朋友结婚，可送鲜花、书画、工艺品、衣物等；贺礼，如企业开张、大厦落成、厂庆等可送花篮、工艺品等。

1. 宜选的礼品

在商务交往中，宜选具有一定的宣传性、纪念性、针对性、独特性、时尚性的礼品，有时还应注意礼品要具有便携性。

（1）宣传性　在商务交往中，首先要注意礼品的宣传性，意在推广宣传企业形象，并非贿赂、拉拢他人。

（2）纪念性　在商务交往中，所使用的礼品要能达到使对方记住自己，记住自己的单位、产品和服务的作用，使双方友善和睦地交往。

（3）针对性　礼品要因人因事而异。比如，出席家宴时，宜向女主人赠送鲜花、土特产和工艺品，或是向主人的孩子赠送糖果、玩具。探视病人，向对方赠送鲜花、水果、书刊、CD为好。对旅游者，赠送有中国文化或民族地方特色的物品等。

（4）独特性　商务交往中礼品应具有独特性。要做到人无我有，人有我优。不要千篇一律，否则就有敷衍了事之嫌。

（5）时尚性　礼品不仅要与众不同，还应特别注意礼品的时尚性。在商务交往中选择礼品时，不能选太落伍的，否则会适得其反。

（6）便携性　当客人来自异地他乡时，送给对方的礼品，要不易碎、不笨重，便于对方携带，否则会给对方平添烦恼。

2. 忌选的礼品

商务交往中，有些物品是不可以作为礼品赠送给对方的，否则不仅不会给对方带来快乐，反而会弄巧成拙。

（1）不能送大额现金和有价证券，否则就有收买对方之嫌。同时还要注意，金银珠宝也不适合送与别人。

（2）粗制滥造的物品或过季的商品，不能送给别人。否则有愚弄对方、滥竽充数之嫌。

（3）不能送给对方药品，否则有暗示对方身体欠佳之意。

（4）带有明显广告标志和宣传用语的物品不能送给别人，否则有利用对方为自己充当广告标志之意。

（5）违背交往对象民族习俗、宗教信仰和生活习惯的物品不能送给别人，否则有不尊重对方之嫌。

（6）不送涉及国家机密或商业秘密的物品。不管有意还是无意，送这样的物品都有损于国家、企业的利益，还可能触犯法律。

（7）不送不道德的物品。那样是对对方的侮辱，应当绝对禁止。

（8）不能送明码标价的礼物。好像在提醒对方，我的这份礼可是花了不少钱的。你在期待回赠吗？还是想做一笔等价交换、物有所值的生意？一般认为礼物上贴着价签，是不礼貌的。

（9）不送容易引起异性误会的物品。向关系普通的异性送礼时，注意千万不要赠送示爱或表示不恭的物品。如领带和腰带是不宜送给男性的，除非你和他有亲密关系，因为这些东西有要拴住对方的意思。送女性项链好像也不太合适，更不用说戒指了。

（10）避免送鲜货。即使是给热爱烹调的主妇送礼，也以不送鸡鸭鱼肉菜蔬为上。保鲜上的困难不说，它拿来就做、进口就吃的特性会让它作为礼物的意思大大蜕化。送营养品、食品、化妆品应注意保质期，否则会很尴尬。

三、赠送礼品礼节

1．赠送鲜花是商务交往中常见的礼节形式

赠送鲜花能带给人快乐，象征美好的生活，但是各国送花的风俗习惯有所不同，应该尊重所在国的赠花礼节，择善而从。

（1）根据赠礼对象的需要选择鲜花　在西方国家，不同的鲜花具有不同的含义，应作不同的礼品使用。

红玫瑰的花语是"我真心爱你"，象征年轻美貌，一般是送给亲近的女性的，表示爱慕和亲近之意。如妻子、恋人或未婚的女友。

百合花、并蒂莲、郁金香、康乃馨是"百年好合""恩爱幸福"的象征，能给友人新婚或祝贺友人银婚、金婚带去美好的祝福。

石榴花、月季花、象牙花，美丽、鲜艳，是祝贺年轻人生日的最好礼物，而龟背竹、万年青、寿星草等可祝福老年人健康、幸福、长寿。

黄月季花、芝兰赠送给住院的病人最为适宜，它们有祝早日康复之意，而松柏、梅花则能鼓励病人与病魔做斗争，树立其战胜疾病的信心。

吉祥草、牡丹、报喜花、芍药、金达莱等花草能体现鸿运祥达、昌盛繁荣的美好之意，作为开张祝贺的鲜花最适宜。

此外，象征友谊纯洁、持久的茉莉花与柠檬花能给友人会面增添欢快和情趣，而秋海棠能给遇到困难和挫折的友人以精神上的安慰和鼓励。

由此可见，不同的鲜花有不同的用途，按照各国通行的礼节赠送鲜花，才能收到良好的效果。

（2）根据场合选择赠花的方式　鲜花是情调高雅的馈赠礼品，是人们情感交流的信使，所以根据不同场合和礼节要求选择不同的赠花方式是应该注意的。

如果是一对夫妇或一家人同时赴邀，一般由丈夫将花递给女主人，这是欧美国家"女士优先"的礼节所规定的。如果是大型的庆典活动，鲜花必须提前两小时送到，以便主人进行布置和摆放。赴酒会或晚宴，一般是不赠花的，如果需要赠花，也是在活动之后让人将鲜花送给女主人，以示敬意和友情。

如果托人送鲜花，一定要附一个小信封写明收花人的姓名。信封里面放上送花人的名片，名片正面上方写上祝贺人的事由，千万别写在背面，也不用签名。

（3）注意各国赠花的忌讳　西方国家的男士一般只送花束，而不送盆花。他们认为盆花不如插花庄重。按照风俗习惯，英国人忌送黄玫瑰，因为在英国黄玫瑰象征亲友分离；德国人忌送郁金香，因为德国的习俗中黑郁金香是一种无情之花；不宜送康乃馨给法国人，特别是在对方生病住院期间，因为康乃馨意味着快要离开人世间；拉丁美洲的人忌用菊花为礼品，他们认为这是送给死人的丧葬之花。可是，在日本，菊花是天皇的个人标志，皇室族徽上有16瓣菊花，因而，在商务交往时，所送菊花的花瓣不能超过15片，否则会被认为不尊重天皇。

2．尊重各国赠礼的习俗

（1）日本人送礼较为普遍　在日本，送礼是向受礼者表示心意的一种社交方式，使用极其普遍。一般人们上门访友或参加喜庆的节日活动，都是带着礼品的。在他们看来，赠送礼品是以实际行动向对方报答给予的帮助，因此礼不在厚却应得当，以给受礼者留下深刻的印象。

送给日本人的礼物应注意以下几点：①礼品尽可能要有包装。日本人一般不在送礼人面前当场拆看礼品，避免因礼品不合自己的需求而使对方感到困窘，但日本人非常讲究外包装和礼品的名牌效应。因此，礼品的包装上应有商店和礼品的视觉形象，这样更会受到受礼者的喜爱。②礼品要有个性特色，能够满足受礼者新奇的心理需求。具有民族特色的小礼品或工艺品是颇受欢迎的。③日本人对有狐狸和獾作包装图案的礼品是比较反感的。他们认为，狐狸贪婪，獾则狡诈，是不受欢迎的动物。送礼数量应避偶求奇，数字"4、9"需回避；刀、剪等与"切"相关的礼物不要送，因为这有切断缘分之嫌。

（2）欧洲人不注重礼品的价格　欧洲国家一般不太注重送礼，然而在圣诞节、复活节、生日或者婚礼等场合也要互赠礼品。这种礼尚往来集中在关系密切、有过相互帮助的人之间或不同国籍的人相互交往时。他们习惯当场把礼品盒打开，在欣赏礼物时说几句感谢的话。礼品包装要精致，并要附上名片，系上彩条，以示情义的深厚。

给英国人赠送礼物不宜贵重，一般送些精致的小礼品即可，而且送礼的时间应选择在晚餐或娱乐之后。给新婚夫妇送礼一定要将礼品送到新娘家里，不能送到新郎家。德国人不能送重礼；法国人收到香槟酒、白兰地、香水等礼品会特别高兴；意大利人也喜爱接受古典艺术品和儿童玩具等小礼物。总体上看，这些国家的人们接受礼品不宜价格过高，但应注意外包装。

（3）阿拉伯人喜爱贵重礼物　阿拉伯国家多数盛产石油，比较富有，因而阿拉伯商人喜爱接受贵重的礼物，也会回报同样贵重的礼物。他们希望在公开场合下显示自己的慷慨大方。阿拉伯人多数信奉伊斯兰教，按照规定不能送酒、女人照片和雕塑，也不能送带有动物形象的东西，特别忌讳与猪类似的动物，而与骆驼类似的形象却受到喜爱。这是与阿拉伯国家沙漠缺水的自然条件相联系的。在阿拉伯国家向女性送礼，特别是送装饰品，被认为是大忌。

（4）拉丁美洲人的礼品宜实用而得体　给拉丁美洲国家的人赠送礼品，首先要考虑礼品对受礼人是否有用并是否适合其口味，而礼物的价值是次要的。所赠送的礼品切忌黑色和紫色，因为这两种颜色意味着阴沉的天气；不要送刀剑之类意味着友谊一刀两断的礼品，也不要送手帕之类的礼品，因为它和眼泪相联系，容易使受礼者产生悲伤感。

（5）新加坡人重视廉政，受礼只注重纪念意义　新加坡是一个重礼仪、讲廉政的国家，公务员有严格的道德自律。政府制定的《公务员指导手册》明确规定公务员不准收受礼品，但可以接受没有商品价值的纪念品。有商品价值又推辞不掉的礼品，收下后必须向本单位常任秘书报告，或交国家，或由财政部对该礼品估价，由本人付款购下。即使在新闻单位任职的雇员也禁止接受任何与本公司有业务往来的机构或个人送的一切礼物、恩惠或特别优待。因此，在新加坡从事国际商务活动，一定要尊重新加坡政府制定的各项条例规定，切不可赠送有商品价值的礼品。当然，民间探亲访友中礼尚往来是可以的，但由于整个社会已形成良好风气，民间也很重视礼品的精神价值。

四、接受礼品礼节

商界人士在许多场合，往往也免不了作为受赠者，要去接受他人赠送给自己的礼品。在这种情况下，商务人员的行为应当合乎礼仪规范；因为人们在接受礼品时的反应与表现，与其自身的阅历和素养，有着相当密切的关系。

1. 应当注意自己在接受礼品时的态度

当他人表示要向商务人员当面赠送礼品时，不论自己当时多么忙，都要停下手中的事情，站起身来，做好准备。

当送礼者取出礼品时，须表现得大方、稳重、见过世面。不要显得过于激动，接二连三地询问"送我什么"，或宣称"相信你不会空手而来"。不要目不转睛地盯住对方捧着礼品的双手，更不要急着下手去"抢夺"过来，一睹为快。

得体之法，是认真而且面含微笑地注视着对方的双眼。当对方递上礼品时，应双手捧接过来。最好不要只用一只手去接，尤其是不要只用左手去接。接过礼品后，循例应当先用左手将其托在胸前，同时以右手与送礼者相握，以示热忱。要是礼品较大，可双手先捧着它慢慢放在一旁，然后再去与对方握手。如果对方当时面交的只是一份礼品单，商务人员也应当这样去做。只不过在与对方握手前，先须细读一遍礼品单。

在同送礼者热情握手的同时，应当口头上向对方认真而恭敬地致以谢意。可以说"谢谢您""多谢您的好意""真不好意思，让您破费了""它太漂亮了，我很喜欢""它正是我所喜欢的"等，表示自己接受对方礼品的"笑纳"之语。

此后，如果在场者甚多，或是"时不我待"，可以先放下礼品，然后接下去继续与他人应酬。放下礼品时，依旧要用双手轻放，并且应放在醒目之处。不要随手扔在地上、塞进床底下，或是抛入抽屉内。

若在场者人数不多，时间比较充裕，而且礼品有正规的包装时，最好在接受礼品后，当着送礼者的面，把包装打开。这样做，不仅不会显得自己"急不可耐"，而且也是公认的对礼品表示赞赏的一种做法。跟外商交往时，必须要这么做。打开礼品包装时，动作要慢，要文雅温和，不要上去乱撕、乱扯，或是随手乱扔包装纸与包装带。打开包装后，应将礼品捧在手中观赏一会儿，并可当面表明自己的欣赏之意。例如，可以说"这花真美，真香""这件衬衫太好看了""这本书我一直没有买到"等。可能的话，还可将礼品"比试"一下。比方说，将收到的鲜花装入花瓶，将获赠的磁带放入录放机放出声来，将获赠的衣服穿在身上试一下等。

若他人所赠的礼品是由别人转交的，在收到之后，应立即为此专门打一个电话，表示一下谢意。然后，还应再写一封道谢的书信，或寄给对方一枚道谢卡。

2. 应当拒绝时，亦须有"礼"有节

在一般情况下，若送礼者别无歹意，且其所送礼品未触犯受赠者的忌讳时，不应当虚情假意地进行过多的推辞。

在他人当面赠送给我们礼品时，不要说让人心里不痛快的话，也不要推来推去。比如，"你这是干什么""这样可不行""我坚决不能要""这东西送给我真是糟蹋了""它太时髦了，我穿不出去""好是好，就是不实用""你还是把它退了吧"等，都是不太好的。

当然，假如对方赠送的礼品确实不宜接受，是可以拒收的。只是拒礼时，务必要讲究方式方法，不要让对方难堪。如果无外人在场，可当面委婉地表明自己的拒收之意。可以"公事公办"，认真地告诉对方："您的好意我领了，只是公司规定不允许我们接受客户的礼品，实在抱歉。"也可以婉言相告："太遗憾了，虽然我很喜欢它，可是已经买过了。"千万不要在拒礼时态度生硬，无礼地质问、斥责、教训、讽刺或挖苦对方。

如果当时在场之人较多，当场可将礼品先收下来，过后再面交、寄交其原主人。事后退还礼品，也应当口头或书面解释一下理由，并且勿忘感谢对方。退还礼品，通常不应超过一天。

> **综合案例**
>
> 一位女士，在伦敦留学，曾在一家公司打工。女老板对她很好，在很短的时间内便给她加了几次薪。一日，老板生病住院，这位女士打算去医院看望病人，于是她在花店买了一束红玫瑰花，在半路上，她突然觉得这束花的色彩有点儿单调而且看上去俗气，就又去买了十几枝黄玫瑰，并且与原来的玫瑰花插在一起，自己感到很满意，走进了病房。结果，她的老板见到她的时候，先是高兴，转而大怒。
>
> 案例思考题：
> 1. 这位女士违反了什么礼仪？
> 2. 她应该怎么做？

本 章 小 结

本章主要介绍了办公室礼仪、商务接待与拜访礼仪、接打电话礼仪及礼品馈赠礼仪。在商务接待时，商务人员应规范自己的言行、举止，注意接打电话时的语言、内容、表情、态度、时间等，注意礼品馈赠的要求及含义。

复习与思考

一、概念题

办公室礼仪　礼品馈赠礼仪

二、简答题

1. 从合理的角度来讲，如何布置办公室？
2. 在办公时间受到上级的召见，应注意哪些礼仪？
3. 按照中国的传统，应如何为客人泡茶？
4. 接电话的礼仪有哪些？
5. 使用手机时须注意哪些禁忌？
6. 给日本人送礼应注意什么？
7. 商务人员如何接受礼品才不失礼？

三、技能训练题

请你判断并分析以下情景中人物做法的正误：

（　　）在办公室里（上班时间），A女士感到这时没什么事，就顺手从包里拿出化妆品，对着镜子化起妆来。

（　　）办公室的电话铃声响了，B女士拿起电话："喂！你找谁？"

（　　）小李是小张的一个好朋友，小张准备结婚，于是，小李为小张精心挑选了一件礼物去送给他，小张拿过礼物看了看说："这种花瓶我有好几个！"

（　　）某一天中午1:00左右，小林觉得无聊，便打电话找小王聊天。

（　　）接电话通报自己公司名称的时候，只说简而易懂的常用说法或简称。

（　　）一男士陪同一女士上楼，女着短裙，女先，男后。

第十章
社交语言艺术

学习目标

知识目标

了解运用社交语言的原则，掌握交谈的技巧及商务沟通的技巧。

能力目标

根据不同的社交目的、对象、特定的语言环境，恰到好处地运用语言，传情达意，以取得令人满意的社交效果。

在社会生活中，每个人都要进行社会交往，与各种各样的人打交道，而进行社会交往过程中，最基本的形式就是通过语言进行交流，它是人与人之间交往最重要、最高级的手段。社交语言艺术是指运用符合礼仪的规范语言，相互沟通思想，交流情感，成功地传递信息的艺术。下面从社交语言运用的原则、交谈的技巧以及商务沟通的窍门三个方面，对常用的社交语言艺术做一些介绍。

第一节　运用社交语言的基本原则

为有效地增加社交的信息传递量，提高社交效果，实现社交目的，必须遵循社交语言运用的以下五项基本原则：谦逊、诚信、切境、得体、有效。它贯穿了社交语言运用的一切方面和每个过程的始终，这五个原则运用的好坏将直接影响到社交的成败。

一、谦逊

谦逊是一种美德。自古以来，人们总会把它当成一种高尚的品质来看。俗话说："谦受益、满招损"，谦逊本身就是社交活动中有礼貌的表现，只有在交谈中谦逊礼让，认真倾听对方的谈话内容，才容易赢得大家的好感，拉近人与人之间的心理距离，给人留下好的印象，为下一次合作打下良好的基础。美国心理学家威廉·詹姆斯认为："我们对于自己的想法，很少会产生排斥感，于是，当我们受到别人的指正时，就容易发怒，并固执自己的想法。其实，我们的想法中潜藏着种种信念，一旦有人想改变我们的信念，就会产生反抗心理。这时，我们所重视的并不是我们的信念，而是面临危机的自尊心，于是就产生了争论，而这些争论只是为自己的信念找个继续存在的借口。"因此，在社交过程中，如果我们在陈述自己的意见时，用谦逊的方式，对方更容易接受。如果你说得对，更容易让人信服，说错了的地方别人也会宽容对待你。怎样才能在不同的社交场合，依不同的时间、不同的环境、不同的氛围，恰当地用语言表达自己的谦逊，给人留下好的印象，下面介绍几种方法。

（1）自轻成绩法　任何称赞和夸奖都是因为某件事或某方面的成绩，这时自己不妨轻描淡写地勾勒一笔，却在淡泊中见神奇。牛顿被誉为"力学之父"，当别人称他为伟人时，他谦虚地说："我自己觉得好像一个孩子在海滨玩耍时，偶尔捡到了几只光亮的贝壳。但是，对真正的知识大海，我还没有发现。"牛顿把自己的成就说成是知识海洋里的几只"贝壳"，不仅形象地表现了他的谦逊精神而且极富情趣。

（2）相对肯定法　当别人赞美自己的优点时，可把自己的优点归结为人人都可以做到，又不难做到，用来说明自己与别人没有什么不同，也没有什么秘诀，既表明了自己的谦逊又给人以鼓舞力量。当别人夸爱迪生是天才时，他说："天才是一分的聪明，加百分之九十九的勤奋。"鲁迅先生也是如此，当有人称赞他时，他说："我是把别人喝咖啡的时间都用在工作上。"他们都否定自己是天才，但却肯定了自己勤奋工作这一优点，给人以一种实实在在的感受。

（3）巧改词语法　在夸奖或称赞自己的语言上稍做修改，是表现出谦虚的一种方法。一位著名的老教授到一所大学去举办讲座。在讲座之前，主持人将老教授介绍一番，然后说："下面我们以热烈的掌声欢迎王教授谈治学经验。"老教授走上讲台后，马上更正说:"我不是谈'治学',而是谈'自学'。"老教授说完,台下一片掌声。治学本身是对老教授的赞扬,而老教授只改了一个字,就让人们体会到老教授治学严谨、为人谦逊的风格,真是妙不可言。

二、诚信

在日常生活中,我们必须遵循诚信的原则。"诚于中而形于外",心理上、态度上的"诚",形之于语言就表现为一种能使人感到依赖的语言品质。有无这种品质,对于语言交际的效果而言往往有天壤之别。因此,诚信是人们在社交语言艺术运用过程中亘古不变的原则。

诚信即真实可信。它要求人们如实地向社会公众传递真实而准确可靠的信息。

俗话说"王婆卖瓜,自卖自夸",有些个人或团体总是尽可能将自己或自己的商品或服务吹得天花乱坠,并认为这才是社交才能。其实,人们对他们是很反感的。相反,如果他们能坦言自己的缺陷,更能赢得人们的好感和信任。

经营房地产推销的哈尔墨奇先生,有一次承担了一项艰巨的推销任务,因为他要推销的那块土地紧邻一家木材加工厂,电动锯木的噪声使一般人难以忍受,虽然这片地接近火车站,交通便利。这时一位顾客打来电话咨询,他愿意出的价格标准和这块地大体相同,于是哈尔墨奇先生拜访了这位顾客。

"这块地处于交通便利地段,比附近的土地价格便宜多了。当然,之所以便宜自有它的原因,就是因它紧邻一家木材加工厂,噪声比较大。如果您能容忍噪声,那么它的交通便利地理条件、价格标准与您希望的非常相符,很适合您购买。"哈尔墨奇先生如实地对这块土地做了认真的介绍。

不久,这位顾客去现场参观考察,结果非常满意,他对哈尔墨奇先生说:"上次你特地提到噪声问题,我还以为噪声一定很严重,我去考察了一天,发现那里的噪声对我来说不算什么,我以前住的地方整天重型卡车来来往往,而这里的噪声一天才这么几个小时,所以我很满意。你这人坦诚,换上别人或许会隐瞒这个缺点,光说好听的,你这样让我感到很放心。"就这样,哈尔墨奇先生顺利地做成了这笔难做的生意。

由此可以看出,做生意并不是一定要有三寸不烂之舌,老老实实说出自己的商品缺点,会使自己的商品更具魅力。在人与人之间的语言交往中也是一样的,真诚地待人,勇于认错并不丢面子,勇于说出缺点也不会让你丧失信誉。

三、切境

切境就是要求语言运用与所处的特定语言环境相切合、相适应。只有在语言运用与环境相适应时才能获得好的交际效果。构成语言环境的因素包括社会环境、自然环境、交际的场合、交际的对象、交际双方的各种相关因素,如身份、职业、经历、思想、性格、处境、心绪以及语言出现的上下文语句。在社交过程中要充分利用语境所提供的种种有利条件，去努力调动语言所具有的多种潜藏的表达功能，以使公关语言信息传递达到最大的传递量，使双方信息沟通渠道最大限度地畅通。

推销员帕特为推销一套可供40层办公楼用的空调设备，与某公司周旋几个月了。但董事会还是未决定什么时候买。一天董事会通知他，要他再一次将空调系统的情况向董事们介绍。帕特将讲过多少遍的话又重述了一遍。但董事们反应冷淡，只是提了一大堆问题故意刁难他。这时，他心急如焚，眼看几个月的心血将付诸东流，急得浑身发热。忽然他突生一计，说："今天天气很热，请允许我脱去外衣，好吗？"说罢，还拿出手帕来擦额头上的汗水。他的话及动作立即引起董事们的条件反射。他们似乎也感到闷热难熬，一个接一个脱下外衣，其中还有一位说："这房子里没有空调，热死了。"这时，董事们不用催促就考虑空调问题了。20分钟后，买卖谈成了。这笔生意谈成的关键是帕特及时抓住了所处场所的特点，恰当地利用了环境给他提供的有利条件，采用了与周围环境相适应的语言表达方式，达到了自己的营销目的。

四、得体

得体就是语言运用得适当、妥帖、恰到好处，就是把语言表达手段、语言材料的选择，放置在一种既保持话语内部各组成成分与风格色彩的统一，又和题旨情境相切合的双重适应关系中去考虑，衡量得失利弊，寻求最佳表达方式。可以说，这是一种对语言表达形式所做的整体性和个别性相结合的考虑，是立足点更高的考虑。任何得体的具体语言运用，必是达到了语言内部关系的协调统一，同时又体现了与语言环境之间的高度适应性。

南朝齐代有个著名的书画家叫王僧虔，是王羲之的族孙，他的行书、楷书继承祖法，造诣很深。一天，齐高帝萧道成提出要和他比试书法高低，于是，君臣二人都认真写完了一幅字。写毕，齐高帝傲然问王僧虔："你说，谁为第一，谁为第二？"一般人当然会立即回答说"陛下第一"或"臣不如也"。但王僧虔也不愿贬低自己，明明自己的书法高于皇帝，为什么要做违心的回答呢？但又不敢得罪皇帝，怎么办呢？王僧虔眼珠一转，十分得体地说出了一句千古绝妙的答词："臣书，臣中第一；陛下书，帝中第一。"

他巧妙地将臣与帝的书法比赛分为两组，即"臣组"和"帝组"，并对之加以评比，说皇帝的书法是帝中第一，满足了皇帝的冠军欲，又维护了自己的荣誉和品格，使皇帝更敬重自己的风骨，觉得自己不是那种专门拍马屁的家伙。

五、有效

任何语言运用都希望获得好的交际效果。由于语言运用的具体目的、任务不同，因而对语言交际效果的大小、好坏的衡量标准也不一致，但总是与其所要达到的目的、要实现的任务密切相关。如果说语言运用达到了目的，则是有效的。

看过《三国演义》的人都知道刘备不但学问、见识、决策、用人无一不臻上乘，就是口才也是"一语惊四座"。一天，曹操捉拿了吕布，刘备正巧来拜访曹操，看到了这个情况。吕布对曹操说："你曹操最害怕的人，就是我吕布，今天我吕布已经服了你了。你为大将，我为副将，天下不难定了。"曹操回头看看刘备问道："你认为怎么样呢？"刘备说："你忘记了丁建阳、董卓的事了吗？"听了这句话，曹操就命人杀了吕布。

丁建阳、董卓是吕布的两位干爸爸，而吕布因种种原因杀了他们，曹操哪有不知道的。刘备为什么要劝曹操杀了吕布呢？因为他知道，自己虽然现在是曹操的座上客，将来必定是他的头号敌人，如果让曹操收留了吕布这一员猛将，必然如虎添翼。在这关口上，刘备利用了曹操多疑的弱点，一句话就使他杀了吕布。

第二节　交谈的技巧

无论在口头交际或书面交际中，技巧问题贯穿于语言运用的始终，而讲究社交语言艺术的根本在于选择最恰当的语言表达形式，以更好地传情达意。掌握好社交语言艺术离不开以下几方面的因素：①平日的生活积累和思想文化修养；②对语言文字的表达潜能的通晓把握；③对题旨情境的洞晓适应。在实际社交语言运用时由这三方面因素的共同作用，才能根据临时的题旨情境，做到联想丰富、运用自如、选择得当，使表达的内容与表达形式间呈现完美统一的关系，从而表现为一种技巧。显然，对于社交语言艺术一方面不能把它看成一种无往而不利的固定方法，但另一方面又应该看到成功运用语言艺术又必定是随情应景恰到好处运用语言的结果。长期的经验积累表明，这类语言技巧逐渐成为人们熟悉乐用的表达方式。下面介绍一下接近的语言艺术、说服的语言艺术、机智应变的语言艺术、推拒的语言艺术、电话语言艺术、体态语言艺术、空间语言艺术。

一、接近的语言艺术

（1）选择话题　　首先应学会选择适当的话题，如通过寒暄了解对方的职业，根据来访者的目的、身份、职业、兴趣而定，不谈对方不太熟悉或不感兴趣的话题。有人认为，只有深奥的话题才会让人尊敬，只有不平常的事情才值得交谈，因此，在有些场合总感觉无话可说。实际上交往中有许多话题是可谈的，不妨就从日常生活中身边的事，选择一些话题，可以让对方了解自己，觉得你是位平易可亲的人。

善于交际的人，常能在与公众接触的瞬间，就能找到双方感兴趣的话题，以引发交谈的兴趣。美国一名记者第一次访问肯尼迪，见面就说："我看你像个人文主义者。"一下子引起了肯尼迪很大的兴趣，破例与这名记者长谈了近两个小时。

（2）投其所好　　秦绿枝第一次访问京剧名旦荀慧生先生时，开始很拘谨，荀慧生先生的反应也不怎么热情。后来他说："我十三四岁的时候就看你的戏了，是《钗头凤》。"

荀先生顿时来了精神，说了一句笑话："是吗？那时你是情窦初开，我已是'徐娘'半老了……"笑声充满了房间。

在人际交往中，能用作接近的话题可以说是俯拾皆是，关键在于要善于根据特定的情境去发掘，并恰到好处地运用。当然，这是以人的一定阅历、经验为基础的。

（3）借助媒介　在人际交往中，除了上述谈到的投其所好、寻找对方感兴趣的话题外，与之相类似的还有"借助媒介"法。可以因人因事因物，就地取材，以一定的物和事为媒介，作引发交谈的"因子"。如一个陌生人手里抱着小孩在晒太阳，如果想结识她，便可以小孩作媒介，对她说："你的小孩真可爱，有多大啦？"这样，对话就有了可能。如果一个人手上拿了一份报纸，便可以以报纸作媒介，对他说"这位同志，对不起，打扰一下。请问你手上拿的是什么报纸？有什么重要新闻吗？"这样很自然就打开了话匣。

（4）转换话题　在与公众打交道的过程中，常常会遇到"卡壳"的时候，这就需要我们灵活多变，另辟蹊径，寻求转机。

1984年时任美国总统里根访华前夕，根据顾问们设计的步骤，他先与一名复旦大学毕业的留学生进行了电话沟通，告诉他将访华的消息，问他有什么需要转告母校的。这位学生在毫无思想准备的情况下，突然听到里根总统本人的问话，顿时心慌意乱，紧张得说不出话来。里根立即调转话题，亲切地问"你来美国生活过得习惯吗？……"对方顺着里根的话题从日常小事谈起，心绪逐渐平静下来。里根乘机将话题转回来，这位学生也高兴地请总统转告他对祖国人民及母校师生的问候，通话终于取得了预期的效果。

转换话题能否起到"山重水复疑无路，柳暗花明又一村"的效果，关键在于当事者要善于从第一回合的接触中总结经验，做出正确的判断，弄清对方的心理、性格、文化素养等特点，寻找能为对方接受、理解，能打开缺口的话题。新话题的设置必须有的放矢，目标明确，通盘考虑。

（5）熟记人名　人们在日常交往中，如果一个并不熟悉的人能叫出自己的名字，就会产生一种亲切感和知己感；相反，如果见了几次面，对方还是叫不出自己的名字，便会产生一种疏远感，增加双方的心理隔阂。一位心理学家曾说："在人们的心目中，唯有自己的名字，是最美好、最动听的东西。"许多事实也已经证实，在社交活动中，广记人名，有助于社交活动的顺利开展。

美国前总统罗斯福在一次宴会上，看席间坐着许多不认识的人，他找到一个熟悉的记者，从记者那里打听清楚了那些人的姓名和基本情况，然后主动和他们接近，叫出他们的名字。当那些人知道这位平易近人的人竟是著名政治家罗斯福时，大为感动。之后，这些人都成了罗斯福竞选总统的支持者。

二、说服的语言艺术

无论是公关、推销还是谈判，都离不开说服和引导。掌握好说服语言艺术，可为人们开展好社交活动打下良好的基础。俗话说："看菜吃饭、量体裁衣。"这句话说的是无论干什么事都要看对象。其实，说话也一样。对不同的人，也应该用不同的说话方式或者说话技巧去说服对方。

（1）出其不意　　现实生活中，凭着出其不意的奇招取得胜利的事例可谓不胜枚举。刚从大学毕业的道格拉斯，就是靠出其不意的方法得到了已是人才济济的报社的招聘。一天，道格拉斯走进心仪已久的某报社的社长办公室。他笑眯眯地问社长："社长先生，你们这儿需要一个好编辑吗？我大学毕业了，曾当过三年大学学报的编辑呢！"他一边说一边掏出证明材料和一些他主编的学报。社长打量了他一眼，然后慢悠悠地说："我们这儿人手已经够了，不需要编辑了。""那么记者呢？我在大学时就常在重要报刊上发表文章。"他又忙递上一叠剪报。"记者更是人满为患。"社长笑着推脱。"我们什么人都不缺，天天有人来找我求职，真是烦死了。"道格拉斯却笑了，社长不解地看着他："社长先生，你们一定需要这个东西。"说着只见道格拉斯从背包里拿出一块木牌，上面写着"额满暂不雇用"。社长不觉一怔，心中暗叹："这小伙子想问题真是周密啊！的确，来向我求职的人太多了，忙得我焦头烂额，使我疲于应付，的确需要这么一块牌子啊！"于是，社长高兴地对道格拉斯说："小伙子，你真聪明，看来报社还真缺你这样的人才，你被录用了。"

（2）转换角度　　转换角度的关键在于选准角度，然后才能以此角度展开话题，达到想达到的目的。

古代有个叫魏周辅的人做了一首诗给好友陈亚品评，陈亚一看其中有两句是从古人那儿抄袭下来的，他知道魏周辅是一个好面子、喜欢狡辩的人，于是他按照好友的原韵和了一首诗以规劝魏周辅认识错误，陈亚在诗中写道："以往贤人该加罪，不敢说你爱偷诗。可恨古人太狡猾，预先偷了你的诗。"魏周辅看了后羞愧难当，从此以后他再也不抄袭别人的诗了。在这里陈亚运用的是转换角度正话反说："古人偷了你的诗。"有一点是不容否认的，你和古人诗一样，再怎么狡辩也不成。对于那些喜欢狡辩的人而言，换一个角度奉劝他，会收到更好的成效。

（3）巧用比喻　　运用比喻说理，生动形象，深入浅出，说服力强，是一种常用的劝导方式。运用比喻法的关键在于引进另一个事物作为对照，打开对方思路，让那些思路狭窄的人从死胡同里钻出来，从而说服对方。

庄子的朋友惠施当了魏国的相国后，庄子一次去看望他。庄子一到魏国，就有人告诉惠施说："庄子学富五车，才高八斗，此次到魏国来，只怕他是想来代替你来当魏国的相国的，您可千万得小心呀！"惠施一听，感到受到了威胁，于是马上命令士兵搜捕庄子。庄子知道后非常生气，便主动去见惠施，并告诉他："不知先生是否听说过，在南方有一种叫凤凰的漂亮鸟儿，它从南方起飞，飞到北海去。途中非梧桐不停，非竹实不吃，非甘泉不饮。有一只猫头鹰正在津津有味地吃捉来的老鼠时，看到了凤凰从顶上飞过，就抬头对凤凰吼'别过来抢我的老鼠'。尊敬的先生你是否也会对我吼呢？"惠施听了，满脸羞愧，连连向庄子道歉。

庄子的比喻起到了一箭双雕的作用，一是委婉曲折地表达了自己无意相国宝座的意思；二是也对惠施的气量狭小进行了辛辣的讽刺。

三、机智应变的语言艺术

每个人在生活中都会碰到令人不快的场面或事情，如何摆脱这种尴尬场面呢？那就需要寻隙巧辩，使自己摆脱窘境，体面地下台，显示出自己随机应变的智慧和驾驭语言的能力。

（1）顺水推舟　　所谓顺水推舟就是针对当时的不同窘境而寻找原因解释的方法。这种方法对摆脱那种因自己失言而招致尴尬的情形相当有利。

民国时期有一个军阀召集手下文僚训话，他把"文墨之士"说成了"文黑之士"，因此引起了台下文僚们的一阵讪笑之声。他身后的一位秘书小声告诉他："大人，刚才您将'文墨之士'说成了'文黑之士'，所以他们笑您。"这位军阀反应十分敏捷："我不知道诸位有什么好笑的，是不是笑我把'文墨之士'说成了'文黑之士'啊？你们以为我说错了吗？我嫌你们太土了，特意帮你们去掉这个土字，我希望你们都当有气派的文墨之士。"这个军阀将自己的失言解释得冠冕堂皇，听起来似乎言之有理，从而使自己摆脱了窘境。

（2）巧用谐音　　巧妙地运用谐音，一是要自然，所谓自然就是新的话题与原话题的发音和内容有相同或相近之处，有某种联系。二是运用要及时，所谓及时就是指要抓住时机，找准突破点，在对方话题尚未充分展开前就以新的话题取而代之，使对方在不知不觉中离开原来的话题。

一次服装展销会上，一位营业员正在向顾客们介绍服装的式样，突然听到有个顾客说："式样不错，老点。"这位营业员一听，马上接着说："这位同志说得对，我们设计的服装式样好，又是老店，质量保证，价格公道……"其实，那位顾客说的是"式样老了点"的意思，这位营业员怕其他顾客受影响，灵机一动利用谐音把"老点"改为"老店"，岔开了对自己不利的话题，模糊了对方的注意指向，有效地把大家的注意力转移到对自己有利的方面来。

四、推拒的语言艺术

在社交活动中必须与各种各样的人打交道，人们提的要求有合理的也有不合理的，有正当的也有不正当的。因此，学会一些推脱和拒绝的语言艺术，才能为社交活动的顺利进行打下良好的基础。如何用诚恳的态度、恰当得体的语言，使那些遭到拒绝的人将不快与失望降到最低程度，甚至得到他们的谅解与认可呢？这里介绍常用的几种推拒语言艺术。

（1）推托拖延　推托拖延的具体方法有两种：①借他人之口加以拒绝；②拖延时间。

小王在自行车商店里工作，一天他的一个朋友来店里购买自行车，看遍了店里陈列的车子，他都不满意，要求小王领他到仓库去看看。小王不好意思回绝自己的朋友，于是他笑着说："我们经理前天刚宣布，不准任何顾客进仓库。"

小张得知小周的店里卖彩电。他来到小周的店里，说自己急着想买彩电，小周示意他看看排队的顾客，对小张说："今天看来不行了，下次吧。到时候我再告诉你。"

小王和小张一个借他人之口，一个用拖延时间的方法巧妙地拒绝了自己的朋友，虽然朋友们心中不高兴，但比直接拒绝要好得多。

（2）巧妙回旋　巧妙回旋是指对方提出的问题、建议是合理的，但因为条件不成熟目前无法实现。这种情况下拒绝的言辞要尽可能委婉，给对方一个安慰，以减少对方因拒绝而产生的不快。

一家工厂的厂长对一家百货公司的经理说："我们两家搞联营，你看怎么样？"经理回答："这个设想很好，只是目前条件还不成熟。"这样既拒绝了对方，又给自己留了一条退路。

（3）隐晦曲折　对于一些不合情理或者不妥的做法必须予以回绝，但为了避免因此而引发的冲突，或由于某种原因不便明确表示，可采用隐晦曲折的语言向对方暗示，以达到拒绝的目的。

两国的大使在一起商定会议召开的地址，甲方代表说："我们的意图是下次会议在纽约召开，不知贵国政府以为如何？"乙方代表队说："那里饭菜不好，特别是我上次去时住的那个旅馆更是糟糕。""那么你觉得我今天用于招待你的法国小吃味道如何？""还算可以，不过我更喜欢吃英国饭菜。"

乙方用"美国饭菜不好""法国饭菜还可以""喜欢吃英国饭菜"，委婉含蓄地拒绝了在美国、法国开会的建议，暗示了希望在英国开会的想法。

五、电话语言艺术

当前，人们运用电话进行交流的机会仍然非常普遍。如何提高信息传递和接收的质量，使电话为语言交际服务呢？下面介绍一下电话交流的语言艺术。

电话是现代交际的重要渠道，人们在进行电话交流时，不能不注意电话语言艺术。不管电话另一端是什么人，在通电话时一定要注意态度友善，语调温和，讲究礼貌。美国的尤言·埃里克指出："在打电话时，有三个因素构成了你的个性：声音、态度及彬彬有礼的言辞。"

1. 电话中运用声音的魅力感染客户

使用电话，必须完全依靠谈话，电话声音是你唯一的使者，你可以通过电话给对方留下一个良好的印象。所以，传到电话那端的必须是一个清晰、生动、中肯、让人感兴趣的声音，要注意声音的质量，音量要适中，更要注意发音和咬字要准确。

而声音质量包括：高低音、节奏、音量、语调、抑扬顿挫五个方面。其中语调就像画图，会直接影响客户的反应。在某种意义上，声音是人的第二外貌。一个词语的发音音调的细微区别远远超过了我们的想象，在通电话的最初几秒钟内就能"阅读"到用户声音中的许多内容。你的语音、语调以及声调变化占你我说话可信度的84%。因此，请给你的声音添加颜色。那么如何改善你的声音呢？我们可以做一些相应的练习。

（1）发音、吐字练习　　上岗前先喝一口水，做一下深呼吸，然后脸部放松、微笑。发音吐字就像一串串明珠从口中流出。可概括为：（发音）气息下沉，喉部放松，不僵不挤，声音贯通；（吐字）字音轻弹，如珠如流，气随情动，声随情走。

（2）语音、语调练习　　要能准确地表达说话人的态度或思想感情，则要注意抑扬顿挫的语调，其中包括停顿、重音、句调和速度四个方面的练习。

例如：下面句中加颜色部分表示强调，请体会其中所表达的不同意思。

主任说这个电话是你接的。

主任说这个电话是你接的。

主任说这个电话是你接的。

主任说这个电话是你接的。

主任说这个电话是你接的。

主任说这个电话是你接的。

主任说这个电话是你接的。

2. 运用和蔼可亲的态度树立良好"电话形象"

虽然电话是通过声音交流，但你的情绪、语气和姿势都可能透过声音的变化传达给对方，所以，不能因为是电话交谈而过于随便，要注意维护自己的"电话形象"。"电话形象"是指人们在使用电话时留给通话对象以及其他在场人们的总体印象，是个人形象的主要组成部分。在日常工作和生活中，"电话形象"体现了个人的礼貌修养和为人处世的态度，因此，在商务交往中要十分讲究和注意自身的"电话形象"。一般认为，"电话形象"主要由打电话时的态度、表情、举止、语言、内容以及时间的把握等方面构成。具体地说，就是接打电话时态度要认真、礼貌；语气要和缓可亲；内容要简练、明确等。

打电话过程中，最好不要吸烟、喝茶、吃零食；不可一边走一边打电话；也不要以笔代手去拨号；通话时嗓门不要过高，免得令对方觉得"震耳欲聋"；话筒与嘴的距离最好保持3厘米左右。打电话时，要注意举止，不要把话筒夹在脖子下，也不要趴着、仰着、坐在桌角上，更不要把双腿高架在桌子上；如果你打电话的时候，弯着腰躺在椅子上，对方听你的声音就是懒散的，无精打采的。若坐姿端正，所发出的声音也会亲切悦耳，充满活力。因此打电话时，即使看不见对方，也要当作对方就在眼前，尽可能注意自己的姿势。电话中讲话一定要务实。通话时，最忌讳说话吞吞吐吐、含糊不清、东拉西扯。寒暄后，就应直言主题。力戒讲空话、说废话、无话找话和短话长说。

3．运用彬彬有礼的电话语言艺术

电话语言交际开始语分两种：一种是打电话，一种是接电话。

打电话时，称呼一定要准确，如果给一定身份的人打电话，最好把头衔也一起称呼进去，以表示尊重。如果是非常熟悉的朋友之间，可另当别论。例如：（接通电话之后）"您好！是李老板吗？我是×××……。我想去拜访您，请问您什么时候有时间？"这段话中，"您好！是李老板吗？我是×××……"是开端部分，通过问候对方，召唤对方，自我介绍，以建立预想的通话关系。"我想去拜访您，请问您什么时候有时间？"然后把打电话的意图告诉对方，这是这次电话交谈的目的。

接电话时，要使对方产生满意的信息互动。例如：（接通电话之后）"您好！这是上海宾馆。""您好！"会使对方产生亲切感，紧接着再传入"上海宾馆"这一主要信息，"请接211房找××先生。"如果受话人不在或暂时不能接听电话时，应答者一般不应简单地回答"不在"或"现在没空"；往往用"对不起，他不在房间"来作为挂断电话的委婉用语。但无论如何后面都要加上一句"请问要不要留下口信"或"请问要不要我转告他回电？"

在打电话时，首先要做到简洁明了，表达准确。电话作为现代化通信设备使话语交谈突破了空间距离的局限性，但又不可避免地受到了时间、话费的限制。尤其是长途电话，如果交谈时间过长，就必然要付出较多的电话费用。所以，电话交谈要以简洁的话语，明确无误地传递有关信息。要做到准确无误地表达自己的意思，必须做到：用词准确、普通话语音规范、吐字清楚，并尽可能避免音同、音近现象出现，以免同音误听、近音拗口。

其次要控制好话题。拨打电话者是话语的实际控制者，是信息的主要传递者。交际对象虽然也可以反馈信息，但较多时候是被动的，是话语的接收者，是语意信息的理解者。控制好话题要做到：目的明确，对所说的内容清楚明了。应谈的内容如果是以了解情况为目的，就应该注意引导对方给予充分配合；如果是以向对方通报情况为目的，尤其是内容较多时，则应熟悉各项内容，最好先列出提纲，分清主次，先讲主要内容，后说次要内容。

挂断电话前，首先要道别，如果在交谈时必须把话筒放下，动作要轻一些，严禁使劲一摔，因为对方的话筒很可能还在耳朵上，突如其来的响声会使对方吓一大跳。

六、体态语言艺术

美国一位心理学家曾经通过许多实验，总结出这样一个公式：

信息的总效果=7%的有声语言+38%的语音+55%的面部表情

每一种文化都要使用身体姿态、面部表情、手势等进行非语言沟通。体态语言包含很多，如站相、坐态、敲手指等。不同文化之间，这些细小而重要的体态信息很难"翻译"。

比如对美国人来讲"把脚抬起来"是表明放松气氛。但是将脚放到桌子上是不文明的，而对大多数阿拉伯人来说亮出脚底是令人愤怒的侮辱性行为之一。

所有文化都用手势来修饰与强调沟通。相同的手势在不同的社会阶层经常表达不同的意思。例如，将拇指和食指连成一个圆圈的手势，在北美意味着"OK"，在日本意味着钱，在巴西则意味着淫秽。拇指头翘起的手势对北美人和很多欧洲人来说意味着一切正常进行，但在澳大利亚和西非则是一种粗鲁的手势。将两个手指向上代表胜利的"V"字形手势，对英国和法国人来说具有粗鲁的含义。

七、空间语言艺术

每种文化对于各种层次的沟通都存在着适当的空间距离。如果忽视了它，会使人觉得不舒服。侵犯这种空间甚至被认为是具有侵犯性的举动。

美国商业交谈的习惯是5～8英尺（1英尺=0.304 8米），私人谈话则保持14～30英寸（1英寸=0.025 4米）的距离，过近或过远的距离都会使人感到不安。而在中东和南美，人们谈话时相互之间的距离要近得多。人们可以看到北美人在与中东或拉美人交往时，经常是不断后退以维持其"适宜"的20英寸的空间距离。

关门也是一种空间语言的表达方式。在有些文化中，高级管理人员的门通常关上，而在另一些文化中并不如此。例如，美国公司的总经理的特权就是有一间大办公室，门通常开着，表示他可以接见别人；而关上门则意味着里面在进行重要事项。德国经理们通常关上门，在他们眼里，门开着意味着粗心大意，办事无条理。

第三节　商务活动中语言沟通的技巧

在商务活动中，进行语言沟通必须掌握一定的技巧，才能产生良好的传播效果。可以从以下几个方面着手：

（1）在商务活动中首先要明确每次商务活动的目的，是为建立感情呢，还是为了推销产品，或者是为了其他目的。目的不同，谈话的"进入点"就不同。找准最佳"进入点"就为取得商务活动的成功打下良好的基础。其次要认定自己的商务角色，即知道"我是谁"，以便说话的内容、方式符合这一角色。再次是不仅要用口说话，还要投入自己的全部身心。除了较好的口才、雄辩的能力和遣词造句的运用，还要运用好体态语和空间语言艺术，注意自己的脸部表情、身体动作、仪表举止来表达自己的热情、亲切诚恳，声情并茂、打动人心。最后还要注意一些细节问题，如用语的礼貌、结论的客观、评定事物的口吻等，最好不要用"你（们）应该……""你（们）不应该……"这一类语气，避免给人留下主观武断、自吹自擂的感觉。

（2）在商务活动中，首先应确定每次商务活动的主题，并围绕主题形成自己的看法，做到有的放矢、不失良机。其次，在商务活动中要紧扣主题，如主题是介绍产品质量的，也可以同时介绍本公司的管理情况，但目的也是为了说明产品质量。此外，在商务活动中力求避免卖弄学问，用华丽的辞藻和文采来表述。应把重点放在内容和实质问题上，最好使用通俗化的语言，特别是面对不同层次的传播对象时尤其应该掌握这一技巧。

（3）在商务活动中，对沟通所用的口语而言，首先要注意用语准确、简洁。表达一个概念时，最好用一个词，这样交流双方都省力。这种省力法被称为"齐夫定律"，是美国著名语言学家齐夫长期研究后提出来的。按照"齐夫定律"，用语言沟通时，用语力求准确、简洁，少用模糊语句和文学气太浓的语句，以及绕口令式的长句。其次要注意口语的流畅和连贯。口语在时间上停留较短，它的流畅性和连贯性尤为重要，不能像写文章一样逐字逐句推敲而停顿下来。过多词语重复、词语遗漏、句子结构不完整、别人不习惯的口头禅等，也会影响沟通效果。最后还要学会控制声音。口语的物质载体是声音，声音的音量、速度、语调、节奏等虽然不是语言，但控制使用得好也会产生语义效果，因此，有人称它们为"副语言"。副语言在商务活动中能起到制造、强化、改变气氛的作用。

（4）对商务活动的对象而言，作为组织者应首先尽可能了解自己的商务对象，是个人、群众还是组织，是何种文化、何种职业、何种年龄，有何特点和要求，以适应不同对象。这需要组织者本身要具有较广的知识面和认识问题的能力。其次在任何情况下都要尽量尊重对方。不论他是何种社会地位，人格上应该视为平等，多使用礼貌用语，多使用商量口吻，在动作、表情、服饰上都要表现出对对方的尊重，即使"买卖不成"也要做到"仁义在"。最后还要注意运用聆听艺术。语言交流中，聆听对方说话也是一个重要技巧。不要轻易打断对方谈话或漫不经心地插话，要表现出对对方谈话感兴趣，激发对方谈话的热情；在谈话中了解对方，也调节自己的谈话内容。这样交谈才能产生效果。

（5）对商务活动的效果而言，首先要使谈话内容富有知识性和信息量，能给人以新鲜感和启迪性。其次，要努力创造一种轻松、欢快的气氛，使业务上的新朋友很快消除紧张和戒备心理，使老朋友更加谈笑风生。幽默的语言与风趣的表情此时正是用武之地。最后还应不断根据对方的反应，即时进行"反馈调整"。当对方不感兴趣时，要适当调整话题，或变换谈话方式、时间、环境。如果做长时间深谈，最好选择封闭式的、较小的空间和安静的环境。进行大规模宣传活动则要选择开放的外部场所。

> **综合案例**
>
> 马里兰州黑格斯顿的爱德华退伍后，打算在马里兰州坎伯兰谷定居。但这一带很难找到工作，他几次去找工作，招工的人都认为他不合格。经查询，他发现不少公司不是被芬克豪斯所拥有，就是被其所控制。芬克豪斯是一个自行其道、不同寻常的商人。经了解，芬克豪斯的主要兴趣在于集中攫取权力和金钱方面，为了防止别人打扰，他雇用了一个严厉的秘书，她跟随了芬克豪斯15年。
>
> 爱德华研究了这位秘书的兴趣和目标后，拜访了她。当爱德华说他有一个建议想向芬克豪斯提出，这将给他带来经济和政治上的成功时，她变得热心起来。交谈后她安排爱德华会见芬克豪斯。当爱德华走进芬克豪斯的办公室后，并没有直接请求工作，而是对芬克豪斯说："先生，我相信我能使你赚钱。"芬克豪斯立即起身，请他坐下。爱德华列举了他的设想，他实现这些设想所具有的条件，这些设想对芬克豪斯个人的成功和生意上的成功所能做出的贡献。于是，芬克豪斯立即雇用了他，20多年来，爱德华在芬克豪斯的企业里获得了成功。同时，芬克豪斯企业也获得了长足的发展。
>
> 案例思考题：
> 1. 爱德华接近芬克豪斯的技巧是什么？
> 2. 爱德华说服芬克豪斯雇用他的技巧是什么？
> 3. 以上案例对你今后求职有什么启发？

本 章 小 结

本章主要介绍了运用社交语言的基本原则、交谈的技巧、商务沟通的技巧。通过本章的学习，可以认识到：要想让工作上的人际关系轻松和谐，说话的方法具有决定性的影响力。另外，成功地进行商务沟通也需要一定的技巧。总之在进行语言交流时，应根据不同的社交目的、对象、情况，选择恰当、得体的语言，才能获得社交的成功。

复习与思考

一、简答题

1. 运用社交语言的原则有哪些？
2. 怎样才能成功地进行商务沟通？

二、交际语言技巧自测题

● 评分标准

请回答以下问题，在选定的数字上划个记号以确定你与他人交流中的优缺点。1=从不这样，2=很少这样，3=有时这样，4=经常这样，5=每次都这样。

1. 与人交谈时，我发言时间少于一半。　　　　　　　　1　2　3　4　5
2. 交谈一开始，我就能看出对方是轻松还是紧张。　　　1　2　3　4　5
3. 与人交谈时，我想办法让对方轻松下来。　　　　　　1　2　3　4　5
4. 我有意识提些简单问题，使对方明白我正在听，对他的话题感兴趣。
　　　　　　　　　　　　　　　　　　　　　　　　　1　2　3　4　5
5. 与人交谈时，我留意消除引起对方注意力分散的因素。1　2　3　4　5
6. 我有耐心，对方发言不打断人家。　　　　　　　　　1　2　3　4　5
7. 我的观点与对方不一样时，我努力理解他的观点。　　1　2　3　4　5
8. 我不挑起争论，也不卷入争论中。　　　　　　　　　1　2　3　4　5
9. 即使我要纠正对方，我也不会批评他。　　　　　　　1　2　3　4　5
10. 对方发问时，我简要回答，不做过多的解释。　　　　1　2　3　4　5
11. 我不会突然提出令对方难答的问题。　　　　　　　　1　2　3　4　5
12. 与人交谈时，头30秒钟我就把我的用意说清楚。　　　1　2　3　4　5
13. 对方不明白时，我会把我的意思重复或换句话说一次或总结一下。
　　　　　　　　　　　　　　　　　　　　　　　　　1　2　3　4　5
14. 我每隔若干时间会问对方有何反应，以确保他听懂了我的意思。
　　　　　　　　　　　　　　　　　　　　　　　　　1　2　3　4　5
15. 我发现对方不同意我的观点时，就停下来，问清楚他的观点。等他说完之后，我才就他的反对意见，发表我的看法。　　　　　　　1　2　3　4　5

● 得分

60～75分，你与人交谈的技巧很好。

45～59分，你的交谈技巧不错。

35～44分，你与人交谈时表现一般。

35分以下，你的交谈技巧较差。

● 作业

通过以上测试，你对自己的交谈技巧就会有个大概印象。请你找出自己语言交际的薄弱环节，改进自己的谈话技巧，三个月后再进行测试，看有多大的提高。

第十一章
商务沟通礼仪

学习目标

知识目标

了解沟通与商务沟通的定义；掌握商务沟通中听、说、读、写、看的技巧；掌握情商在沟通中的运用。

能力目标

根据商务活动中沟通的具体情况，灵活运用听、说、读、写、看等技巧，达到预期的商务沟通目标。

当今社会，沟通无处不在无时不有。当人们在工作的时候，需要与上级、下级、相关部门，特别是与客户进行各种不同层次的沟通；在日常生活中，需要与家人、朋友、亲戚等进行沟通。在商务活动中，沟通的好坏将直接影响企业组织的发展，据资料统计企业中有近70%的问题都是由于沟通不当所导致的，沟通能力的高低成为商务人员事业成功的必要条件。

第一节　商务交往中的有效沟通

对于在商务环境中工作的人来说，最重要的基本技能就是沟通能力。沟通是否有效，许多时候直接决定了商务活动的成败。

一、沟通的基本概念

沟通的本意是指开沟使两水相通。如《左传·哀公九年》："秋，吴城邗，沟通江淮。"而在徐特立《国文教授之研究》第一章、扬雄《方言》、服虔《通俗文》、刘熙《释名》等中则表示彼此通连、相通的意思。沟通的实质就是发送者凭借一定的渠道，将信息传递给接收者，以求对方完全理解发送者的意图。简单来说沟通就是人与人之间相互传达与了解有关信息、想法或意见的过程。它包含三个基本要素：①目标明确；②双方达成共同协议；③沟通信息、思想和情感。

通常，沟通有两种目的：其一是交流，为了求得理解、认同；其二是为了达成共识，即就某个问题达成一致。人们日常遇到的绝大多数的沟通可能都属于第二种，尤其在商业组织里。因为第一种目的的沟通对沟通对象一致性的要求非常高，它要求沟通者的价值观体系和认知水平都要匹配。而在实际沟通中，很难找到如此匹配的对象，这也是为什么我们有时会感叹"知己难求"。

二、沟通的过程

沟通是一个复杂的过程。任何沟通首先都是一个信息传递的过程，如果信息没有被传送到，则意味着沟通没有发生。其次是理解信息。要想使沟通成功，意义不仅要被传递，还要被理解，没有理解称不上是沟通。具体来说，沟通的过程可以分解为以下几个步骤：

（1）信息源　指发出信息的人，沟通的过程通常由他们发动，沟通的对象和沟通的目的通常也由他们决定。通常情况下，信息源的权威性、可信度、吸引力等都会影响整个沟通过程。

（2）编码　指信息，即发送者将传递给目标对象的观点、情感等转化成能够让接收者理解的一系列符号，有语言符号和非语言符号两种形式。观点、情感只有表现为某个符号时才能得以沟通，如文字、图表、照片、手势等。

（3）渠道　指信息传播者传递信息的渠道。信息传递渠道分为个人的和非个人的两大类型：①个人信息传递渠道。即两个或更多的人直接互相交流，他们可以通过面对面、电话或邮件进行信息传递。②非个人沟通渠道。它包括主要媒体、氛围和活动，如报刊媒体、广播媒体、展示媒体等。

（4）解码　　指接收者将通道中加载的信息翻译成他能够理解的形式。解码的过程包括了接收、译码和理解三个环节。信息源发出的信息是否能够产生影响，还取决于信息接收者是否注意到、感知到这些信息，是否将这些信息进行编码和转译，并储存在自己的知识系统中。因为信息接收者总是带有自己的经验、情感、观念，如果信息译码与自己的知识系统不一致，就将影响其对信息的正确理解。

（5）反馈　　沟通过程是一个交互作用的过程，沟通双方不断地将自己理解的信息再返送回发送者，发送者对反馈信息加以核实和做出必要的修正，以便达到预期的沟通目的。反馈也构成逆向沟通过程，在逆向反馈中，接收者成了信息源，把信息编码并传回到原来的信息源。

以上所述的沟通过程是相当直观的，但由于在传递系统中的"噪声"（即传递过程中常会发生曲解、混乱和中断）可能会发生在任何一个环节，比如信息源可能是不明确的、不可靠的，发送的信息没有被有效和准确地编码，发送信息时选错了信道等，我们应该认识到沟通过程中的复杂性。

三、什么是有效沟通

有效沟通是指传受双方在不损害、甚至在改善和巩固双方友好关系的前提下，通过听、说、读、写、看等载体，运用演讲、会见、对话、讨论、信件等方式将思维准确、恰当地表达出来，并促使对方接受的方式。有效沟通通常具有以下三个特征：①实现了信息的准确传递；②双方的关系不会因此而恶化；③达成一致。

1. 有效沟通的影响因素

有效沟通是一个双向过程，它依赖于你能否抓住听者的注意力和正确解释你所掌握的信息，使你能把信息准确而令人信服地传达给对方，以便使自己的想法能被正确地接受与理解。

在这个过程中，无论任何一方的主观因素或是外部环境造成的客观因素都会导致沟通失效，双方无法达成一致。那么影响有效沟通的要素有哪些呢？

（1）情绪因素　　在沟通过程中，无论沟通者或接收人任何一方的情绪如受到人际关系、工作压力、个人家庭事务等因素的影响都可能造成沟通阻碍，如某种激动的情绪会使你讲话语无伦次、词不达意，甚至完全不是你的本意。

（2）表达因素　　语言表达能力是影响有效沟通的重要因素。因为叙事清晰、论点明确、证据充分的语言表达，能够有力地说服对方，协调双方的目标和利益，使双方达成一致。这就是说，虽然人人都会说话，但说话的效果却取决于表达的方式。比如当我们说话的语气令对方反感，或者自大、讽刺、严厉的批评等，都会令对方难以接受你的观点，即使你的观点是对的，谈话也会不欢而散。

（3）个人因素　个人因素影响有效沟通主要从两个方面体现，即信息发受者与信息接受者。由于每个个体的成长环境、性格、个人经验、受教育程度、价值观等各不相同，对于同一信息的阅读都有可能产生不同的理解，影响双方之间的沟通效果。例如，某公司上司对下属说："你的绩效这一季比上一季低，我真的期望你再加点油。"上司的本意是："你需要再努力一点，而且我相信你做得到。"可下属的理解却是："如果再落后的话，你会被解雇。"

（4）环境因素　环境是指沟通时周围的环境和条件，既包括与个体间接联系的社会整体环境（政治制度、经济制度、政治观点、道德风尚、群体结构），又包括与个体直接联系的区域环境（学习、工作、单位或家庭等），及对个体直接施加影响的社会情境及小型的人际群落。如果在沟通中选择不适当的时间、地点等，也会影响到信息的有效传递。

2．有效沟通的原则

（1）换位思考原则　换位思考是人与人之间的一种心理体验过程。将心比心、设身处地是达成理解不可缺少的心理机制。无论在何时何地，无论与谁沟通，也无论采取何种方式沟通，客观上要求我们必须将自己的情感体验、思维方式等与对方联系起来，站在对方的立场上体验和思考问题，才能使沟通更有说服力，同时也会树立良好的信誉。

有这样一则故事：一头猪、一只绵羊和一头奶牛，被牧人关在同一个畜栏里。有一天，牧人将猪从畜栏里捉了出去，只听猪大声嚎叫，强烈地反抗。绵羊和奶牛讨厌它的嚎叫，于是抱怨道："我们经常被牧人捉去，都没像你这样大呼小叫的。"猪听了回应道："捉你们和捉我完全是两回事，他捉你们，只是需要你们的卷毛和乳汁，但是捉住我，却是要我的命啊！"

从故事中可以清楚地感知到，对于立场不同，所处环境不同的人，是很难了解对方的感受的。因此，对他人的失意、挫折和伤痛，应进行换位思考，以一颗宽容的心去了解、关心他人，这样看问题才能比较客观公正，可防止主观片面，真正实现有效沟通。

（2）信息整序原则　信息接受者和信息发出者之间因为各自的个体差异性，在传受信息的过程中需要对信息进行处理，提高信息的真实性、准确性，对无关的信息要进行过滤并选用恰当的沟通渠道与方式方法，从而保证传达的信息清晰、明确。

（3）尊重对方原则　在沟通的过程中，要想在保持好的人际关系的前提下解决问题，学会尊重对方是很重要的环节。听不进别人的意见、建议，盛气凌人、刚愎自用等，或在与对方交流时使用如奚落、讽刺、自夸等一些不妥的方式，都是不尊重对方的表现。因此，不管与谁沟通，都要克服自己的优越感导向，提高自己的修养，达到有效沟通。

（4）实事求是原则　　有效沟通应以事实为依据。当赞美别人时要具体，要使对方能够感受到诚意；批评时要针对事件本身，不搞个人批评、人身攻击，而应该就事论事，不带成见、情绪，冷静、理智、客观地进行沟通。

（5）积极倾听原则　　积极倾听就是要暂时忘掉自我的思想、期待、成见和愿望，全神贯注地理解讲话者的内容，与他一起去体验、感受整个过程。倾听会使沟通变得全面和深入，有效的倾听既能帮助接收者理解字面意思，也能帮助其理解对方的情感。谁都不希望在畅所欲言之后，对方却无动于衷，面无表情，自然也就会失去与之沟通的欲望了。

3. 有效沟通的作用

商务活动中的有效沟通是企业组织管理中的基础性工作，它具有相当重大的作用。

（1）传递信息　　在当今信息社会中，信息沟通与传播愈来愈凸现其重要性。一方面通过对外的信息沟通，可以获取与企业相关的外部环境的各种信息和情报资料，如国家相关的政策文件、经济发展目标及国内外同类企业的相关信息等，为制定企业的战略发展提供依据；另一方面，通过沟通及时了解员工的相关信息，如员工的价值观、员工对企业组织的意见及建议等，才能更好地掌控整个组织的运转情况。

（2）提升创新能力　　俗话说得好："三个臭皮匠抵上一个诸葛亮。"在企业组织中，通过与员工座谈、员工参与管理决策等形式与员工进行有效沟通，让沟通者相互启发，共同思考，大胆探索，积极主动地为本企业和本部门的发展献计献策，往往能迸发出有神奇创意的思维火花。如惠普公司要求工程师们将手中的工作显示在台式机上，供别人品评，以便于大家一起出谋划策，共同解决问题。

（3）改善人际关系　　在商务沟通中，无论是与内部员工的沟通，还是与外部关系客户之间的沟通，由于利益冲突或者思想观念、态度、价值观等方面的差异所导致相互间不理解、不信任和不合作，将严重影响双方之间的人际关系。保证企业内、外各种沟通渠道的畅通，将有利于增进企业人际关系的和谐，为企业的顺利发展创造"人和"条件。例如，在某公司的经理会议上，生产部经理和销售部经理就是否开发新产品发生分歧，销售部经理认为要占领市场必须要马上开发新产品，而生产部经理则认为目前的产品才刚定型，马上转产，成本太高，两人为此争论不休，企业管理者及时与两人沟通，才使冲突得以平息，避免了因矛盾扩大而给企业带来不良影响。

（4）化解组织危机　　在企业的发展过程中，随时都有可能碰到各种危机事件，危机沟通已成为企业实施危机管理化解危机的重要手段。例如，因企业产品质量原因导致消费者食物中毒，企业通过良好的沟通活动，获取受害者及其家属的谅解，同时与新闻媒体、社区、政府等进行沟通，降低其对企业的负面影响，从而可以有效地化解企业的危机。

第二节 商务场合的沟通方式及分类

商务沟通是指组织与相关的沟通对象进行沟通。在这种沟通过程中，能否使双方建立有效的沟通是关键。因此，作为商务沟通的主体，应了解商务沟通的常见方式，掌握商务场合中的基本沟通类型。

一、常见商务沟通方式

在商务活动中，采用何种沟通方式与对方进行沟通将直接影响沟通效果。有时会碰到这样的情况：商务人员对客户所有环节都充分表现了礼貌与尊重，但却不能得到期望对方所给予的回报。究其原因其实往往有可能是因为所采用的沟通方式并不是对方所认为正确的方式。因此，在商务沟通中，应根据不同的情况采用不同的沟通方式。

（1）口头沟通（含一对一、一对多的沟通） 口头沟通是指沟通双方借助于口头语言直接、当面地就某个事情进行磋商和洽谈。它是日常生活中最常采用的沟通形式，主要包括面对面交谈、开会、讲座、讨论等形式。在沟通过程中双方不仅可以用语言进行直接交流，而且还能通过直接观察对方的仪表、手势、表情和态度，达到沟通的目的。其优点是：直接、深入、成本低、灵活性大、效率高，有利于双方建立良好的感情。缺点是：沟通主体易受个人情感和人际关系的干扰，不易保存，商务活动不具有法律效力。

（2）书面沟通 书面沟通是以文字为媒体的信息传递，主要包括文件、报告、信件、书面合同、电子邮件、备忘录等形式，这种沟通方式一般不受场地、时间的限制，沟通成本也比较低，因此被大家广泛采用。由于书面沟通时要给出正确信息且无法得到即时反馈，也无法借助于非语言信息（如面部表情等）进行判断，因此对于沟通主体的文字写作能力及有效阅读技能都有较高的要求。

（3）电话沟通 电话沟通是指借助于现代化的通信工具（固定电话、手机等）间接地进行沟通，是个体沟通的一种方式。电话使人们的联系更为方便快捷，拉近了人与人之间的距离，电话沟通具有很强的掩饰效果，成为当今人们广泛使用的沟通方式之一。电话沟通不同于面对面交谈，它仅能从对方的声音、语言来辨别是否能顺利达成本次沟通的目标。良好的电话沟通技巧有助于树立企业、公司良好的对外形象。

（4）即时通信沟通 即时通信是指能够即时发送和接收互联网消息等的业务，是网络沟通的方式之一。其主要优点有：①使语音沟通立体直观化；②缩小了信息存储空间；③使工作便利化；④降低了沟通成本。

二、商务场合中的沟通分类

由于每个人站的角度不同，商务场合中的沟通通常会分为不同的类型。

1. 按沟通主体是否属于组织内部来分

按照沟通过程所涉及的人员是否属于一个组织内部来分，商务沟通可以分为内部沟通和外部沟通。

（1）内部沟通　内部沟通是指组织通过有效的途径，使组织的各种指令、计划信息能上传下达，相互协调，围绕组织各项指标的完成统筹执行。良好的内部沟通能打通人们的才智与心灵之门，激励、挖掘人的潜能，提升员工对企业组织的忠诚度和凝聚力。

（2）外部沟通　外部沟通是指组织通过各种公关手段，与客户、政府职能部门、周边社区、金融机构等建立良好关系，争取社会各界支持，以提高组织的知名度、美誉度、资信度，树立良好的组织形象，为组织创造良好的发展氛围。

2. 按信息沟通的载体来分

按信息沟通的载体来分，商务沟通可以分为语言沟通与非语言沟通。

（1）语言沟通　指以语词符号为载体实现的沟通，主要包括口头沟通、书面沟通等。语言为人类彼此间的沟通架起了一座桥梁，通过这座桥梁，才能了解彼此的需要，感受彼此的心情，分享彼此的悲喜。在商务沟通中，口头沟通尤其常见。试想一下，作为一个商务人员，如果无法通过语言表达自己的想法、与同事沟通并咨询相关问题、处理客户投诉等日常商务活动，那将会是什么样的后果。

（2）非语言沟通　非语言沟通是指借助人的体态语言传递信息的一种交流方式。它主要包括身体动作（如站姿、走姿等）、外在形象（如穿着打扮）、声音品质（如音量的大小、语速的快慢）、时间观念（如是否迟到）、身体接触（如握手、拥抱）、人际空间和领域（如商务交往中的社交距离）等方面。

3. 按沟通主体的文化背景来分

按沟通主体的文化背景来分，商务沟通可以分为同文化商务沟通与跨文化商务沟通。

（1）同文化商务沟通　是指具有相同文化背景的人之间发生的信息、知识和情感互相传递、交流、理解的商务沟通行为。即信息的发出者与信息的接受者都同属于一种文化的成员，他们的价值观、行为准则、思维方式、态度等大致相同。如中国与韩国同是儒家文化的国家，对于上下尊卑、尊老爱幼都是根深蒂固的。在商务沟通中，同文化背景的双方相对更加容易达成默契。

（2）跨文化商务沟通　是指拥有不同文化背景的人们之间的信息、知识和情感互相传递、交流和理解的商务沟通行为。随着经济全球化的加速发展，不同国家、不同民族的人具有不同的文化背景，他们的价值观、行为准则、思维方式、态度等具有相当大的差异。

例如中国与美国，美国人特别强调个人主义，一切以自我为中心，在商务沟通中喜欢说不，这与中国人的价值观完全不同。因此，消除因文化差异造成的沟通障碍，提高跨文化沟通的有效性成了决定国际商务活动成功与否的关键因素。

第三节　商务沟通技巧

沟通要有效得靠巧劲，所谓"运用之妙，存乎一心"，"巧劲"并非心机，而是"选择"较可能达成目标的沟通技巧。据成功学家们的研究表明，一个正常人每天花60%～80%的时间在"听、说、读、写、看"等沟通活动上。美国沟通大师保罗·蓝金研究显示：领导人的沟通时间45%花在听上，30%花在问和说上，16%花在看和读上，9%花在写上。可见商务沟通技巧主要体现在听、说、读、写、看五个方面。

一、听（倾听）

听是首要的沟通技巧。这里所说的听，主要是指倾听。倾听是指主体行为者通过视觉、听觉等媒介接受、吸取和理解沟通对象的思想、信息和情感的过程。在日常沟通活动中人们用于倾听的时间大约是45%。而商务人士花在倾听上的时间则达到65%左右，倾听是商务沟通中各种语言运用的基础。

1. 倾听的层次

医学研究表明：婴儿的耳朵在出生前就发挥功用了。听、说、读、写、看中，听的训练最少，不论多么仔细地听，在听了以后大部分人马上忘掉一半以上的内容。两个月后，一般的听者大约只能记得1/4的内容，可见听在听、说、读、写、看中可能是难度最大的。而实际上，有效的倾听是可以通过学习而获得的技巧。认识自己的倾听行为将有助于你成为一名高效率的倾听者。

按照影响倾听效率的行为特征，倾听可以分为五个层次。

第一层：根本不听。这一层次的人对于别人讲的话只当是耳旁风，听了却没有留下任何有价值的信息。

第二层：假装在听。对听到的信息略有反应，其实心不在焉，几乎没有注意说话人所说的话，心里考虑着其他毫无关联的事情。

第三层：有选择地听。只听取自己想要的内容，实际是只听自己心声，不是倾听别人意见。

第四层：全神贯注地听，又叫聆听。倾听者主动积极地听对方所说的话，能够专心地注意对方，能够聆听对方的话语内容。

第五层：用心去听。这是一个优秀倾听者典型特征。他们的宗旨是带着理解和尊重积极主动地倾听，即用同理心去听。这种感情注入的倾听方式在形成良好人际关系方面起着极其重要的作用。

2．在商务沟通中擅于倾听的礼仪作用

上帝给了人一张嘴，却给了两只耳朵，可见听是商务沟通成功的前提。

（1）倾听表示对人的尊重，促进人际关系改善 全神贯注地倾听是对对方谈话的肯定，使对方有一种"他很尊重和重视我的意见"或"他很希望我说下去"的感觉，从而使说话者感到满足，也借此表明你与对方沟通的诚意，进而促进商务沟通过程中形成和谐、轻松、友好的气氛，有利于相互妥协，达成共识。

（2）有利于获取更多有价值的信息 在商务沟通中，沟通双方彼此频繁地进行着微妙、复杂的信息交流，保持认真倾听的姿态，可以诱使对方陷入情感满足的同时，更多地透露出对你有价值的信息。因为，真正有价值的信息，往往是由于对方获取了更多情感上的认同才自愿表露出来的。

（3）有助于搜集到沟通所需要的重要材料 通过倾听，我们可以感知到对方沟通的诚意，掌握支持对方沟通的利益所在，了解双方对问题认识和理解的差距。倾听可以使你适时和恰当地提出问题，澄清不明之处，或是启发对方提供更完整的资料，从而为促进双方进一步的沟通奠定基础。

3．商务沟通中有效倾听的礼仪技巧

为了提高有效倾听技巧，应做到以下六个方面：

（1）专心会神地听 听人讲话要专心，眼睛要注视对方，努力地听懂对方的讲话，这是商务沟通中倾听的基本要求。因此，在商务沟通中，我们应把注意力放到发言者讲的内容上。关注发言者讲的是什么，不要因为发言者穿着不得体、说话语速太快、地方口音重而对他产生反感情绪，分散自己的注意力。要知道听话及思考的速度与讲话的速度是不同步的，听话者稍有疏忽，就有可能错过一个至关重要的信息，影响沟通效果。

（2）让自己融入其中 在商务沟通中，双方所传递的信息有的有用，有的无用；有的真实，有的虚假。这时你要做的事大部分是在大脑里进行的，总结对方说的内容，用自己的话解释发言者的观点。在倾听的时候，不停地问自己："这个观点和我的观念吻合吗？怎么运用这个信息来帮助我更有成效地工作？"使别人的信息为自己所用会让你更容易融入其中。

（3）避免先入为主地听 不管发言者是谁，也不管他讲的是否是自己感兴趣的话题，尽量不受主观情绪的操纵，保持客观的心态。要学会接受新事物和新观点，把注意力集中到信息的内容上，而不是来源上。同时还应尽可能长时间保持中立，不要很快对一件事下定论。应努力想想为何发言者要论证这样一个观点，他提出了哪些事实或者经历来说服听众。否则，会带着"有色眼镜"，不能从对方的角度看待问题，从而出现偏差。

（4）尽量避免抢话　　也许由于自己想强调一些细枝末节，或因为时间压力而变得着急不耐烦，又或许因为想修正对方话中无用的信息等原因，人们就会忍不住插嘴抢话或打断对方讲话。这样做将会导致非常不好的结果：①不礼貌；②降低沟通速度。抢话不仅会打断别人说话的思路，也会耽误自己听话的思路。③阻碍商务沟通的有效进行。因此，一个善于倾听的人，不仅会尊重别人说话的机会，更应该用心地听来鼓励和诱导对方把话深入地说下去。

（5）加强理解　　有效的听者是主动的听者，是能移情换位听懂别人信息的听者。移情换位的听分为表层和深层两种。表层：听者简单地解析、重述或总结沟通的内容。深层：听者不仅有表层的参与，也能理解对方隐含的或没有说出来的内容。有效倾听应全面关注、提高理解的效率。

首先，要注意听清全部的信息，不要听到一半就心不在焉，更不要匆匆忙忙下结论。

其次，要注意整理出一些关键点和细节，并时时加以回顾。

再次，要正确倾听"弦外之音"，避免误解。俗话说："说话听声，锣鼓听音。"这里的声既包含了说话的声情内容，也包括了弦外之音，要透过话语的表象，发掘他真实的动机。

最后，听出对方的感情色彩才能完整地领会谈话者的真实意思。

（6）配合回应　　身体语言往往更加诚实可信。在倾听时，配合以身体语言回应对方，如端详对方的脸、嘴和眼睛，保持眼神交流，用点头或摇头等身体语言，来鼓励信息传递者传递信息，使发言者释放更多的信息，同时也能让传递者相信你在倾听。

二、说（说话）

说话是一门重要却往往被人们忽略的艺术。它包括社会交谈（即通过语言接触，分摊感觉，是建立社交关系的闲聊）、感性谈话（即分摊内心感受，卸下心中重担。属宣泄沟通，是人际关系的润滑剂）、知性谈话（传递资讯，像一场乒乓球比赛，你来我往，双向沟通）三种类型。

在商务活动中，高水准的语言技能将使商务人员在商战中左右逢源，赢得与他人宝贵的合作机遇，在工作中受到上司的重视，得到同辈的尊重并赢得下级的拥戴。提高说话水平，掌握语言艺术，已发展成为人们获得成功的必备能力。而提高说话水平及技巧，只能在学习中不断积累，在实践中不断增强。只要用心练习，掌握语言运用的方法和技巧，就一定能够自如地驾驭语言，潇洒从容地与他人交流。

1. 口才好的必备条件

写文章讲究"读书破万卷，下笔如有神"。说话其实和写文章是同一个道理，准确、缜密的语言，能够说服人；清新、优美的语言，能够打动人；幽默、机智的语言，能够感染人。因此，丰富自己的内涵，提高自己的学识修养是口才好的必备条件。知识面不够宽广，就算口才练得再好，技巧掌握得再多，也无法说服别人。具体来讲，要想拥有好的口才，则应从以下几个方面多下功夫：

（1）勤奋好学，积累知识　没有人天生才高八斗，渊博的知识、睿智的头脑来源于平时一点一滴的学习和积累。天文地理，历史经济，涉猎越广，积累越多，在各种商务场合说话的表达能力就会越强。

（2）从现实生活中积累说话素材　商务活动中，有时也需要通过交谈、聊天来拉近双方的距离，为下一步进入正题打下基础。交谈中的许多话题都应以生活为基础，从生活中积累说话素材。因此，关注生活中的甜酸苦辣，找到双方共同感兴趣的话题就显得尤为重要。如果缺乏生活体验，总是说一些不着边际的话，很难让对方产生共鸣，从而影响商务沟通效果。

（3）紧跟时代脉搏　随着时代的发展，总会有一些新鲜出炉的网络语言出现，商务人员要紧跟时代的脉搏，运用语言技巧进行有效沟通。比如之前红米手机在网上热卖，沟通对象询问："能给我抢购一台红米吗？"如果不了解情况这样回答："红米还要抢购吗？超市里不到处都有卖吗？"这种令人啼笑皆非的沟通结果，正是由于没有及时了解一些新的事物，以致闹了笑话。

（4）崇尚真情，加强情感积累　从表面上看，口才不过是用嘴巴去叙述，而实际上，应是用心、用感情去和对方进行交流。在日常生活中，主动去感受各种不同的情感经历并积累经验，在与人交流中从能够充分体验对方的感受，与对方产生同理心，这样的说话才能让对方感受到真诚，才能更好地与之沟通交谈。

2．说话技巧的运用

（1）理清思路，富有逻辑　《纽约时报》专栏作家威廉·萨菲尔说："与人沟通时，必须先理清自己的思路，说话要言之有物，以此说服、引导、感染和引诱对方。"当我们与人交谈时，尤其在商务沟通中，应先把要表达的资料过滤，浓缩成几个要点，在进行表述时，条理清晰，讲完一点再讲第二点，把每一点想要表达的想法、信息说清楚，让对方能够明白我们的目的，从而达到沟通效果。

（2）注重礼貌，有礼有节　有句话说得好："尊重别人就是尊重自己。"不论对方是何种社会地位，人格上均应该视为平等，多使用礼貌用语，多使用商量口吻，在动作、表情、服饰上都要表现出对对方的尊重，即使"买卖不成"也要做到"仁义在"。正如有位名人说的那样："生活中最重要的是有礼貌，它比最高的智慧、比一切学识都重要。"

在商务交往中，做到语言有礼貌，应做到"四有四避"。

"四有"是指：

1）有分寸。了解沟通对象，明确交际目的，认定自己的商务角色，即知道"我是谁",以便说话的内容、方式符合这一角色。

2）有礼节。在与人交谈中，熟练掌握常见礼仪语言的惯用形式，如"您好""再见""谢谢""对不起""没关系""请"等。

3）有教养。说话要有分寸、讲礼节，词语雅致，尊重别人符合道德和法规的私生活、衣着、摆设、爱好等，这些都是言语有教养的表现。

4）有学识。当今社会重视知识、尊重人才已成为必然，富有学识的人将会受到社会和他人的敬重，反之将会受到社会和他人的鄙视。

"四避"则指：

1）避隐私。隐私就是不可公开或不必公开的缺陷或秘密。因此，在言语交际中避谈避问隐私，是有礼貌的表现。如与西方人交往时，询问对方的年龄、职业、婚姻、收入等方面，会被认为是十分不礼貌的。

2）避浅薄。浅薄是指不懂装懂，讲外行话，或者言不及义。我们应当学有专攻又知识渊博，但总有不如他人之处，总有不懂某种知识之处，要谦虚谨慎，不可妄发议论。

3）避粗鄙。言语粗鄙是最无礼貌的表现，它是对一个民族语言的污染。

4）避忌讳。避讳语也是社会一种重要的礼貌语言，交往时应顾念对方的感情，避免触忌犯讳。

（3）用语准确、言简意赅　　商务沟通所用的语言，其中最关键的一点就是注意用语准确、简洁。简洁能使人愉快，使人喜欢，使人易于接受。表达一个概念做到言简意赅，将使交流双方都省力。说话冗长累赘，会使人茫然，使人厌烦，达不到有效沟通的目的，影响沟通效果。例如，有客商新开一家酒店，请人为他写了一块"此处有好酒出售"的招牌。有人看了说"此处"二字太啰唆删掉，也有人说"有"字也属多余；还有人认为酒好酒坏顾客自有评价，"好"字也应当删去；最后客商说那就只留个"酒"字算了，众人点头赞许。

（4）充分利用非语言因素　　据调查分析，从交谈中获取信息，视觉占55%，声音占38%，语言占7%。在与人沟通中，除了较好的口才、雄辩的能力和遣词造句的运用外，还要运用好体态语等非语言因素，注意通过控制自己的声音（音量、速度、语调、节奏）、脸部表情（开朗、机警的微笑）、身体动作（身体姿势、身体距离）、眼睛（声音与视觉协调一致）、仪表举止等来表达自己的热情、亲切诚恳，做到声情并茂、打动人心。

（5）善于提问　　在与人交谈中，问和说是必不可少的两个环节。善于提问，可以让对方多说，获得更多有效的信息。例如，在销售活动中，只有问得多，客户才会说得多，所传达出来的信息才会内容丰富，销售成功的概率才会更大。提问的方式主要有两种：①开放式提问。如：会议上是如何讨论那些议题的？②封闭式提问。如：那是何时发生的？

开放式提问具有收集信息全面、气氛愉快、可能有意外收获等优点，但存在浪费时间和精力且不易控制的缺点。而封闭式提问具有节省时间、容易控制谈话内容等优点，但存在信息收集不全、谈话气氛紧张、对虚假信息难以辨别的缺点。无论我们采用什么样的提问方式，其根本原则是：提问简短、清楚、重点突出、与交谈主题相关、正面肯定为主、能够问到想要的东西。只有这样才能达到预期的沟通效果。

3. 商务沟通中"说"的几点注意事项

（1）选择"说"的环境　如：环境嘈杂时不说；环境于己方不利时不说；善于营造最佳环境。

（2）选择"说"的时机　如：对方心情不好时不说；对方专注于其他事情时不说；对方抗拒时不说；善于捕捉最佳时机。

（3）多使用事实陈述　如：举出具体的实例；提出证据；以数字来说明；运用专家或证人的说辞。

（4）注意用语原则　如：少讲些讥笑的话，多讲些赞美的话；少讲些带情绪性的话，多讲些就事论事的话；少讲些破坏性的话，多讲些建议性的话。

（5）恰当说不　如：我不知道，但我会找到答案的；我将尽力弄清这个问题；我将仔细找出问题的解决办法；我将获得这方面的信息。

三、读（阅读）

读比听要容易，因为每个人可以按照自己的速度去阅读，遇到疑惑的地方，可以反复的去读；但是在信息时代，人们期望读的东西日渐繁多，而事实上却没有足够的时间细读想接收的每一条信息。因此在商务沟通中，如何选择信息、提高阅读效率，能否理解作者的原意就显得尤其重要。

1. 商务阅读目的

阅读是以准确、具体获取文章有用信息为目的的思维活动。在阅读过程中并不是所有信息都有用，判断是否有用的标准是读者的阅读目的。

在商务沟通中，阅读目的主要体现在以下几个方面：

（1）搜集、筛选有效信息　阅读是为了获取信息。当今世界，信息量日益膨胀，令人目不暇接。通过阅读（如网络浏览、读书、读报、读杂志、阅读报告等），收集掌握大量的信息资料，并结合自己的实际，通过有目的、有针对性的排列、整理、分析等阅读技巧加以筛选处理，使信息具有准确性、科学性和有效性，从而为商务沟通决策提供有价值的资讯参考。

（2）理解、领悟相关信息　在商务沟通中，双方会通过大量的商务公文（如报告、通知等）、电子邮件、商务信函等交往传递相关信息及决策人意图。通过阅读，运用相关的方法与技巧，更好地去理解、领悟对方信息所传递的真实意义，有助于双方更好地沟通与交流。

2. 商务阅读方法

（1）泛读　　即广泛地阅读；通常也指一般性阅读。意在追求对信息的整体理解以及阅读速度。

（2）精读与研读　　指深入细致地阅读。对重要的内容，要认真读、反复读，且逐字逐句地深入钻研，对其所表达的思想内容要做到理解透彻。

（3）速读　　是指运用视觉，讲求效率、符合人的思维特征、有利于记忆的阅读方式。它是在目的性更明确、自身的注意力更集中的情况下进行的，通过科学用眼和科学用脑，快速而又高效地获得知识信息的一种阅读方法。

（4）默读　　不出声地读。默读速度快，便于更集中地思考、理解读物的内容，并且不易疲劳，易于持久。默读应用范围十分广泛，读书报，查资料，看通知、布告、信件等，都要用到默读。

3. 商务阅读能力的培养

阅读效率取决于阅读者的能力。阅读能力主要包含理解、速度和记忆三个要素，其核心是理解。这要靠精读来完成，同时速度又是阅读量的重要保证。因此，二者相辅相成，缺一不可。

（1）培养和提高阅读能力的方法：
1）提升理解能力。
2）培养思维能力。
3）提高表达能力。
4）增强记忆能力。
5）提高速读能力。

（2）在阅读时需要注意的几种信息：
1）开阔思路的不同见解的矛盾信息。
2）常用的、重要的公式、数据等资料信息。

四、写（书写）

在商务沟通的过程中，除了运用语言进行沟通外，通过书面形式进行沟通也是其不可缺少的方式之一。书面沟通是一种单向沟通，不受时空的限制；信息发出者往往是一次性定格，而接收者则可以多次接收。书面沟通由于其具有语言沟通所不具有的优势：对于一些重要的资料信息可以永久的记录保存并事后阅读；可以对复杂的材料进行有效的组织，以便于理解；同时书面沟通所表达的情感信息更加强烈。因此学习和掌握书面沟通的撰写，培养书面沟通的写作技能也是商务沟通非常重要的环节。

1. 书面沟通的主要形式

（1）公文　　全称公务文书，是机关团体、企事业单位等依法成立的社会组织用来办理公务、有一定格式的应用文。公文的特点有：①公文内容的公务性。不能用公文来表情达意。②公文格式的规范性。有惯用的格式和法定的格式两种。③作者和读者的指定性。公文的作者只能是法定的社会组织及其法人代表或者称为第一领导人；公文的读者是特定的，在公文格式上有专门规定，即"主送机关""抄送机关"和"传达（阅读）范围"。④法定权力的制约性。对于作者和读者，公文具有法规给予社会组织职权所产生的制约性。如：经济公文合同，依照我国《合同法》对于缔约各方具有确定的制约性，如奖惩、期限等。

其具体内容包括：

1）命令：发布法规、强制措施、任免嘉奖。主席令、省长令、嘉奖令、严戒令等。

2）决定：下行文，重大事项、重大问题、重大行动的安排决策。

3）公告：向国内外宣布重要事项的法定事项。如关于打击走私的公告。

4）通告：一定范围内应遵守或周知。

5）通知：下行文，发布规章，办理或周知等。

6）通报：表扬先进，批评错误。

7）议案：向同级人大提报事项。

8）报告：上行文，汇报工作，反映情况，答复询问。

9）批复：答复请示。

10）意见：重要问题提出见解和处理办法。

11）函：商洽工作、询问答复、请求批准。

12）会议纪要：用于记载、传达会议情况和议定事项。

（2）电子邮件　电子邮件指用电子手段传送信件、单据、资料等信息的通信方法。电子邮件综合了电话通信和邮政信件的特点，具有传播速度快、便捷、费用低廉、交流面广、信息多样、安全等特点。

（3）商务信函　指在日常的商务往来中用以传递信息、处理商务事宜以及联络和沟通关系的信函、电讯文书。其主要包括：贺信、贺电、欢迎词、欢送词、答谢词、祝酒词、请柬等。

2．书面沟通的写作步骤

书面沟通写作并没有高深的理论，其难度在于需要不断地训练自己，这一过程可能是漫长的。当面临一项写作任务时，第一反应就是坐下来，立即开始写。如果按照这种冲动去写，其结果必然是被打回来重新再写。实际上，在接到书写任务时，如果将任务一步步分解开，有步骤依次完成，效果会更好！尽管书面沟通的具体形式各不相同，对文稿的具体要求也略有不同，但其基本的写作步骤都是一样的。

书面沟通的写作过程一般分为五个步骤：

（1）信息接收对象分析　研究信息接收者的需要、经历、性格和其他方面。一则信息的接收对象，不管是一个还是多个读者，在性质上往往都是一样的。有能力的沟通者，通常会先分析他们的受众，然后运用得到的信息来组织文章的内容、结构并确定行文语气。进行受众分析，其目的就是了解信息接收者的兴趣、需要和性格，使信息的有效性最大化。

信息接收对象分析主要从五个方面进行：

1）分析信息接收的对象。当信息接收对象只有一个人的时候，写作相对要简单。当信息接收对象是写给很多人的时候，那就应该满足主要受众的需要。

2）分析和信息接收者的关系。因为与受众之间的关系决定了写作信息时的语气和内容。当写的信息是给不熟悉的受众看的时候，则首先应该是建立双方之间的可信度，采用的语调应理性并有足够的事实材料做支撑。如果写的信息的受众是公司领导，则应该从上司喜欢的行文风格和措辞来组织材料内容，语气应柔和。

3）分析信息接收对象可能产生的反映。一般情况下，如果传达的是正面信息，通常采用直接的写作方式，而对于负面信息，应采用间接的方式。尤其是当预料到信息接收者的反应是消极的，那就应提出大量的例证和专家意见来支持。因为这样可以使受众对信息产生积极的反应，有利于工作的开展。

4）分析信息接收对象的已有信息。了解受众对陈述主题已掌握的信息状况，确定信息接收对象最需要的信息资料，这对于决定写作内容和写作风格将非常重要。

5）分析信息接收对象的特殊需求。根据读者的兴趣爱好进行写作，使信息内容更加个性化，让读者感受到被重视，使沟通效果更好。

（2）计划　计划是写作过程的第二步，它包括三个方面的工作：①确定目的。一个清晰的写作目的可以避免写出与主题词无关或者误导性的信息。②内容（即写作涵盖的信息）。写作成功的根本就是要包含足够多的信息，但不相关的信息除外。确定写作信息首先应围绕一个主题拟出基本的大纲，然后可以运用头脑风暴法或思维导图等方式收集相关的信息。③组织（确定主题讨论的顺序）。通过对收集到的信息进行分类，鉴别信息的主次，把次要观点组织起来为主要观点服务，达到自己期望从读者那里得到的反应。

（3）写初稿　在这个阶段应记住最重要的一点就是顺其自然，用最快的速度把想法写到纸上或电脑里，不用担心什么风格、正确性和格式的问题，因为接下来还有修改环节。在这一阶段最忌讳拖延、没耐心及完美主义，因为这些因素会影响写作者的创造性及注意力，且不利于写作者的自我评价。

（4）修改　修改的目的是为了改善初稿的反应效果。如果有可能的话，对于初稿可以时间放长一点，以避免记忆里依然是初稿里的东西。在对内容进行修改时一个原则就是确保内容包含所有必需信息而且只有必需信息。对风格的修改主要体现在文稿的节奏感和流动感；校订其根本目的是确保文稿符合标准语言，即查看是否存在语法、拼写、标点及用词方面的错误。

（5）调整格式和校对　以适当的格式安排文章内容，并检查文章内容、排版和格式错误。不同的书面沟通材料其文稿的格式各不相同，因此应根据通用标准调整文稿格式，就文稿内容、排字和格式错误进行校对。如果不仔细进行校对或调整格式，将会影响受众对作者的印象。

3．书面沟通的基本原则

（1）正确性原则　它是书面沟通写作的首要原则。因而文章的材料要真实可靠，观点要正确无误，语言要恰如其分；明确写作意图，正确地传递想要传递的信息，实现有效沟通。

（2）清晰性原则　文章的整体布置，包括标题、大小写、字体、页边距等都应非常清晰。

（3）完整性原则　对于想要表达的重要思想、观点，应完整地描述。

（4）简明扼要原则　通过排序的方法把不太重要的事项删除，在做到准确、周到的前提下，应用最少的文字表达真实的意思，不能拖沓冗长，要使文章言简意赅。

五、看（观察）

看，是指用眼睛进行观察。一个善于沟通的人一定是一个善于察言观色的人。作为商务人员应设法在最短的时间里通过敏锐的观察熟悉了解自己的商务对象，如民族、地域、年龄、职业、文化、修养、阅历、性格等诸多方面，有利于自己在商务活动中占据主动，为双方接下来的沟通活动奠定良好的基础。

商务活动中的"看"应主要从三个方面进行：

（1）观察外表　在商务活动中，很多商务对象都是初次打交道，在双方互不了解的情况下，就只能依靠自己敏锐的观察能力，透过对方的衣着（服饰色彩、领带等）、妆容、面部表情（眼神、笑容、嘴、皱眉等）、身体姿态（站姿、手势等）等外在元素判断对方的民族、年龄、职业等，以便于找到有针对性的沟通方式，完成沟通目的。例如，当观察到对方穿着深色套装时，通过第一感觉就能够感知到对方可能是一个精明强干、办事可靠、对工作负责的人。因此，在交谈时，语言表达应该尽量严谨、准确、避免啰唆，这样才能给对方留下良好的第一印象。又如，当观察到一个人鞋子如果很脏，并且近来没下雨，那说明这个人对于生活卫生方面并不怎么在意，同时也可推测他对于生活其他方面也并不太严谨，甚至还可以进行这样一种假设：可能他性格就是这样的。

（2）观察环境　在商务沟通中，当进入到对方的工作环境时，可以通过观察对方办公室的环境，如墙上挂的画、橱子里放的摆设、台板下的照片、书橱里的书等判断对方的情趣、爱好和修养，以便能很好地寻找到对方感兴趣的话题，增加业务谈判的成功率。例如，一位业务员去某公司销售电脑，观察到这家公司老总的书架上放着几本金融投资方面的书，于是就借此与这位老总聊起了投资的话题，双方聊得非常开心以致都忘记了时间。

直到中午，公司老总才突然想起来问业务员："你销售的那个产品怎么样？"业务员立即抓住机会给他做了介绍，老总听完之后就说："好的，没问题，咱们就签合同吧！"可见一个具有敏锐观察能力的人，在商务活动中更能够游刃有余地应对各种情况。

（3）观察习性　俗话说，一方水土养一方人，不同的地理环境造就了不同的地域性格，如东北人喜欢喝酒，很讲义气；上海人会算计；福建人很精明；广东人有韧性；四川人很外向等。在商务活动中，应通过对对方的口头禅、行为、语言表达习惯等方面的观察，了解对方的生活习性、性格特点，采取有效方式与对方沟通，将会达到事半功倍的效果。如通过观察其言行，了解到对方是一位性格内向的人，在与其沟通时应该尽可能地找到对方真正关心的事情来进行交谈，这样才能调动起对方的热情，使双方沟通更加顺畅。

听、说、读、写、看作为商务沟通技巧的基本要素，是商务人员必须掌握的内容，其中听和说尤其显得重要，只有不断在实践中提升自己的听、说、读、写、看这些基本能力，才能有效地提升商务沟通中的沟通效果。

第四节　情商管理与商务沟通礼仪

长期以来，人们都把成功与人的智力因素画等号，这也使得社会的整个教育都是针对智力的教育。然而在无数成功者的案例中发现，许多成功者都具有一些共同的非智力因素的特征，如清醒的自我认识、稳定的情绪和不屈不挠的勇气等，而这些特征就是情商。

哈佛大学心理学博士戈尔曼研究表明：一个人能够取得成功其中80%在于他的高情商，而智商只占20%。卡耐基也曾说过，一个成功的管理者，专业知识所起的作用仅占15%，而交际能力却占到了85%。放眼现实世界，人们确实可以感受到：凡是事业上取得成功的人都具有很高的情商。

一、情商在商务沟通中的作用

情商（EQ，Emotion Quotient）即情绪商数，1995年由美国心理学家丹尼尔·戈尔曼在其写的一本叫作《情感智力》的书中首次提出。其主要是指人们认知、控制和调节自身情绪的能力和在人际关系中的交往、调节能力。它是人们自我管理的核心内容之一，表现为自知、自控、自励、知人、协调等非智力因素的一些心理品质，拥有这些品质的人将能够达到事业的顶峰，因为他们不会受到失去控制的情感支配。

（1）情商主导人际关系　良好的人际关系是人们事业成功的基础，而情商正是建立良好人际关系的必备条件。情商是一种控制及分辨个人和他人感受及情绪的能力，并运用这些能力去指引个人的思想和行为，其渗透在人际关系的每一个角落，影响着人们工作生活的方方面面。企业的和谐、团队的稳定、事业的发展，离不开情商；夫妻关系、亲子关系、朋友关系的维系，离不开情商；快乐、幸福、平衡的人生，离不开情商。在人们的工作与生活中常会遇到许多不如意，有的人会因此大动肝火，结果把事情搞得越来越糟；而有的人则能很好地控制自己的情绪，泰然自若地面对各种刁难，建立良好的人际关系从而使自己立于不败之地。

（2）情商决定影响力　在今天这个凡事都离不开分工合作的时代里，情商将直接决定一个人的影响力。情商高的人能够很轻易地影响自己身边的人（上级、下级、同事），从而成就自我。

二、高情商的构成要素

通常情况下，高情商包括以下五个方面：

（1）自我意识　自我意识包括三个方面：①认识自己的生理状况（身高、体重等）；②心理特征（气质、性格等），有心理学家根据人的体内液体成分将人的气质分成四种类型：胆汁质、多血质、黏液质、抑郁质，且每种气质类型人们的特点都各不相同；③自己与他人的关系（与同事、同学相处的关系，自己在集体中的位置与作用等）。在一个群体中，首先要知道自己在这个群体中的位置，才能更加深刻地了解自己的情绪，才能在最合适的时机展现最适合的情绪。

自我意识是情商的基本要素，是情商管理的基石。当人们遇到问题时，自我意识能够帮助了解和解读自己的情绪，从而了解对方是如何影响自己并变换行动的，这样才能够客观地评价自己，从而很好地控制自我情绪的消极影响。

小胡自知是一个胆汁型气质的人，脾气暴躁容易冲动。为全面掌握自己情绪变化的不同节点，他甚至自制"情绪分析表"，对自己在生活工作中的情绪表现完全摸透，并结合自己的特点发明了一套"避而不战"的情绪管理战术。例如：每当自己将要发火的时候他马上选择离开，等情绪平静后再来谈；对于那些容易导致自己冲动失控的活动选择回避，如辩论会等；选择工作也避免前台、销售一类的工作等。通过对自我情绪的管理，为自己积聚了大量的人脉，从而取得了成功。

（2）自我管理　自我管理其实质是对人的"七情六欲"的掌控。这里的"七情"主要是指：①喜（快乐、愉悦）；②怒（发怒、气愤）；③哀（忧伤、悲痛）；④惧（害怕、担忧）；⑤爱（喜欢、钟情）；⑥恨（讨厌、憎恨）；⑦怜（怜悯，同情）。"六欲"则指：①求生欲；②求知欲；③表达欲；④表现欲；⑤舒适欲；⑥情欲。

由于人的情绪总会受各种事物的影响而产生变化，一旦情绪产生波动，个人会表现出愉快、气愤、悲伤、焦虑或失望等各种不同的内在感受，如果这种不良情绪经常出现且持续不断，将会对个人产生极大的负面影响，如影响身心健康、人际关系或日常生活等。自我管理就是善于控制自己的"七情六欲"，能以乐观的态度、幽默的情绪及时地排解不良情绪，在最艰难的时刻能保持冷静，抵住压力，达到自己的目标。

（3）自我激励　人的一切行为都是受到激励而产生的，保持高度热忱是一切成就的动力。自我激励是指面对自己想实现的目标，随时进行自我鞭策、自我说服，始终保持高度热忱、专注和自制。

能够自我激励的人，做任何事情都能坚持不懈并能高效地成就自己的事业。例如，英国著名理论物理学家史蒂芬·霍金，由于其对生活有明确的目标，也有乐观、自信的生活态度，尽管从青年时代起就瘫坐在轮椅上，甚至不能说或写一句完整的话，但他从没有自怨自艾，而是不断地激励自己，最终成为20世纪最伟大的物理学家之一。

（4）同理心　同理心是指能设身处地地去理解他人的情绪，明白及体会别人的处境及感受，并可适时地回应其需要。心理学家将其分为初级同理心和高级同理心：初级同理心强调理解别人，不强迫别人接受自己的观点；高级同理心则表达的是一种理解、接纳、平等、关爱与尊重。同理心让人们从对方的角度观察事情，体会对方的感受、担忧和需要。有了同理心，赞赏、鼓励、谅解、互相扶持将会代替对方的挑剔、抱怨、责怪、嘲笑、讥讽便也大大减少，人与人的相处，就变得愉快、和谐。例如，两家企业合并，所有部门人员超编，员工面临着下岗、被解雇的担忧。这时一位部门经理把员工召集起来，他毫不掩饰自己的担忧和疑惑，而且承诺不向大家隐瞒消息，公平对待每个人。这位经理对员工表现出了同理心，凭直觉了解到下属的感受，并把他们的恐惧说出来，结果优秀的人才都留下来了。

（5）人际关系的管理能力　人际关系管理是管理他人情绪的艺术。在与人交际时，它要求人们能在认知他人情绪的基础上，采取相应措施，通过解读具体的情境，控制自己的情绪，利用情绪感染对方，与其建立并维系良好关系。一个人的人缘、领导能力、人际关系和谐程度都与这项能力有关，通过这项能力，可以说服、引导别人，让团队开始工作，平息谈判争端，充分掌握这项能力的人常常能成为社会上的佼佼者。

人际关系管理能力的高低其实最根本的原因就是是否能根据不同行为风格的人采取有效地与对方沟通的方式。通常，根据人们处世风格的坚定性和敏感性不同，将人的行为风格分为分析型、和蔼型、支配型、表现型四种，见表11-1。

表11-1　四种行为风格分析

行为风格	行为特点	有效沟通方式
分析型（C）	性格内向、不善于表达，擅分析、重思考，做事严谨认真、追求完美，遵守时间、理性不冲动，害怕被批评	强调专业性，表达准确且内容突出，资料齐全，逻辑性强，最好以数字或数据说明问题；避免空谈，用自己的专业性去帮助其做出决定；留时间让其思考
和蔼型（S）	性格内向、对人友好、擅于与人合作，立场坚定但面对压力办事不果断，缺乏安全感	了解并认可其内心的真实观点；很积极地聆听并对谈话内容持开放态度；当双方意见相左时，避免对事实及逻辑争论，应从私人看法、个人感受去讨论；不可有过分行为以避免他对你失掉信心

(续)

行为风格	行为特点	有效沟通方式
支配型（D）	性格外向乐观，办事果断独立，做事目的性、计划性强，强调效率强，说话快且直接，面对压力缺乏耐心，容易被人利用	掌握其内心的真实想法；提供各种备选方案；投其所好，不要直接反驳或使用结论性的语言，避免啰嗦；透过提问的方式让他发掘要点，但不要问得太多；保持良好的业务关系，不主动去建立私人关系
表现型（I）	性格外向乐观、擅于交际、对人热情并愿意与人合作，有点情绪化，比较在意别人的看法，对胜负看得很重，希望得到别人的认可	首先应该成为一个好观众或好听众，少说多听；切忌将自己的观点强加给他或打断、插话，或冷漠、无动于衷；不要急于切入主题，应先在各方面达成共识；应避免争论而要在双方探讨时从各种可能方案中找出一个解决方法

三、商务沟通中情商运用技巧

情商受先天的影响较小，可以通过后天的培养来提高这种掌控情绪的能力。情商高的人，情绪健康稳定、积极乐观、与人为善；情商高的企业，必定有一个积极向上、充满竞争力和凝聚力的团队。当今社会竞争日趋激烈，无论是个人还是企业，在商务沟通中提高情商运用技巧将有助于我们更好地适应社会，也是获取职场成功的必备要素之一。

（1）建立良好的习惯　习惯分为两类：思维习惯和行为习惯。在职场环境中，由于思维习惯和行为习惯，人们自然而然地养成了一种职业习惯。习惯能够成就人们，也能击垮人们，为了成就卓越，必须在日常工作中克服坏习惯建立好习惯。为此，首先要有改变自己不良习惯的想法，因为想法是行动的基础，想法可以激励人们，有想法人们才会有行动；其次是持久。不良习惯的养成不是一两天的事情，建立良好习惯同样需要毅力，只有持续不断地坚持某种好行为，它才能变成一种新的好习惯。最后，多用正面的词语和图像，来肯定自己的行为而不只是意愿，因为人们能够控制的是行为而不是意愿。如"我说话要清楚并且用词准确"这是可以控制的行为，而"我要提高演讲能力"只是一种美好的意愿，若没有了行为的支持，那将不能实现。

（2）操之在我　在人与人的相互沟通中，无论出现任何情况，都应该很好地把握自我，本着仁爱、热情、自信的态度，接受他人、接受现实，认真思考，适应变化，不被他人所左右，牢牢掌握主动权。避免因偏见、嫉妒、冷漠、自卑等因素的影响而受制于人。有了操之在我的思维，人们就会变得积极、乐观、向上、开朗、愉快，与别人沟通交流就将变得游刃有余。

操之在我的主要表现：

1）目标明确。独立意识与自我意识强的人通常都知道自己要做什么，自己的每一步行动总是指向自己的目标。事实证明，当人们专注于一个目标时，与这个目标有关的信息和资源就会被人们集中起来，形成一种合力；当对目标保持坚定不移的信心时，它最终就会变成事实。

2）选择在我。在接受外界刺激的时候，商务人员对其进行选择：于我有利者，取之；于我不利者，舍之。就像犹太裔心理学家法兰克在二战期间被关进了集中营，那里没有自由、没有尊严。但面对纳粹的皮鞭，法兰克坚信：即使所有的自由都被剥夺了，我还保有一丝最后的自由——我可以选择外界刺激对我的影响程度。正是这个信念使他生存至战争结束。

3）敢于冒险。这里所说的敢于冒险是指商务人员的果敢精神，遇事自己动手、独立思考、创新意识强，敢于挑战传统习惯和一些陈腐观念。古往今来，大凡取得突出成就的科学家、伟人，都得益于他们所拥有的果敢性格与心态。

4）积极心态。操之在我最核心的价值就是它的态度价值，它是一种自由、独立的心态，它表现为积极的态度，即以积极态度笑对人生，始终坚信前景美好的心态。每个人的性格都会受到父母的基因和过往经历的影响。但在日常工作与生活中，需要人们培养那种操之在我的精神，来应付人生不断扑面而来的压力。当碰到同事的刁难、顾客的无理要求、亲人的误会、领导的批评等不利局面时，商务人员必须要用一种积极的心态，不断地提高表达技巧、谈判技巧、沟通技巧等，通过改变"我"自己，改变世界，实现自己的目标。例如，当老板质疑自己、顾客不满意自己的服务时，必须要有一种积极的心态鼓励自己更努力地工作，让老板满意，让客户觉得物超所值。只有真正建立起一个"操之在我"的心态，才能避免"受制于人"。

（3）赞美与宽容，提升协作能力　　人人都需赞美，真诚地赞美他人可以让对方心情舒畅，有利于融洽双方之间的关系；学会包容、理解，扬长避短，替人解难补短，就能产生强烈的凝聚力和亲和力。当今社会更加强调团队的力量，今天的竞争也更体现出团队的竞争，一个人的价值也只有在团队中才更能得到体现。当学会了赞美与宽容，就能与团队成员共同构筑愿景，才能自觉承担责任、奉献力量，才能有利于自身价值的实现。

（4）懂得感恩　　滴水之恩，必当涌泉相报，这是中华民族的美德。父母扶养了自己要感恩；单位给自己提供了工作岗位，有钱养家糊口并施展才华，要感恩；组织委以重任，信任自己，要感恩；国家给自己干事业的平台，提供了优厚待遇，要感恩。懂得感恩使人们能理解、包容别人的不足，在对待个人困境及问题时，能以积极的心态思考问题、处理问题，能以大局为重；懂得感恩的人才能赢得更多的关注与支持，才能取得更大的成就。

总之，情商的作用和影响早已贯穿于人们的生活、工作之中，情商高的人能充分利用自己的优势游刃有余地处理工作中的难题；而情商不高的人工作起来则会感觉很吃力，甚至产生心理疾病。因此，加强情商管理，提升员工的情商水平，逐渐成为许多企业管理者的共识。

综合案例

你是一家专门为航天工业提供零部件的生产企业的总经理,李明义是销售分公司经理,他直接由你负责管理。很长一段时间以来,李明义的分公司总是达不到计划的要求,销售员人均收入低于公司平均的水平,而且李明义每月的报告总是迟交。在得到年度中期报告后,你决定找他谈谈,并约定时间。但当你准时到李明义办公室时,发现他不在。他的助手告诉你,李明义手下的一位销售部门负责人刚刚过来做突然拜访,抱怨一些新员工上班迟到,中间休息时间太长。李明义马上与那位经理去销售部,打算给销售员们一番"精神"训话,激励他们勿忘业绩目标。当他回来的时候,你足足等了15分钟。

你公司还有一位叫白露的管理人员,刚从国内某著名大学管理学院获得MBA学位,最近加入了你的公司,任职于财务部门,负责财务计划小组的工作。她是揣着非常有力的推荐与学历证明进入公司的,工作十分努力。但是,白露刚来时间不长,就发现她在加强个人声誉方面似乎有点不择手段。近来,你听到越来越多有关白露的议论,比如:她行为傲慢,自我推销,公开批评小组内其他成员的工作。当你第一次与她就小组业绩进行交谈时,她否认小组中存在问题。当听到了来自同事的一系列抱怨后,你决定再次安排时间与白露谈谈。

案例思考题:

1. 这个案例中你的两个下属所存在问题的关键是什么?
2. 你将如何与李明义、白露交谈,使得你在解决问题的同时与下属的关系也得到加强?

本 章 小 结

本章主要介绍了商务交往中的有效沟通、商务沟通的方式及分类、商务沟通技巧、情商管理与沟通的内容,重点介绍了商务沟通技巧。通过本章的学习,应该认识到:了解商务沟通的基础知识是商务沟通的起点;掌握基本的商务沟通技巧,并从听、说、读、写、看五个方面入手,是取得预先设定的商务目标的根本;加强情商在商务沟通中的运用,是助推商务沟通双方更好交流的保证。

复习与思考

一、名词解释

沟通　商务沟通　有效沟通　情商

二、简答题

1. 简述有效沟通的原则。
2. 简述常见的商务沟通方式。
3. 提高商务沟通中有效倾听的技巧有哪些?
4. 举例说明如何运用说话技巧。
5. 高情商的基本要素有哪些?

三、个人行为风格测试题

请凭直觉对表11-2中的行为描述快速做出判断,选择贴近你的描述,并将该项目后的圆圈涂满。如果并不符合你的描述,则不必填涂该项目后的圆圈。

表11-2 行为风格测试表

行 为 描 述	A	B	C	D
1. 你对事情的进程常用批判的眼光去看和分析	○			
2. 你非常注重实际		○		
3. 你是一位好好先生				○
4. 你是个非常勤恳、愿意埋头苦干的人	○			
5. 在做决定前,你会考虑很多	○			
6. 你凡事彬彬有礼,以尊重他人为本				○
7. 你有强烈的进取心		○		
8. 你很固执	○			
9. 你说话、做事比较小心,注意不与他人发生冲突				○
10. 别人觉得你脾气不好			○	
11. 基本上你做每件事都有道德标准	○			
12. 你注重效率而且你办事很有效率		○		
13. 别人全都认为你非常和蔼可亲				○
14. 你给别人的感觉是有时比较软弱无力				○
15. 你是个非常有创意的人			○	
16. 你较依赖人				○
17. 你做事井井有条	○			
18. 你常挑出毛病使事情更好	○			
19. 你容易受到事或物或人的刺激			○	
20. 你是一个缺乏主见的人				○
21. 你比较注重用过往经验	○			
22. 你觉得工作中有些难题、自己难以应付				○
23. 你做事时不苟言笑,你认为工作时应较严肃	○			
24. 你的性格非常独立		○		
25. 你对人要求严格		○		

（续）

行 为 描 述	A	B	C	D
26. 你是非常有雄心壮志的人			○	
27. 在讨论中你经常坚持自己的意见	○			
28. 在群体中你的角色时常是支持者而非领导者、反对者或局外者				○
29. 你经常会控制局面		○		
30. 你是个很生动、有表现欲望的人			○	

请完成行为风格测试表，并将ABCD各选项中涂满圆圈的个数记录在表11-3中，ABCD选项中选择次数最多的一项即是你的行为风格（参照表11-1四种行为风格分析）。

表11-3　CSDI测试结果表

	A	B	C	D
您的记录分				
对应的行为风格	C	D	I	S

Chapter 12
第十二章
商务谈判礼仪

学习目标

知识目标

掌握商务谈判过程中的礼仪要求，了解不同国家和地区的谈判风格及谈判人员应注意的礼仪细节。

能力目标

能够根据不同国家和地区的谈判风格进行不同谈判礼仪接待。

在谈判过程中，谈判双方必须遵守一定的礼仪规范，这样才有利于形成和谐统一的谈判进程，并体现出谈判人员的修养素质。在国际谈判中，因为各国谈判风格不一样，谈判人员要注意遵守不同的谈判礼仪。

第一节　商务谈判过程中的礼仪

在商务活动中，为了达成某项协议，满足各方要求，有关方面经常要进行谈判活动，要在平等、友好、互利的基础上消除分歧，达成一致意见，因此要特别注意谈判中的礼仪。

一、谈判准备

1. 确定谈判人员

一般情况下双方的谈判代表的身份、职务要相当。谈判代表要具有良好素质，首先要在外表上得以体现，谈判者应整理好自己的仪容仪表，穿着一定要整洁、正式、庄重，男士应刮胡子、穿西服，女士穿着不宜太性感，不宜穿细高跟鞋，应化淡妆。

2. 布置好谈判会场

常用长方形或椭圆形的谈判桌，门右手座位或对面座位为尊位，而此位应让给对方坐。

3. 其他准备

要对谈判主题、内容、议程做好充分准备，制定好计划、目标及谈判策略。

二、谈判之初

谈判之初，谈判双方接触的第一印象非常重要，言谈举止要尽可能创造出友好、轻松的谈判气氛。

1. 确定迎送事宜

（1）确定迎接的规格　　迎接规格，应当依据前来谈判人员的身份和目的、己方与被迎接者之间的关系以及惯例来确定。只有当对方与己方关系特别密切，或者己方出于某种特殊需要时，方可采用破格接待。除此之外，均应按常规接待。

（2）抵达和离开时间　　迎接人员应当准确掌握对方抵达时间，提前到达机场、车站或码头，以示对对方的尊重，只能由主人去等待客人，决不能让客人等待主人。同样，送行人员亦应事先了解对方的准确离开时间，提前到达来宾的宾馆，陪同来宾一同前往机场、车站或码头，亦可直接前往机场、车站或码头恭候来宾，与来宾道别。

（3）做好接待的准备工作　　在得知来宾的抵达日期后应首先考虑其住宿问题。客人到达之后，通常只需稍加寒暄，即陪客人前往住地，在行车途中或在旅馆简单介绍一下情况，征询一下对方的意见，即可告辞。

2. 介绍

与来宾见面时，通常有两种介绍方式，一是第三者做介绍，二是自我介绍。自我介绍适用于人数多、分散活动而无人代为介绍的时候，自我介绍应先将自己的姓名、职务告诉来宾。做自我介绍时要自然大方，不可露傲慢之意。

三、谈判之中

1. 谈判实质性阶段的注意事项

这一阶段主要是处理好报价、查询、磋商、解决矛盾等事宜。

（1）报价　报价要明确无误，恪守信用，不欺蒙对方。在谈判中报价不得变换不定，对方一旦接受价格，即不再更改。

（2）查询　查询要事先准备好有关问题，选择气氛和谐时提出，态度要开诚布公，切忌在气氛比较冷淡或紧张时查询。言辞不可过激或追问不休，以免引起对方的反感甚至恼怒，但对原则性问题应当力争不让，对方回答时不宜随意打断，答完时要向解答者表示谢意。

（3）磋商　磋商时因事关双方利益，容易因情急而失礼，因此更要注意保持风度，应心平气和，求大同，允许存小异。

（4）解决矛盾　解决矛盾要就事论事，保持耐心、冷静，不可因发生矛盾就怒气冲冲，甚至进行人身攻击或侮辱对方。出现冷场时主方要灵活处理，可以暂时转移话题，稍做松弛。如果确实已无话可说，则应当机立断，暂时中止谈判，稍做休息后再重新进行。主方要主动提出话题，不要让冷场持续过长。

2. 商务谈判活动的中心活动——交谈

在圆满的商务谈判活动中，遵守交谈礼仪会起到十分重要的作用。

（1）尊重对方，理解对方　在交谈活动中，只有尊重对方，理解对方，才能赢得对方感情上的接近，从而获得对方的尊重和信任。因此，谈判人员在交谈之前，应当调查研究对方的心理状态，考虑和选择令对方容易接受的方法和态度；了解对方讲话的习惯、文化程度、生活阅历等因素对谈判可能造成的种种影响，做到多手准备、有的放矢。交谈时应当意识到，说和听是相互的、平等的，双方发言时都要掌握各自所占用的时间，不能出现一方独霸的局面。

（2）及时肯定对方　在谈判过程中，当双方的观点出现类似或基本一致的情况时，谈判者应当迅速抓住时机，用溢美的言词，中肯地肯定这些共同点。赞同、肯定的语言在交谈中常常会产生异乎寻常的积极作用。当交谈一方适时中肯地确认另一方的观点之后，会使整个交谈气氛变得活跃、和谐起来，陌生的双方从众多差异中开始产生了一致感，进而十分微妙地将心理距离拉近。当对方赞同或肯定我方的意见和观点时，我方应以动作、语言进行反馈交流。这种有来有往的双向交流，易于双方谈判人员感情融洽，从而为达成一致协议奠定良好基础。

（3）态度和气，语言得体　成功的商务谈判都是谈判双方出色运用语言艺术的结果。其一，交谈时要自然，要充满自信。手势不宜过多，谈话距离要适当，内容一般不要涉及不愉快的事情。其二，态度要和气，语言表达要得体。谈判中应当尽量使用委婉语言，这样易于被对方接受。语言的针对性要强,做到有的放矢。模糊、啰唆的语言,会使对方疑惑、反感,降低己方威信,成为谈判的障碍。针对不同的商品、谈判内容、谈判场合、谈判对手,要有针对性地使用语言。另外,还要充分考虑谈判对手的性格、情绪及需求状况的差异。其三,善用无声语言。商务谈判中,谈判者通过姿势、手势、眼神、表情等非发音器官来表达的无声语言,往往在谈判过程中发挥重要的作用。在某些特殊环境里,恰到好处的沉默可以取得意想不到的效果。

（4）注意语速、语调和音量　　在交谈中语速、语调和音量对意思的表达有比较大的影响。交谈中陈述意见要尽量做到平稳中速。在特定的场合下,可以通过改变语速来引起对方的注意,加强表达的效果。一般问题的阐述应使用正常的语调,保持能让对方清晰听见而且不引起反感的高低适中的音量。

（5）学会灵活应变　　谈判过程中往往会遇到一些意想不到的尴尬事情,这就要求谈判者具有灵活的语言应变能力,与应急手段相联系,巧妙地摆脱困境。当遇到对手逼你立即做出选择时,你若是说"让我想一想"之类的语言,会被对方认为缺乏主见,从而在心理上处于劣势。此时你可以看看表,然后有礼貌地告诉对方:"真对不起,我必须与一个约好的朋友通下电话,请稍等五分钟。"于是,你便很得体地赢得了五分钟的时间。

四、谈后签约

签约仪式上,双方参加谈判的全体人员都要出席,共同进入会场,相互致意握手,一起入座。双方都应设有助签人员,分立在各自一方代表签约人外侧,其余人排列站立在各自一方代表身后。助签人员要协助签字人员打开文本,用手指明签字位置。双方代表各在己方的文本上签字,然后由助签人员互相交换,代表再在对方文本上签字。签字完毕后,双方应同时起立,交换文本,并相互握手,祝贺合作成功。其他随行人员则应该以热烈的掌声表示喜悦和祝贺。

第二节　部分国家和地区商务谈判风格

东方人往往把复杂的谈判分解为一个个较小的问题,然后再依次解决；而在许多西方文化中,谈判一般采取一种通盘考虑的方法。由于不同文化下的商务谈判风格差异很大,所以在国际商务谈判中,针对不同文化背景的商业伙伴,强化基于文化差异的谈判管理,对于提高谈判效率是十分重要的。

一、美国人的谈判风格

1. 自信心强,自我感觉良好

美国人对自己的国家深感自豪,对自己的民族具有强烈的自尊感与荣誉感。这种心理会在他们的贸易活动中充分表现出来。他们在谈判中，自信心和自尊感都比较强，加之他们所信奉的自我奋斗的信条，常使与他们打交道的外国谈判者感到美国人有自我优越感。

美国人的自信还表现在他们坚持公平合理的原则上。他们认为两方进行交易，双方都要有利可图。在这一原则下，他们会提出一个"合理"方案，并认为是十分公平合理的。他们的谈判方式是喜欢在双方接触的初始就阐明自己的立场、观点，推出自己的方案，以争取主动。在双方的洽谈中充满自信，语言明确肯定，计算也科学准确。如果双方出现分歧，他们只会怀疑对方的分析、计算，而坚持自己的看法。

美国人的自信与傲慢还表现在他们喜欢批评别人，指责别人。当谈判不能按照他们的意愿进展时，他们常常直率地批评或抱怨。这是因为，他们往往认为自己做的一切都是合理的，缺少对别人的宽容与理解。

美国人的谈判方式往往让人觉得美国人傲慢、自信。他们说话声音大、频率快，办事讲究效率，而且很少讲对不起。他们喜欢别人按他们的意愿行事，喜欢以自我为中心。总之，美国人的自信让他们赢得了许多生意，但是也让东方人感到他们咄咄逼人、傲慢、自大或粗鲁。

2. 讲究实际，注重利益

美国人做交易，往往以获取经济利益作为最终目标。所以，他们有时对日本人、中国人在谈判中要考虑其他方面的因素，如由政治关系所形成的利益共同体等表示不可理解。尽管他们注重实际利益，但一般不漫天要价，也不喜欢别人漫天要价。他们认为，做买卖要双方都获利，不管哪一方提出的方案都要公平合理。所以，美国人对于日本人、中国人习惯的注重友情和看在老朋友的面子上可以通融的做法很不适应。

美国人注重实际利益，还表现在他们一旦签订了合同，非常重视合同的法律性，合同履约率较高。在他们看来，如果签订合同不能履约，那么就要严格按照合同的违约条款支付赔偿金和违约金，没有再协商的余地。所以，他们也十分注重违约条款的洽商与执行。

3. 热情坦率，性格外向

美国人属于性格外向的民族，他们的喜怒哀乐大多通过言行举止表现出来。在谈判中，他们精力充沛，感情洋溢，不论在陈述己方观点，还是表明对对方的立场态度上，都比较直接坦率。如果对方提出的建议他们不能接受，也是毫不隐讳地直言相告，甚至唯恐对方误会了。所以，他们对日本人和中国人的表达方式表示了明显的异议。美国人常对中国人在谈判中的迂回曲折、兜圈子感到莫名其妙。对于中国人在谈判中用微妙的暗示来提出实质性的要求，美国人感到十分不习惯。不少美国厂商因不善于品味中国人的暗示，失去了不少极好的交易机会。

谈判中的直率也好，暗示也好，看起来是谈判风格的不同，实际上是文化差异的问题。东方人认为直接地拒绝对方，表明自己的要求，会损害对方的面子，僵化关系，像美国人那样感情爆发，直率、激烈的言辞是缺乏修养的表现。同样，东方人所推崇的谦虚、有耐性、涵养，可能会被美国人认为是虚伪、客套、耍花招。

4. 注重时间效率

美国是一个高度发达的国家，生活节奏比较快。这使得美国人特别重视、珍惜时间，注重活动的效率。所以在商务谈判中，美国人常抱怨其他国家的谈判对手拖延时间，缺乏工作效率，而这些国家的人也埋怨美国人缺少耐心。

在美国人的企业，各级部门职责分明，分工具体。因此，谈判的信息收集、决策都比较快速、高效率。加之他们个性外向、坦率，所以，他们一般谈判的特点是开门见山，报价及提出的具体条件也比较客观，水分较少。他们也喜欢对方这样做，几经磋商后，两方意见很快趋于一致。但如果对方的谈判特点与他们不一致或正相反，那么他们就会感到十分不适，而且常常把不满直接表示出来，就更显得他们缺乏耐心。人们也就常常利用美国人夸夸其谈、准备不够充分、缺乏必要的耐心的弱点，牟取最大利益。当然，美国人干脆利落，如果谈判对手也是这种风格，确实很有工作效率。

美国商人重视时间，还表现在做事要一切井然有序，有一定的计划性。不喜欢事先没安排妥当的不速之客来访。与美国人约会，早到或迟到都是不礼貌的。

二、日本人的谈判风格

1. 具有强烈的群体意识，集体决策

日本文化所塑造的日本人的价值观念与精神取向都是集体主义的，以集体为核心。日本人认为压抑自己的个性是一种美德，人们要循众意而行。日本的文化教育人们应将个人的意愿融于和服从于集体的意愿。所以，日本人认为，寻求人们之间的关系和谐是最为重要的。任何聚会和商务谈判，如果是在这样的感觉和气氛下进行的，那么它将存在一种平衡，一切也就进行得很顺利。

正因为如此，日本人的谈判决策非常有特点，绝大部分美国人和欧洲人都认为日本人的决策时间很长，这就是群体意识的影响。日本人在提出建议之前，必须与公司的其他部门和成员商量决定，这个过程十分烦琐。日本人的决策如果涉及制造产品的车间，那么决策的酝酿就从车间做起，一层一层向上反馈，直到公司决策层反复讨论协商，如果谈判过程协商的内容与他们原定的目标又有出入的话，那么很可能这一程序又要重复一番。

对于商务人员来讲，重要的是了解日本人谈判风格不是个人拍板决策，即使是授予谈判代表有签署协议的权力，那么合同书的条款也是集体商议的结果。谈判过程具体内容的洽商将反馈到日本公司的总部。所以，当成文的协议在公司里被传阅了一遍之后，它就已经是各部门都同意的集体决定了。需要指出的是，日本人做决策费时较长，但一旦决定下来，行动起来却十分迅速。

2. 认为信任是合作成功的重要媒介

与欧美商人相比，日本人做生意更注重建立个人之间的人际关系。以至许多谈判专家

都认为，要与日本人进行合作，朋友之间的友情、相互之间的信任是十分重要的。日本人不喜欢对合同讨价还价，他们特别强调能否同外国合作伙伴建立可以相互信赖的关系。如果能成功地建立起这种相互信赖的关系，与之签订合同就变得较为容易办到了。因为对于日本人来讲，大的贸易谈判项目有时会延长时间，那常常是为了建立相互信任的关系，而不是为防止出现问题而制定细则。一旦这种关系得以建立，双方都十分注重长期保持这种关系。而在对方处于困境或暂时困难时，则乐意对合同条款采取宽容的态度。

在商务谈判中，如果与日本人建立了良好的个人友情，特别是赢得了日本人的信任，那么，合同条款的商议是次要的。欧美人愿意把合同条款写得尽可能具体详细，特别是双方责任、索赔内容，以防日后产生纠纷；而日本人却认为，双方既然已经十分信任了解，一定会通力合作，即使万一做不到合同所保证的，也可以再坐下来谈判，重新协商合同的条款。合同在日本一向就被认为是人际协议的一种外在形式。如果周围环境发生变化，使得情况有害于公司利益，那么合同的效力就会丧失。要是外商坚持合同中的惩罚条款，或是不愿意放宽业已签订了的合同的条款，日本人就会感到极为不满。所以，专家建议，当外商在同从未打交道的日本企业洽商时，他们必须在谈判前就获得日方的信任。公认的最好办法是取得日方认为可靠的、另一个信誉甚佳的企业的支持，即找一个信誉较好的中间人。这对于谈判成功大有益处。在与日本人的合作中，中间人是十分重要的。在谈判的初始阶段，或是在面对面地讨论细则之前，对谈判内容的确定往往都由中间人出面。中间人告诉你是否有可能将洽谈推向成功。总之，中间人在沟通双方信息、加强联系、建立信任与友谊上都有着不可估量的作用。所以，在与日方洽商时，要千方百计地寻找中间人牵线搭桥。中间人既可以是企业、社团组织、皇族成员、知名人士，也可以是银行或为企业提供服务的咨询组织等。

3．讲究礼仪，要面子

日本是个讲究礼仪的社会。日本人所做的一切，都要受严格的礼仪的约束。许多礼节在西方人看起来有些可笑或做作，但日本人做起来却一丝不苟、认认真真。正因为如此，如果外国人不适应日本人的礼仪，或表示出不理解、轻视，那么，他就不大可能在推销和采购业务中引起日本人的重视，不可能获得他们的信任与好感。

针对日本的特点，在谈判中要注意以下一些方面：

（1）日本人最重视人的身份地位　在日本社会中，人人都对身份地位有明确的概念。而且在公司中，即使在同一管理层次中，职位也是不同的。这些极其微妙的地位、身份的差异常令西方人摸不着头脑，但是，日本人每个人却非常清楚自己所处的地位，该行使的职权，知道如何谈话办事才是正确与恰当的言行举止。而在商业场合更是如此。

（2）充分发挥名片的作用　与日本人谈判，交换名片是一项绝不可少的仪式。所以，谈判之前，把名片准备充足是十分必要的。因为在一次谈判中，要向对方的每一个人递送名片，绝不能遗漏任何人。如果日方首先向我方递上名片，切不要急急忙忙马上塞进兜里，或有其他不恭敬的表示。日本人十分看重面子，最好把名片拿在手中，反复仔细确认对方名字、公司名称、电话、地址，既显示了你对对方的尊重，又记住了主要内容，显得从容不迫。如果收到对方名片，又很快忘记了对方的姓名，这是十分不礼貌的，会令对方不快。同时，传递名片时，一般是职位高的、年长的先出示。另外，很随意地交换名片，日本人也认为是一种失礼。

（3）要面子是日本人最普遍的心理　　在商务谈判中表现最突出的一点就是，日本人从不直截了当地拒绝对方。许多西方谈判专家明确指出：西方人不愿意同日本人谈判，最重要的一点就是，日本人说话总是转弯抹角，含糊其词。我国的谈判者也喜欢采用暗示或婉转的表达方法，来提出我方的要求或拒绝对方。另外，当对方提出要求，日本人回答"我们将研究考虑"时，不能认为此事已有商量的余地或对方有同意的表示，它只说明，他们知道了你的要求，他们不愿意当即表示反对，使提出者陷入难堪尴尬的境地。同样，日本人也不直截了当地提出建议。他们更多的是把你往他的方向引，特别是当他们的建议同你已经表达出来的愿望相矛盾时，更是如此。

对此，要把保全面子作为与日本人谈判需要注意的首要问题。有以下四点需要注意：①千万不要直接指责日本人。否则肯定会有损于相互之间的合作关系。较好的方法是把己方的建议间接地表示出来，或采取某种方法让日本人自己谈起棘手的话题，或通过中间人去交涉令人不快的问题。②避免直截了当地拒绝日本人。如果你不得不否认某个建议，要尽量婉转地表达，或做出某种暗示，也可以陈述你不能接受的客观原因，绝对避免使用羞辱、威胁性的语言。③不要当众提出令日本人难堪或他们不愿回答的问题。有的谈判者喜欢运用令对方难堪的战术来打击对方，但这种策略对日本人最好不用。如果让他感到在集体中失了面子，那么完满的合作便不会存在。④要十分注意送礼方面的问题。赠送各种礼品是日本社会最常见的现象，日本的税法又鼓励人们在这方面的开支，因为送礼的习惯在日本是根深蒂固的。

（4）耐心是谈判成功的保证　　日本人在谈判中的耐心是举世闻名的。日本人的耐心不仅仅是缓慢，而是准备充分、考虑周全、洽商有条不紊、决策谨慎小心。为了一笔理想交易，他们可以毫无怨言地等上两三个月，只要能达到他们预想的目标，或取得更好的结果，时间对于他们来讲不是第一位的。

另外，日本人具有耐心还与他们交易中注重个人友谊、相互信任的特点有直接的关系。要建立友谊、信任就需要时间。像欧美人那样纯粹业务往来，商务交往只限于交易上的联系，日本人是不习惯的。欧美人认为交易是交易，友谊是友谊，是两码事。而在东方文化中，二者是密切相联的。所以一位美国专家谈道："日本人在业务交往中，非常强调个人关系的重要性。他们愿意逐渐熟悉与他们做生意的人，并愿意同他们长期打交道。在这一点上,他们同中国人很相像。中国人在谈判中总是为'老朋友'保留特殊的位置。所谓'老朋友'就是那些以前同他们有交往的人,和那些受他们尊重或信任的人介绍来的人。"

三、法国人的谈判风格

(1)喜欢建立个人之间的友谊,并且影响生意。一些谈判专家认为,如果与法国公司的负责人或洽商人员建立了十分友好、相互信任的关系,那么也就建立了牢固的生意关系。同时,也会发现他们是十分容易共事的伙伴。在实际业务中,许多人发现,与法国人不要只谈生意上的事,适当的情况下,与法国人聊聊社会新闻、文化、娱乐等方面的话题,更能融洽双方的关系,创造良好的会谈气氛。这都是法国人所喜欢的。

(2)法国人具有每个人都共知的特点,就是坚持在谈判中使用法语。即使他们英语讲得很好,也是如此,而且在这一点上很少让步。因此,专家指出,如果一个法国人在谈判中对你使用英语,那么这可能是你争取到的最大让步。至于为什么这样,原因有很多,也可能是法国人爱国的一种表现,更有可能是说法语会使他们减少由语言不通产生的误会。

(3)法国人偏爱横向谈判。就是说,他们喜欢先为谈判协议勾画出一个大致的轮廓,然后再达成原则协议,最后再确定协议中的各项内容。所以,法国人不像德国人那样签订协议之前认真、仔细地审核所有具体细节。法国人的做法是:签署交易的大概内容,如果协议执行起来对他们有利,他们会若无其事,如果协议对他们不利,他们也会毁约,并要求修改或重新签署。

(4)法国人大都重视个人的力量,很少有集体决策的情况。这是由于他们组织机构明确、简单,实行个人负责制,个人权力很大。在商务谈判中,也多是由于个人决策负责,所以谈判的效率也较高。即使是专业性很强的洽商,他们也能一个人独挡几面。

(5)法国人严格区分工作时间与休息时间。八月是法国度假的时节,全国上下、各行各业的职员都休假,这时候外国人想做生意是徒劳的。如果在七月谈的生意,八月份也不会有结果。

此外,法国人习惯在各种社交场合,而不是在家里宴请朋友。

四、英国人的谈判风格

英国是最早的工业化国家,早在17世纪,它的贸易就遍及世界各地,但英国人的民族性格是传统、内向、谨慎的。尽管英国从事贸易的历史较早,范围广泛,但是其贸易洽商特点却不同于其他欧洲国家。

(1)英国人不轻易与对方建立个人关系。即使是英国本国人,人们个人之间的交往也比较谨慎,很难一见如故。他们不轻易相信别人、依靠别人。这种保守、传统的个性,在某种程度上反映了英国人的优越感。但是一旦与英国人建立了友谊,他们会十分珍惜,长期信任对方，在做生意上关系也会十分融洽。所以，如果没有与英国人长期打交道的历史，没有赢得他们的信任，没有最优秀的中间人做介绍，就不要期望与他们做大买卖。

在对外交往中，英国人比较注重对方的身份、经历、业绩，而不是像美国人那样更看重对手在谈判中的表现。所以，在必要的情况下，与英国人谈判，派有较高身份、地位的人，有一定的积极作用。

（2）英国人对谈判本身不如日本人、美国人那样看重。相应地，他们对谈判的准备也不充分，不够详细周密。他们善于简明扼要地阐述立场、陈述观点；在谈判中，表现更多的是沉默、平静、自信、谨慎，而不是激动、冒险和夸夸其谈。他们对于物质利益的追求，不如日本人表现的那样强烈，不如美国人表现的那样直接。他们宁愿做风险小、利润少的买卖，也不喜欢冒大风险、赚大利润的买卖。

（3）英国商人有一个共同特征，就是不一定能保证合同的按期履行，不能按时交货。据说这一点举世闻名。英国人为此也做了很大努力，但效果不明显。原因是什么，众说纷纭，较为信服的论据就是，英国工业历史较为悠久，但近几个世纪发展速度放慢，英国人更追求生活的秩序与舒适，而勤奋与努力是第二位的。另外，英国的产品质量、性能优越，市场广泛，这又使英国人忽视了作为现代贸易应遵守的基本要求。

（4）英国人在谈判中缺乏灵活性，他们通常采取一种非此即彼、不允许讨价还价的态度。因此，在谈判的关键阶段，他们表现得既固执又不愿花费很大力气，不像日本人那样，为取得一笔大买卖竭尽全力。

五、德国人的谈判风格

（1）德国人购买其他国家的产品，往往把本国产品作为选择标准。德国在世界上是经济实力最强的国家之一，他们的工业极其发达，生产率高，产品质量堪称世界一流。这主要是由于企业的技术标准十分精确具体，对这一点德国人一直引以为豪。因此，如果要与德国人谈生意，务必要使他们相信自己公司的产品可以满足德国人要求的标准。当然，他们也不会盲目轻信承诺。但如果你不能信守诺言，那么就没希望取得大笔买卖的订单。从某种角度说，德国人对对方在谈判中表现的评价，取决于其能否令人信服地说明自己将信守诺言。

（2）德国人享有名副其实的高效率的声誉。他们信奉的座右铭是"马上解决"，他们不喜欢对方支支吾吾，不喜欢"研究研究""考虑考虑"等拖拖拉拉的谈判语言。他们具有极为认真负责的工作态度、高效率的工作程序。所以，在德国人的办公桌上，看不到搁了很久、悬而未决的文件。德国人认为，一个谈判者是否有能力，只要看一看他经手的事情是否快速有效地处理就清楚了。

（3）德国人在谈判之前的准备比较充分。他们不仅要研究购买对方产品方面的问题，而且还包括研究销售产品的公司，公司所处的大环境，公司的信誉、资金状况、管理状况、生产能力等。他们不同于那种只要有利可图就与之做生意的赚钱公司，他们不喜欢与声誉不好的公司打交道。所以，有的人认为德国人比较保守，这可能是一个重要影响因素。

（4）重合同、守信用。德国人很善于商业谈判，他们的讨价还价与其说是为了争取更多的利益，不如说是工作认真、一丝不苟，他们严守合同信用，签合同前会认真研究和推敲合同中的每一句话和各项具体条款。一旦达成协议，很少出现毁约行为，所以合同履约率很高，在世界贸易中有着良好的信誉。

总之，德国人的谈判风格是审慎、稳重。他们重视并强调自己提出的方案的可行性，不轻易向对手做较大的让步，让步的幅度一般在20%以内，因为他们坚信自己的报价是科学合理的。此外，德国人在个人之间的交往上也是十分严肃正统的。

六、意大利人的谈判风格

在欧洲国家中，意大利人并不像其他国家那样对时间特别看重，约会、赴宴经常迟到而且习以为常。即使是精心组织的重要活动，也不一定能保证如期举行，但如果他们特别重视与你的交易，情况可能就另当别论。

意大利人崇尚时髦，不论是商人还是旅行家，都衣冠楚楚、潇洒自如。他们的办公地点，一般设施都比较讲究；他们对生活中的舒适，如住宿、饮食，都十分注重；对自己的国家及家庭也感到十分自豪与骄傲。在商务谈判中，最好不要谈论国体政事，但可以听听他们或引导他们谈谈其家庭、朋友。当然，前提是你与他们有了一定的交情。意大利人性格外向，情绪多变，喜怒都常常表现出来。在谈话中，他们的手势也比较多，肩膀、胳膊、手甚至整个身体都随说话的声音而扭动，以至于有的专家认为，"看"意大利人说话，简直是一种欣赏。

意大利人比德国人少一些刻板，比英国人多一份热情。但在处理商务时，通常不动感情。他们决策过程也比较缓慢，但不同于日本人，他们并不是要与同僚商量，而是不愿仓促表态。所以，对他们使用最后期限策略，作用较好。

意大利人有节约的习惯，与产品质量、性能、交货日期相比，他们更关心的是花较少的钱买到质量、性能都说得过去的产品。如果是要他们卖东西，只要能有理想的价格，他们会千方百计地满足用户的要求。

七、北欧人的谈判风格

北欧主要是指挪威、丹麦、瑞典、芬兰等国家。

北欧是一个文化、经济高度发达的地区。这几个国家地域广阔，人口稀少，社会政治经济十分稳定，与世界各地的贸易交往也具有较长的历史。

（1）北欧人十分讲究文明礼貌，也十分尊重具有较高修养的商人。他们在与外国人交往时比较讲究礼仪，不论是正式，还是非正式谈判，他们如果是东道主，会安排得有条不紊，尽量让客人满意。

（2）北欧人对自己产品的质量非常看重，其产品质量在世界上也是一流的。近几年，他们更倾向于具有高附加值的、高度专业化的产品出口。他们在工作期间严肃认真，一丝不苟，但在娱乐时也决不工作。

（3）北欧人在谈判中十分沉着冷静，即使在十分关键时刻也不动声色、耐心、有礼貌，但他们不喜欢无休止地讨价还价。如果他们与你做生意，主要是因为他们确认你公司的产品在市场中是十分优秀的，他们信得过你。但如果你只为自己利益着想，忽视了他们的利益或建议，他们就会改变对你的看法，很可能放弃与你做生意。

（4）北欧人的一个共同特点就是喜欢桑拿浴，这已经成了他们生活中的一部分。如果与北欧人洽商，被他们邀请洗桑拿浴，说明受到了他们的欢迎，这是个好的开端。但如果不能适应长时间的热气，也要提出，这不是丢面子的事情。许多情况下，可以在洗桑拿浴时与他们交谈，这可以免除正式谈判的许多不便。

八、阿拉伯人的谈判风格

如果说在中央集权制的国家，商业活动由国家计划控制，那么，在阿拉伯国家，商业活动一般则由扩大了的家族来指挥。在这些国家中，人们十分看重对家庭和朋友所承担的义务，相互提供帮助、扶持和救济，家族关系在社会经济生活中占有重要地位。此外，阿拉伯人信奉伊斯兰教，禁忌特别多，酒是绝对不能饮的，自然，酒也不能作为礼品馈赠。

阿拉伯世界凝聚力的核心是阿拉伯语和伊斯兰教。虽然对这些你不一定精通和信奉，但当到这些国家访问洽商时，做些基本了解还是十分必要的。比如，遇到斋月，阿拉伯人在太阳落山之前，既不吃也不喝。到该国访问的人最好也要做到入乡随俗，尽量避免接触食物和茶，如果主人把这些放在待客的房间里，客人也要表示理解并尊重他们的习俗。

（1）阿拉伯人十分好客，任何人来访，他们都会十分热情地接待。因此，谈判过程也常常被一些突然来访的客人打断，主人可能会抛下你，与新来的人谈天说地。所以，与他们谈判，必须要适应这种习惯，学会忍耐和见机行事。这样，就会获得阿拉伯人的信赖，这是达成交易的关键。

（2）有时有人感觉阿拉伯人不太讲究时间观念，随意中断或拖延谈判，决策过程也较长。但阿拉伯人的决策时间长，不能简单归结于他们拖拉和无效率。这种拖延也可能表明他们对你的建议有不满之处，而且尽管他们暗示了哪些地方令他们不满，你却没有捕捉到这些信号，也没有做出积极的反应。这时，他们并不当着你的面说"不"字，而是根本不做任何决定。他们希望时间能帮助他们达到目的，否则就让谈判的事在置之不理中自然地告吹。

（3）阿拉伯人不喜欢同人面对面地争吵，也不喜欢刚刚同人一见面就匆忙谈生意。他们认为，一见面就谈生意是不礼貌的。他们希望能花点时间同你谈谈社会问题和其他问题，一般要占去15分钟或更多的时间，有时要聊几个小时，因此，你最好把何时开始谈生意的主动权交给阿拉伯人。

（4）与阿拉伯人做生意，寻找当地代理商也是十分必要的。专家建议，无论同私营企业谈判，还是同政府部门谈判，代理商是必不可少的。这些代理商操着纯正的阿拉伯语，有着广泛的社会关系网，熟悉民风国情，特别是同你所要洽商的企业有直接或间接的联系。这些都是做生意所必需的。阿拉伯人做生意特别重视朋友的关系。许多外国商人都认为，初次与阿拉伯人交往，很难在一两次交谈中涉及业务问题。只有经过长时间的交往，特别是你与他们建立了友谊，才可能真正地进行交易谈判。而有中间商从中斡旋，则可大大加快这种进程。如果是中间商替你推销商品，交易也会比较顺利。

需指出的是，中东是一个敏感的地区，在谈生意时，要尽量避免涉及政治问题，更要远离女性话题。在任何场合都要得体地表示你对当地人宗教的尊重与理解。

九、拉美人的谈判风格

拉丁美洲与北美同处一个大陆，但人们的观念和行为方式却差别极大。谈判专家曾这样描述他们：一个北美人已急着想落实计划时，拉美人却刚开始认识你；当北美人想大展宏图时，拉美人却刚想怎样开张；当北美人想让他们的产品占领整个拉美市场时，拉美人却只关心在国内领土上自己掌握的那一小部分如何打开销路。由此，你可以清楚地看出他们之间的差别是什么。一般来讲，拉美人的生活节奏比较慢，这恐怕是非工业化国家的特点，这也在谈判中明显地表现出来。

（1）与拉美人做生意，要表现出对他们风俗习惯、信仰的尊重与理解，努力争取他们对你的信任。同时，避免流露出与他们做生意是对他们的恩赐的态度，一定要坚持平等、友好互利的原则。

（2）由于拉丁美洲是由众多的国家和地区构成的，国际间的矛盾冲突较多，要避免在谈判中涉及政治问题。

（3）在中南美国家中，各国政府对进出口和外汇管制都有不同程度的限制，而且差别较大。一些国家对进口证审查很严，一些国家对外汇进出入国境有繁杂的规定和手续。所以，一定要进行认真调查研究，有关合同条款也要写清楚，以免发生事后纠纷。

（4）和处事敏捷、高效率的北美人相比，中南美洲人显得十分悠闲、乐观，时间观念也较淡漠，他们的悠闲表现为众多的假期上。常常在洽商的关键时刻，他们要去休假，生意就只好等休假完了再商谈。

拉美人也很看重朋友，商业交往常带有感情成分。

（5）拉美人不重视合同，常常是签约之后又要求修改，合同履约率也不高，特别是不能如期付款。另外，这些国家经济发展速度不平衡，国内时常出现高通货膨胀率。所以，在对其出口交易中，力争用美元支付为好。

（6）拉美地区国家较多，不同国家谈判人员特点也不相同。如阿根廷人喜欢握手，巴西人以好娱乐、重感情而闻名，智利、巴拉圭和哥伦比亚人做生意比较保守等。

总之，只要你不去干预这些国家的社会问题，耐心适应这些国家人做生意的节奏，你就会同拉美人建立良好的个人关系，从而保证谈判的成功。

十、俄罗斯人的谈判风格

1. 固守传统，缺乏灵活性

原苏联是个外贸管制的国家，是高度计划的外贸体制。任何企业或个人都不可能自行进口或出口任何产品，所有的进出口计划都是经过专门部门讨论决定，并经过一系列环节审批、检查、管理和监督来制定的。在这种高度计划体制中，人们已习惯于照章办事，上传下达，忽视了个体创造性的发挥。苏联解体后，俄罗斯在由计划经济向市场经济的转变过程中进程很快，外贸政策有了巨大变化，企业有了进出口自主权，对外贸易大幅增长。政府给予外国投资者的优惠政策，大大地吸引了欧美投资者。但是，在涉外谈判中，一些俄罗斯人还是带有明显的计划体制的烙印，在进行正式洽商时，他们喜欢按计划办事，如果对方的让步与他们原定的具体目标相吻合，就容易达成协议；如果是有差距的，要他们让步会特别困难。甚至他们明知自己的要求不符合客观标准，也拒不妥协让步。

俄罗斯人缺乏灵活性，还因为他们的计划制订与审批要经过许多部门、许多环节。这必然要延长决策与反馈的时间，这种传统体制也僵化了人的头脑。尽管现在体制上有了较大的变革，但还没有形成正常的经营秩序和健全的管理体制。原先体制严格的计划性，束缚了人个性能力的发挥。而且这种体制要求经办人员对所购进商品的适用性、可靠性和质量进行审查，并要对所做出的决策承担全部责任。因此，他们非常谨慎，缺少敏锐性和创新精神，喜欢墨守成规。尽管他们有时处于劣势，如迫切需要外国资金、外国的先进技术设备，但是他们还是有办法迫使对方让步，而不是他们让步。

2. 对技术细节感兴趣

俄罗斯人的谈判能力很强，这是源于苏联的传统，这一点美国人、日本人都感受至深。他们特别重视谈判项目中的技术内容和索赔条款。这是因为引进技术要具有先进性、实用性，由于技术引进项目通常都比较复杂，对方在报价中又可能会有较大的水分，为了尽可能以较低的价格购买最有用的技术，他们特别重视技术的具体细节，索要的东西也包罗万象，如详细的车间设计图、零件清单、设备装配图、原材料证明书、化学药品和各种试剂、各种产品的技术说明、维修指南等。所以，在与俄罗斯人进行洽商时，要有充分的准备，可能要就产品的技术问题进行反复大量的磋商。另外，为了能及时准确地对技术进行阐述，在谈判中要配置技术方面的专家。同时要十分注意合同用语的使用，语言要精确，不能随便承诺某些不能做到的条件。对合同中的索赔条款也要十分慎重。

3. 善于在价格上讨价还价

俄罗斯人十分善于与外国人做生意。说得简单一点，他们非常善于寻找合作与竞争的伙伴，也非常善于讨价还价。如果他们想要引进某个项目，首先要对外招标，引来数家竞争者，从而不慌不忙地进行选择。他们还会采取各种离间手段，让争取合同的对手之间竞相压价，相互残杀，最后从中渔利。

俄罗斯人在讨价还价上堪称行家里手。许多比较务实的欧美生意人都认为，不管报价是多么公平合理，怎样精确计算，他们也是不会相信，千方百计地要挤出其中的水分，以达到他们认为理想的结果。所以，专家建议，对俄罗斯人的报价策略有两种形式：①报出你的标准价格，然后力争做最小的让步。你可以事先印好一份标准价格表，表上所有价格都包含适当的溢价，给以后的谈判留下余地。②公开地在你的标准价格上加上一定的溢价（如15%），并说明这样做的理由是同其做生意承担的额外费用和风险。一般地讲，第二种策略要好些，因为如果在报价之初就定死一个价格，几个星期甚至数月后，情况可能会发生很大变化。俄罗斯的通货膨胀率已远远超过欧美。所以，如果俄罗斯人不用硬通货支付交易额，那么，与他们做买卖就很有可能吃亏。所以要对俄罗斯人尽量缩短报价期限，并充分考虑报价在合同期内所受的通货膨胀的影响。

俄国人开低价常用的一个办法就是"我们第一次向你订货，希望你给个最优惠价，以后我们会长期向你订货。""如果你们给我们以最低价格，我们会在其他方面予以补偿。"以此引诱对方降低价格。要避免这种价格陷阱，专家的忠告是：制定一个双方都能接受的低价，运用谈判技巧，坚持到底。

十一、韩国人的谈判风格

1. 自尊心强，讲人际关系

与韩国人谈判早做准备大有益处。最好能根据对方谈判人员的情况，然后派出与之同等级别的代表，如有可能，派出人员的年龄也尽量相似。谈判双方的级别和资历也很受重视，双方人员在职务资历上不相称会令人尴尬。在韩国商务活动中，人际关系也很重要，最好由第三者把你介绍给客户或同事。这是韩国商界正式的介绍方式，会见客人时要了解他们在公司中的职位以及他们告诉你的有关自己的情况。通常，在与韩国进口商做生意时，个人历史情况起很重要的作用。若被问及个人生活情况（如婚姻状况、年龄、家庭背景和收入等），要有思想准备，因为韩国人不把这些问题当作隐私，对了解别人的背景常常很有兴趣。伴有尊重和信任的私人关系是与韩国商人合作的基础。

2. 重咨询

韩国商人对贸易谈判是相当重视的。不对对方有一定的了解，他们是不会与对方坐在同一张谈判桌前的。这种了解包括对方的经营项目、资金、规模、经营作风以及有关商品的行情等，而这种咨询了解一般是通过国内外的有关咨询机构。

3. 重气氛

谈判地点的选择是很重要的,韩国商人尤其重视这一点。他们比较喜欢将谈判地点安排在有名气的酒店。如果是他们选择的地方,他们会按时到达,一般主谈,即"拍板者"总是走在最前面。初谈阶段,他们做的第一件事,就是获得对方的好感,彼此信任,创造一个和谐信赖的气氛,然后才开始谈判。尽管会面是在友好气氛中进行的,也要注意第一次会见时的形象。因为韩国商人很看重初次见面时的印象,所以要记得穿正式套装。韩国各生活层次的人,尊重和面子十分重要,在会谈中要保持一定距离以示尊重,对方也会以同样认真的态度对待你。

4. 商务谈判需要耐心

韩国人谈判时很投入,谈判过程冗长。无论你的产品质量多好,若想达成交易却不那么容易。即使你感觉一桩买卖十拿九稳可以做成,也不要在谈判中过于催促,鲁莽的直率会引起不快,最好耐心等待,有什么问题,可在晚些时候提及。通常,首次会晤不要直接谈生意。按习惯,首次见面的目的是互相认识、建立信任感而不是确定交易。

综合案例

中国某公司与阿拉伯某公司谈判出口纺织品的合同。中方给阿方提供了报价条件,阿方说要研究,约定次日9点到某饭店咖啡厅见,第二天中方到了指定饭店,等到10点还未见到阿方人影,咖啡喝了好几杯。一直等到10:30,阿方人员才晃晃悠悠来了,一见中方人员就高兴地握手致敬,但未讲一句道歉的话。

在咖啡厅谈了一个小时,没有结果。阿方沉思了一下,提出下午3点到他家谈。

下午3点中方人员准时到了他家,并带了几件高档丝绸衣料作礼物送给他妻子。阿方代表说:"我邀你们到家里来,是把你们当作朋友,希望我们谈判顺利。"然后开始谈判,这期间,不停地有人进进出出打断阿方代表的谈判,但是阿方代表一点不在乎。

案例思考题:
1. 如何看中方人员对对方迟到的处理?
2. 为什么对方未就迟到的事道歉?
3. 在下午谈判过程中不停有人打断,中方要怎样做才恰当?

本 章 小 结

本章主要介绍了谈判过程中的礼仪及部分国家和地区商务谈判的风格。在商务谈判过程中,商务人员应遵循基本谈判礼仪。在与外国商人进行谈判时,必须遵守对方的谈判规则，了解对方礼仪习惯，才能更好地与对方合作。应注意在谈判准备时、谈判之初、谈判之中、谈后签约中的各个阶段的礼仪规范。

复习与思考

一、判断题

1. 收到日本谈判对手的名片后，应立即将名片放入口袋。　　　　　（　　）
2. 和阿拉伯人做生意，最好通过中间商进行。　　　　　　　　　　（　　）
3. 在进行国际谈判时，男士应穿西装。　　　　　　　　　　　　　（　　）
4. 在谈判过程中，对方对你方的条件提出质疑，你应立即辩解。　　（　　）
5. 在谈判中双方出现了冷场，这时应建议暂时终止谈判，进行休息。（　　）
6. 因为我们和韩国相近，有很多风俗习惯相近，故谈判时可用中方习惯。（　　）
7. 美国人较为自信，喜欢指责别人，谈判时应注意避让。　　　　　（　　）

二、简答题

1. 谈判之初应做好哪些准备工作？
2. 谈判人员的服饰要求有哪些？
3. 美国人的谈判风格有哪些特点？
4. 针对日本人好面子的特点，应注意什么样的礼仪规范？
5. 英国人的谈判风格有哪些特点？
6. 韩国人的谈判风格有哪些特点？

第四部分
商务交往中的国际礼宾礼仪

Chapter 13 第十三章
涉外礼仪

学习目标

知识目标

了解涉外礼仪在国际交往中的重要性及原则,了解会见、会谈的工作要求和两者的区别,掌握会见、会谈的座位安排、主要程序,掌握签字仪式、开业典礼、剪彩仪式等常见礼宾仪式的主要程序。

能力目标

能运用有关涉外礼仪方面的知识,做好涉外接待工作,了解并能做好几种仪式的具体操作工作。

随着我国国际地位的日益提高和对外开放政策的推行,涉外活动越来越多,接待外宾的任务越来越繁重。在国际交往中,为了恰到好处地遵守礼仪,表达自己对交往对象的善意,人们要求同存异,遵守惯例,这既是涉外礼仪的基本要求,也是涉外礼仪的宗旨之所在;还是国际交往中的一种胸怀,一种见识;更是国际交往成功的基本保证。这对于我们增进与世界各国人民之间的互相了解,加强民族间的友谊,推动国家间、团体间的合作,以及维护国家主权和民族尊严都是非常必要的。而在商务交往中,特别是在涉外商务交往中,更要对有关惯例加以遵守。

第一节 涉外礼仪的原则

涉外礼仪是指我们在各项涉外工作和涉外活动中应讲究的礼仪，包括典礼、礼遇、优待豁免及日常交际礼节（包括会见、会谈、宴请、接待、赠礼等）。涉外礼仪是涉外过程中必不可少的形式，是一些政治性、政策性、时间性极强且责任重大的举措。

涉外礼仪的原则是在长期国际交往中形成和发展的。在外事接待方面，各国的礼仪既有相同的地方，又具有各自的特点。其中，相同的地方已成为一种国际惯例，为各国所共同遵守。但又由于文化传统、风俗习惯等方面的差异，各国在礼仪工作的具体做法上普遍都具有本土民族和本土文化的特色。而我国的涉外礼仪原则是在尊重国际惯例和各国民族习俗的基础上不断革新、不断完善而形成的。

作为商务人员，若对其基本原则能认真遵守，则可在涉外交往中表现得得心应手、举止有度。其基本原则有如下几个方面：

一、维护形象

所谓形象，是指在人际交往中留给交往对象的印象，以及由此而产生的评价。在国际交往中，每一名员工的个人形象都代表着其企业的形象和国家的形象。因此，必须严格地规范员工形象、维护自身形象。个人形象的好坏事关交往的成败。

维护形象要注意三个问题：

（1）讲究卫生　比如不在公众场合随手乱扔果皮纸屑，不随地吐痰，注意自身仪表的干净和整洁，身上没有异味、异物。

（2）举止大方　在外国人士面前，要做一个有教养、有见识、充满自信的人，举止应当落落大方、不卑不亢、不傲慢无礼、目中无人，也不能低三下四、畏首畏尾。

（3）热情友善　不应面无表情、待人淡漠，也不应歧视、非议交往对象，这样会有碍交往的成功。

二、信守时间

在国际交往中，信守时间、遵守约会，是取信于人的一项基本要求，也是自我良好表现的一大目标，还是奠定交往对象之间良好关系的基石。要遵守时间就应做好以下五个方面的问题：

（1）有关时间的问题。在商定到访的具体时间时，作为客人，对主人提出的具体时间，应予以优先考虑。而客人提出方案时，最好多提供几种方案供主人选择。在一般情况下，不能安排在极为忙碌时、节假日、凌晨、深夜或是用餐和午休的时间内，也不应该吞吞吐吐、模棱两可。

（2）与他人交往的时间一旦确定，即约会一经订立，就应千方百计予以遵守，而不宜随便加以变动或取消。

（3）对于双方之间约会的时间唯有"正点"到场方为最得体。早到与晚到，都是不妥当的做法。

（4）在约会之中，不应早退或做其他无关事情。

（5）万一临时有重要的事情不能赴约，务必要向约会对象及早通报，解释缘由，并为此向对方致歉，绝不可对此得过且过，或索性避而不论，显得若无其事。

三、热情有度

我国和世界各国一样，人们都讲究热情友善，但中国人习惯上认为对别人越热情越好，而实际上，绝大多数外国人却强调热情有度。这个度，就是在热情的基础上，要遵守一个界限，这个界限就是不碍于人，不影响于人，不妨碍骚扰对方。

在涉外交往中需要注意以下几点：

（1）关心有度　面对自己力不能及的范围，自己不大熟悉的人士，如果表现得过于关心反而是不大容易被对方理解与接受的。因此，不该关心的事不能关心。

（2）谦虚有度　从古至今，中国人推崇谦逊为做人的一种美德。在国际交往中，适当的谦虚是必要的，但是在那些强调个性、强调自我表现的民族和国家面前，过分的谦虚会被别人误会为没有实力、虚伪做作。

（3）距离有度　所谓距离有度，是指与交往对象之间彼此要保持适当的空间距离。自古以来中国人往往推崇亲密无间，而在国际交往中，人们却是强调亲疏有别、距离有度。关系不同、场合不同时人与人之间的距离也应有所不同。在商务交往中，商务人员所遇到的人际距离通常有四种，即公共距离、礼仪距离、常规距离及私人距离。

1）公共距离，是指在大庭广众之下，与外人相处时的距离。这一距离是人际接触中界域观念最大的距离，是一切人都可自由出入的空间距离。一般指的是三米开外的距离。

2）礼仪距离，是指一米半到三米之间的距离。在这一距离中，人们自己的动作不会触碰到别人，自己的飞沫不会喷到别人的脸上，还可以跟别人保持适当的距离，不会侵犯别人的私人活动空间。这种距离有时又称做尊重的空间距离。

3）常规距离，是指半米到一米半之间的距离，是比亲朋、熟人关系相对远一点的社交距离。这种距离是在人际交往中，或站或行时所允许保持的最为正规的距离，体现的是一种社交性的、较正式的人际关系。故有时又称为交际距离。

4）私人距离，是指小于半米的距离，是恋人之间、夫妻之间、父母子女之间以及至爱亲朋之间的交往距离。这种空间是一个"亲密无间"的距离空间，在这个空间内，人们身体之间较接近。这种距离有时又称亲密距离。显而易见，在涉外交往中私人距离一般不可以使用。

四、女士优先

在国际社会，女士优先是一种交际惯例。女士优先原则的本意，是要求每一位有教养的成年男士，在社交场合里，都要尽自己的一切可能来尊重妇女、体谅妇女、照顾妇女、保护妇女、关心妇女。做到这一点的人就是一个绅士，是一个有教养的人。具体要求如下：

（1）进门出门时，男士要主动为女士开关门。

（2）在女士面前有教养的男士是不可以吸烟的，实在要吸烟，应询问女士的意见。

（3）当女士在衣帽间更换外衣、外套时，男士应协助女士把外衣、外套挂在衣帽架上。

（4）当女士落座时，男士要为女士移开椅子，待女士入座后，再推进椅子。

（5）当女士在室外行走时，如果手提笨重物品，男士要上前为之效劳。

（6）当女士遭遇难堪之时，比如道路有积水，座椅上有不洁之物，男士要主动出面，为女士排忧解难。

（7）在大型宴会或公共场合发言或致辞时，按照国际惯例，开场白应为"女士们、先生们，大家（晚上）好！……"

五、维护个人隐私

在国外，人们普遍推崇个性自由，尊重个性发展，其中一个基本做法，就是主张个人隐私不容干涉。个人隐私，泛指一个人不想告之于人或不愿对外公开的个人情况。在许多国家，个人隐私受到法律的保护。因此，在跟外国友人打交道时，千万不要没话找话，不要信口打探对方的个人情况（如婚否、年龄、工作时间、工资收入、家庭情况等）。尤其是发现对方不愿回答时，要适可而止。

六、以右为尊

所谓以右为尊，即指在涉外交往中，一旦涉及位置的排列，原则上都讲究右尊左卑、右高左低的规则。这一国际上所通行的做法，与国内传统的"以左为上"的做法正好相反。在涉外商务活动中如不遵循这一规律则会造成不好的影响，甚至使商务活动以失败告终。

例如，我国沿海某市的一家大型企业，经过漫长的艰苦谈判，终于同美国一家大公司谈成了一笔大生意。中外双方都十分满意，达成协议后，共同决定举行一次正式的签字仪式。中方为签字仪式做了精心的准备，还专门邀请了市里的领导和新闻单位参加，以示对这一活动的重视。但在仪式即将正式举行时，美国公司却出乎意料地表示拒绝参加，搞得中方代表莫名其妙。原来中方在签字桌上摆放中美两国国旗时，按照中国传统"以左为上"的习惯，把美国国旗摆在了签字桌的左边，而将中国的国旗摆在了签字桌的右边。为此美国代表看了十分恼火，认为是中方有意贬低美方，故拒绝参加签字仪式。后来经过解释和调解，这场误会才得以平息，但却给参加的人们留下了教训：在涉外交往活动中一定要遵守国际交往礼仪。

第二节　常见的礼宾次序礼仪

所谓礼宾次序礼仪，指的是在国际交往中，为了体现出席活动者的身份、地位、年龄等的差别，给予其必要的尊重，或者为了体现所有参与者一律平等，而将出席活动的国家、团体、各国人士的位次按一定的惯例和规则进行排列的礼仪规范。

一般来说，礼宾次序虽然形式上只是一个先后问题，但在内容上却是一个既关系到商务人员的礼仪素质、社会组织的修养、形象问题，又体现了东道主对各国宾客所给予的礼遇；在一些国际性的集会上则表示各国主权平等的地位。如安排不当或不符合国际惯例，则会引起不必要的争执与交涉，甚至影响国家关系。因此在组织涉外活动时，商务人员对礼宾次序礼仪应给予高度的重视。

一、按不对等关系进行排序

在商务活动中，如一些庆典、纪念等活动，所安排的主席台座次，以及行走、坐车的前后左右等，是必须明确按照地位的高低、职位的上下、关系的亲疏、年龄的长幼以及实力的强弱来排列的。这是礼宾次序排列的主要根据。

一般的官方活动，经常是按身份与职位的高低安排礼宾次序的。如按国家元首、副元首、政府总理、副总理、部长、副部长等顺序排列。各国提供的正式名单或正式通知是确定职务的依据。

排定主席台座次的一般规则是：就同一排的关系而言，中者为尊，两侧次之；就前后排关系而言，前排就座者为尊，第二排次之，第三排更次，以此类推；就两侧同位者而言，右者为尊，左者为次。

尊位、高位的具体确立标准应根据活动目的、内容以及主人的价值取向和客观需要等来决定。例如，政治、行政活动可能以职位为标准，经济活动可能以实力为依据，纪念性活动可能以长幼来判断等。

就走路而言，两人并行，右者为大；两人前后行，前者为尊；三人并行，中者为尊，右边次之，左边更次；三人前后行，前者为尊。就入座而言，三人并坐，中者为大，右者次之，左者更次；室内围坐时，面对门口的中间位置为尊。就上下楼梯而言，上楼梯时，前者为尊；下楼梯时，特别是楼梯较陡时，尊者在一人之后。不过需要强调的是，如果陪同接待的客人是一位女士，而女士又身着短裙，在这一情况下，接待陪同人员要走在女士前面，不要让女士高高在上，因为女士穿着短裙高高在上有可能会出现"走光"的问题，这是不允许的。乘电梯时，应让客人、长辈、女士先上；一般来说，进入电梯后，面向电梯门，左边靠里的位置可以看作尊位，但这点并不是很严格的。

就乘小轿车而言，如由驾驶员开车，按汽车前进方向，后排右座为尊位，中座次之，左侧更次，前排司机旁最次。司机旁的位置一般是助手、接待或陪同人员坐的。当轿车有三排座时，最后一排是上座，中间一排次之，前排最次。这个礼仪规范的产生可能主要出于安全的原因，因为大多数车祸或遭袭击时，首先受伤害的是坐在前排的人。当然，如果是主人亲自驾车，则主人旁边的位置是尊位。

如果接待两位贵宾，主人或接待人员应先拉开后排右边的车门，让尊者先上；再迅速地从车的尾部绕到车的另一侧打开左边的车门，让另一位客人从左边上车；只开一侧车门让一人先钻进去的做法是失礼的。当然，个别情况也可以例外。例如，为了让宾客顺路看清本地的一些名胜风景，也可以说明原因后，请客人坐在左侧，但同时还是应向客人表示歉意。有一位德国专家到日本工作，常往返于东京、大阪之间，几周后他发现，他每次的座位的窗口都朝着日本的圣山——富士山。这件事情令那位德国专家激动不已。不过需要强调的是，即使是为了让客人欣赏风景，也不要让客人坐司机旁的位置，尤其是接待我国港、澳、台地区的客人和外国客人时更应注意这一点，否则，就会弄巧成拙、事与愿违了。

二、按对等关系进行排列

如果礼仪活动的双方或多方的关系是对等的，则可使用以下三种排列方法：

（1）按汉字的笔顺进行排列　如果是国内的商务活动，参与者的姓名或工作单位名称是汉字的，可采用这种方法，其具体排法如下：首先，按个人姓名或组织名称的第一个字的笔画多少，依次按由少到多的次序排列。比如，当参加者有丁姓、李姓、黄姓时，其排列顺序就是丁、李、黄。

当两者第一字的笔画数相等时，则按第一笔的笔顺横、竖、撇、点、横勾的先后关系进行排列。比如，参加者中有张、李二姓时，两姓笔画数相同，则根据笔顺，李姓应排在张姓前面。当第一笔笔顺相同时，可依第二笔，以此类推。当两者的第一个字完全相同时，则用第二个字进行排列，以此类推。此外，如果是姓名出现两者相同，但一个是单名，一个是双名时，无论笔画多少，单名都排在双名前。

（2）按字母顺序进行排列　多边活动中的礼宾次序有时按参加国国名字母顺序排列，一般以英文字母排列居多，少数情况也有按其他语种的字母顺序排列的。这种排列方法多见于国际会议、体育比赛等。具体方法如下：先按第一个字母进行排列。例如，如果选用英文字母顺序排列，则Barry应排在Kerry之前，Chong Qing应排在Washington之前。

当第一个字母相同时，则依第二个字母的先后顺序排列；当第二个字母相同时，则依第三个字母的先后顺序排列，以此类推。

在国际会议上，公布与会者名单，悬挂与会国国旗，座位安排等，均按各国国名的英文拼写字母的顺序排列。联合国大会的席位也按英文字母排列，但为了避免一些国家总是占据前排席位，因此每年抽签一次，决定本年度大会席位以哪一个字母打头，以便让各国都有机会排在前列。

在国际体育比赛中，体育代表队名称的排列，开幕式出场的顺序一般也按国名字母顺序排列（东道国一般排在最后），代表团观礼或召开理事会、委员会等，则按出席代表团的团长身份高低排列。

（3）按回执或抵达的时间先后进行排列　这种方法多见于对运动队、参展团等团体的排序。具体来讲有两种情况：①按组织寄来的回执的日期先后排列，一般以邮戳或电传日期为准；②按各团体抵达活动地点的时间先后排列。

在实际工作中，遇到的情况往往是复杂的，如在某一多边国际活动中，对与会代表团礼宾次序的排列，首先是按正式代表团的规格，即代表团团长的身份高低来确定，这是最基本的。其次在同级代表团中则按派遣国通知代表团组成日期先后来确定，对同级和同时收到通知的代表团则按国名英文字母顺序排列。

在安排礼宾次序时所考虑的其他因素包括国家之间的关系，地区所在，活动的性质、内容和对于活动的贡献大小，以及参加活动人的威望、资历等。

第三节　会见、会谈礼仪

在国际社交礼仪活动中，会见、会谈是两项较正规而又联系紧密的活动。在国际上，会见通常被称为接见或拜会。身份高的人会见身份低的人，或是主人会见客人，这种会见称为接见。身份低的人去会见身份高的人，或是客人会见主人，这种会见称为拜会。接见与拜会在我国统称为会见。

从会见的内容上来区分，可以分为礼节性、政治性和事务性的会见，或兼而有之。礼节性的会见一般时间较短，话题较广泛。政治性的会见一般涉及双方的关系、国际局势等重大问题。事务性的会见则有一些外交交涉、业务商谈等。绝大多数会见活动都是在两方之间进行的。只有少数礼节性的会见，如国家元首同时会见离任或新到任的数国大使，是在多方之间进行的。若会见内容较为正式，又涉及专业问题，则需要双方或多方进行相应的正式会谈。

会谈是指双方或多方就某些重大的政治、军事、经济、文化问题以及其他共同关心的问题交换意见。也可以是指洽谈公务，或就具体业务进行谈判。它的内容较为正式，政治性或专业性较强。

在涉外活动中，我国对外国来访者（包括外国常驻外交使节到任或离任），从礼节及两国关系上考虑，一般均根据双方身份及来访目的，安排相应领导人和部门负责人会见。来访者及外交使节，也可根据国家关系和本人身份，以及业务的性质，主动要求拜会东道国某些领导人和部门负责人。礼节性拜会，身份低者会见身份高者，来访者对东道主进行正式访问或专业访问时，则应考虑安排相应的会谈。外交使节到任后或离任前，还应对与本国有外交关系的国家驻当地使节做礼节性拜会。外交使团间对同等级别者之间的到任礼节性拜会，按惯例均应回拜，身份高者可以回拜身份低者，也可以不回拜。

一、会见座位的安排

会见，通常在专门的会客厅、会议厅、办公室等场所举行。各国有不同的会见礼仪程序，有时宾主各坐一边，有时穿插坐在一起。有些国家元首会见还有独特的礼仪程序，如双方简短致辞、赠礼、合影等。我国习惯在会客厅会见，双方一般应分边而坐；主方坐左边，客方坐右边；主宾席靠近主人席；译员、记录人员安排坐在主人或主宾的侧后边。主方陪见人在主人左边一侧按身份高低依次就座，其他客人按礼宾顺序在主宾一侧就座。座位不够可在后排加座。

二、会谈座位的安排

只有两方参加的会谈叫双边会谈，有多方参加的会谈称多边会谈。双边会议通常采用长方形、椭圆形或圆形桌子，宾主相对而坐，以正门为准，主人应位于背门一侧或门的左侧，来宾面对正门而坐或门的右侧，双方主谈人居中。我国习惯把译员安排在主谈人右侧，但有的国家让译员坐在后面，一般应尊重主人的安排。其他人按礼宾顺序左右排列。记录员一般安排在后面，参加会谈的人数不多时，也可安排在前面就座。

如会谈桌一端向正门，则以入门的方向为准，右为客方，左为主方。多边谈判，座位可摆成圆形、方形等。小范围会谈时，有时不用长桌，只设沙发，双方座位按会见座位安排。

三、会见、会谈中的注意事项

（1）提出会见要求时，应将要求会见人的姓名、职务以及会见什么人、会见的目的告知对方。接见一方应尽早给予明确回复，主动将会见或会谈的时间、地点、主方出席人、具体安排事项及时通知对方。如因故不能接见，应婉言解释。

（2）准确掌握会见、会谈的时间、地点和双方参加人员的名单，及时通知有关人员和有关单位做好必要准备。主人应提前到达会见、会谈地点。

（3）会见、会谈场所应安排足够的座位，并根据参加人员数量的多少和场所面积的大小，决定是否安装扩音设备。会谈如用长桌，应事先安排好座位图，现场放置中外文座位卡，卡片上的字体应工整清晰。

（4）如需要留念合影，应事先安排好合影人员位置图，人数众多应准备架子。合影一一般以主人居中，按礼宾次序，以主人右手为上，主客双方间隔排列，一般两端均由主方人员把边。第一排人员的安排既要考虑人员的身份，又要考虑场地的大小，要考虑能否将所有人员都摄入镜头。

（5）客人到达时，主人在门口迎接，位置可在大楼正门，也可在会客厅门口。如果主人不到楼门口迎接宾客，则应由工作人员在大楼门口迎候，并将宾客引入会客厅。如有合影，宜安排在宾主见面握手后，合影完毕双方再入座。

（6）领导人之间的会见、会谈，除陪同人员和必要的译员、记录员之外，其他工作人员待安排就绪后均应退出。如果允许记者采访，也只是在正式谈话开始前几分钟，然后统统离开，谈话过程中，旁人不要随意进出。会见结束后，主人应将客人送至门前或车前握手告别，目送客人远去后再返回室内。

（7）会见、会谈时备用的饮料，国际上没有统一的规定。我国一般只用茶水，夏天加冷饮。如会谈时间过长，可适当上咖啡或红茶。

（8）一般官员、民间人士的会见，安排大体与上相同。事先也要申明来意，约妥时间、地点，通知来人身份和人数，准时赴约。礼节性会见，一般不要逗留太久，半小时左右即可告辞。日常性的交往，若客人来访，相隔一段时间后应予以回访。

第四节　各种仪式礼仪

在商务活动中，有许多仪式活动是经常会遇到的，主要有签字仪式、开业仪式、剪彩仪式等。安排好这些仪式活动有助于商务活动的顺利开展，而商务人员在商务仪式上，要懂得这些仪式礼仪规范，才会不失其身份。因此，仪式礼仪是开展商务活动时必修的课程。

一、签字仪式礼仪

签字仪式是双方或多方就某个问题或某些问题通过谈判达成协议、协定时举行的一种仪式活动。它一般发生在社会团体、商业机构或涉外机构之间，是一种比较隆重、正式的礼仪，礼仪规范比较严格。

1. 签字仪式的准备工作

在签字仪式前，首先应做好文本的准备工作，有关单位应及早做好文本的定稿、翻译、校对、印刷、装订、盖印等各项工作，以及签字用的文具（包括待签文本、签字笔、吸水纸等）、物品；如是涉外签字活动，必要时应准备双方的国旗。其次应与双方商定助签人员，并安排双方助签人员洽谈仪式程序和其他有关细节。

参加签字仪式的双方或多方,应通过协商,具体决定出席正式签字仪式的人数。在通常情况下,各方参加仪式的人数应大致相同。正式参加签字仪式的,一般是双方参加会谈的全体人员,有时为了表示对签字仪式的重视,往往还邀请主方或双方的高级人士出席仪式,以示正式和庄重。

签字仪式的现场布置各国不尽相同。我国的做法是在签字厅横放一张长方桌作为签字桌,桌面覆盖深绿色的台呢,桌后放两把椅子,为双方签字人员的座位,主左客右。座前摆放各自保存的文本,文本前面分别放置签字文具。如遇涉外,还应在桌中央摆一旗架,悬挂签字双方的国旗。参加签字仪式的人员按主宾各一方并依身份顺序排列于自己一方签字人的座位后面,双方助签人员分别站在各自签字人员的外侧。

双方签字者应面对房间正门而坐,双方参加签字仪式的其他人员,一般呈直线型,单行或多行并排站立在签字者身后,并面对房间正门。同时强调,双方地位高的人员应站在中间,站在最外面的人地位相对较低,如果站立的签字参加人员有多排,一般还应前排地位高于后排,站在第一排的人员地位较高。

涉外签字仪式的国旗悬挂与摆放有一定的国际惯例,不能随意马虎。悬挂、摆放双方国旗时,以旗本身的面向为准,右为上,左为下。即右挂客方国旗,左挂本国国旗。国旗不能倒摆,并排悬挂不同比例的国旗,应将其中一面略放大或缩小,使两个国旗的旗面大致相等。还有一点值得注意,为了严肃、庄重的礼仪要求,某团体、机构的旗帜不能和国旗并挂、并放。

如果是多边签字仪式,即参加者是三方或者三方以上。则通常只设一个座位,一般由签字者按照某种约定的顺序依次签名,而不像双边签字仪式一样大家平起平坐,同时签名。

2. 签字仪式的程序

1)签字仪式开始,各方参加人员按礼宾次序进入签字厅。

2)双方签字人员在规定的席位落座。

3)助签人员分别站立于本方签字人员的外后侧,协助翻揭文本,指明签字处。

4)先签署己方保存的文本,再接着签署他方保存的文本。

5)必要时由助签人员用吸水纸按压签字部分。

6)双方签字人,正式交换已经有关各方正式签署的文本,交换后,各方签字人应相互握手,互致祝贺,并相互交换各自方才使用过的签字笔,以致纪念。

7)全场人员应该鼓掌,表示祝贺。

8)由礼仪小姐或礼仪先生分别为主客方的主签人或全体人员每人呈上约三分之二杯的香槟酒,双方共同举杯祝贺、道谢。

9)双方在签字厅合影留念。

10）接着请双方最高领导者及客方先退场，然后东道主再退场。整个签字仪式以半小时左右为宜。

二、开业仪式礼仪

开业仪式是指商业企业在正式营业时举行的热烈的庆祝仪式，有时亦称作开业典礼、开幕仪式。当举办各种展览会、交易会、文化节、艺术节、联欢会、电影周、宣传周、技术周等重大活动时，一般都要举行隆重的开幕仪式；重大的工程开工、竣工或交接，公司建立，商店开张，分店开业，写字楼落成等活动，也要举行隆重的开工、竣工典礼或交接仪式。

1．开业仪式的准备

开业仪式的基本要求是热烈、隆重；开业仪式的目的是扩大企业知名度、树立企业形象。所以，开业仪式尽管进行的时间极其短暂，但要营造出现场的热烈气氛，取得彻底的成功，却是一桩非常重要的事情。由于它牵涉面甚广，影响面巨大，不能不对其进行认真的准备。准备开业仪式，首先在指导思想上要遵循"热烈""节俭""缜密"三原则。力戒过于沉闷、乏味、铺张浪费、盲目比阔；力求周密、细致，严防百密一疏、临场出错。开业仪式的准备工作应做好以下几个方面：

（1）要做好舆论宣传工作　一是选择有效的大众传播媒介，进行集中性的广告宣传。二是邀请有关的大众传播界人士在开业仪式举行之时到场进行采访、报告，以便对本单位进行进一步的正面宣传。

（2）准备请柬　精心拟出邀请宾客的名单，并将请柬在距仪式正式开始12小时前送达出席人手中。这些宾客中，应包括政府有关部门负责人、社区负责人、社团代表、新闻记者、员工代表以及公众代表等。

（3）要做好场地布置工作　举办仪式的现场，一般设在企业门口。按惯例，举行开业仪式时宾主一律站立，故一般不布置主席台或座椅。现场布置要突出喜庆感，渲染热烈气氛。一般要悬挂"×××开业庆典"的会标，准备好音响、照明设备并一一认真检查、调试，在来宾站立之处铺设红地毯，并在场地四周悬挂横幅、标语、气球、彩带、宫灯等。此外，还应当在醒目之处摆放来宾赠送的花篮、牌匾、纪念物品。选择场地要注意地势开阔，以便容纳观众。

（4）拟定典礼程序和接待事项　负责签到、留言、题词、接待、剪彩、鸣炮、奏乐以及摄影、录像等有关服务工作人员，应及时到达指定岗位，按照典礼程序有条不紊地进行工作。

（5）确定剪彩人员　参加剪彩的人员除主办方负责人外，还应邀请地位较高、有一定声望的知名人士同时进行剪彩。

（6）安排庆祝节目　安排一些必要的庆祝节目，以创造热烈欢快的现场气氛。最好由本企业员工担任庆祝节目的演出人员，这样可以培养员工当家做主的精神和职工自豪感。

2. 开业仪式的程序

开业仪式一般分开场、过程和结束三个阶段。

（1）开场　由主持人宣布来宾就位，双方出席开幕式的人员入场后，宾主面向外分左右两边排开。典礼开始时，可奏乐或燃放鞭炮庆贺，接着奏厂歌、店歌或举行升旗仪式。

（2）过程　主持人宣布大会开始，首先请企业负责人致辞，向来宾及祝贺单位表示感谢。接着可安排上级领导和来宾代表致贺词，并祝其生意兴隆。致辞后即可开始进行代表团身份最高的官员的剪彩仪式，若是双方合作，则可各推举一位负责人同时剪彩。

（3）结束　剪彩结束后，主人可陪同来宾进厂或进店参观，这期间可以向来宾介绍本企业拟将生产或销售的主要产品、承揽的主要项目以及经营决策，这是宣传产品和服务的好机会，也可以举行短时间的座谈，广泛征求来宾的意见和建议。还可与来宾一起合影留念。此外，可以准备一些小礼品，印上本企业的名称及"开业典礼"字样，向来宾赠送，扩大公众宣传效果。

三、剪彩仪式礼仪

剪彩仪式是指有关组织为了庆贺公司的设立，工程的奠基、竣工，大型建筑物的启用，道路桥梁的开通，博览会的开幕等举行的一种隆重的庆祝活动和宣传活动。因其主要活动内容是邀请专人使用剪刀剪断被称为"彩"的红色缎带，故被人们称为剪彩。

剪彩源于20世纪初的美国一个小镇上，有一家商店即将开业，店主为了阻挡拥挤的人群涌入店内，在门前拉了一条布带子，同时也为了吸引更多的顾客。正在顾客迫不及待地要拥入店内采购货物的时候，店主的小女儿牵着一条小狗突然从店里跑了出来，那条"不谙世事"的可爱的小狗若无其事地把店门上拴着的布带子碰落了下来，等候在店外的顾客误以为是店主搞的"新花样"，便一拥而入，争相抢购。从此，小店顾客盈门，财源广进。店主从这次偶发的事故中得到启迪，在后来开的几家"连锁店"开张时如法炮制。于是，人们纷纷模仿，并赋予它一个美妙的名称"剪彩"。现在，剪彩已风靡全球，从最初人们用来促销的一种手段发展成为商务活动中的一种重要仪式，并形成了一整套礼仪规范和要求。

剪彩仪式一般安排在新建设施工地或完工工程的现场举行。其准备工作与开业典礼有相同之处，如需要舆论宣传、发送请柬、布置会场、安排灯光与音响、进行人员的培训等。剪彩人员一般由上级领导、主管部门负责人、社会名流、合作伙伴、客户代表所担任。为了增加热烈、隆重和欢快的喜庆气氛，可邀请一定数量的训练有素、仪态高雅的礼仪小姐参加仪式。其着装应选择款式、面料、色彩统一的单色旗袍，穿黑色高跟皮鞋，配肉色长筒丝袜，化淡妆，盘发髻为佳。

剪彩仪式的用品如剪刀、白纱手套、托盘应按剪彩者人数配备，系有花结的大红缎带应有两米左右，时间以短为宜，原则上不超过一小时，有时15分钟即可。

在一般情况下，会场座席只安排剪彩者、来宾及本单位主要领导和部门负责人的座位，剪彩者应就座于前排。主持人介绍重要来宾并向他们表示感谢，全体鼓掌致谢，还可请乐队演奏欢快热烈的乐曲以烘托气氛。发言者可以是东道主单位的代表、上级主管部门的代表、地方政府的代表、合作单位的代表等。主持人宣布剪彩仪式开始后，礼仪小姐应排成一行率先登场，从两侧同时登台或从右侧登台均可。拉彩者与捧花者站成一行，拉彩者处于两端拉直红色缎带，捧花者各自双手捧一朵花团。托盘者须站立在拉彩者与捧花者身后一米左右，并自成一行。剪彩者在礼仪小姐的引导下走向剪彩位置，应让中间主剪者走在前面，其他剪彩者紧随其后走向自己的剪彩位置。托盘者在剪彩者均已到达既定位置之后，应前行一步，到达剪彩者的左后侧，呈上白手套、新剪刀，剪彩者应微笑致谢并表情庄重地将缎带一刀剪断。如有几位剪彩者共同剪彩，则应协调好彼此的行动。剪彩时，剪彩者还应和礼仪小姐配合，注意让彩球落入托盘内。剪彩者在剪彩成功后，可以右手举起剪刀，面向全体到场者致意。然后放下剪刀、手套等物，举手鼓掌。接下来，可依次与东道主进行礼节性的谈话并握手道喜，然后退场。剪彩仪式结束后，东道主通常以自助餐的形式招待来宾，或以纪念性的礼品赠送来宾。

第五节　涉外付小费礼仪

世界上的许多国家都有付小费的做法，有的国家称之为服务费。客人付小费本身，可以表达的含义颇为丰富。它既能代表客人对服务人员为你付出的劳动的尊重，也可以表达客人对服务工作的一种肯定和感谢之情。从另一层面来说，也体现了客人本人的文化修养和文明礼貌。

"付小费"之风起源于18世纪英国伦敦。当时各家酒店的饭桌之上摆有写着"保证服务迅速"的碗。顾客将零钱放入碗中，便会得到招待员迅速而周到的服务。后来，此法逐渐传到世界各地，成为一种感谢招待员或服务员的一种报酬形式。人们称此为付小费。世界上许多国家，尤其是欧美国家，对于付小费的做法司空见惯，但在中国，付小费并不流行，因此，商务人员在进行涉外活动时，要注意入乡随俗，勿在这件小事上失礼。

一、付小费的方式

付小费通常用美金支付，其中亦有一些技巧和惯例。除交付账单上公开列明的款项外，给小费多在私下进行。用餐时所付小费有时放在菜盘、餐盘下；有时放在茶盘酒杯底下。给打扫房间的服务生的小费，在离开房间时放在显眼的位置即可：有时放在房间床头；有时放在写字台上。小费忌放在枕头底下，那样的话会被服务生认为是客人自己的东西忘了收藏。如果能在桌子上放小费的同时，留一张"THANK YOU"的纸条，会倍受服务生的欢迎和尊重。有时在付款时找的零钱不收而权当小费；有时也可直接塞在服务员手里，如当面要付小费给行李员，最好是与他握手表示感谢的同时将小费暗暗给他。给导游、司机的小费，则要由团员一起交齐后放到信封里，由一代表当众给他们。对代表官方接待的人员，因不允许付小费，可以酌情赠送些纪念品以示答谢，如送包香烟、一小瓶酒、一些小工艺品等，礼轻情意重，对服务员来说既得到实惠，又得到心灵的宽慰。

二、按当地行情给付小费

到异国他乡，付小费对中国人来说是一件陌生而不易把握的事。什么样的场合要付小费、怎样付、按照什么标准付，都是需要注意的问题。付小费虽然是小事，处理不当同样会令人难堪。付少了，会让人觉得你吝啬、缺乏起码的教养；付多了，有时又会搞得自己囊中羞涩。

由于各国各地各行业小费的数额没有统一规定，所以顾客宜入境随俗，酌情而付。在欧洲，乘出租汽车、住旅馆、到餐厅进餐一般在算账时都要收10%～15%的小费，又称服务费。此外，旅客还要给侍者一些零钱做额外小费（约5%）。住旅馆，除正常所有消费之外，还要在临走时或每天付给服务员一定的小费。也有按件数计算的，国外大多数机构，付给搬运工的小费是按件计算的，每件行李付50美分。对酒店的行李员，也可以按照这个标准支付。

在国外的许多地方，付小费有时成为一种经济实力的竞争。付的小费越多，其名声越大，越被人们认为有财富和地位。所以，许多人，尤其是有身份的人，在生意场上，都十分注意付小费礼仪，把它甚至看成是个人荣誉的展示。

三、按当地惯例给付小费

并不是所有的服务都要给小费。什么时候该付，什么时候不该付，是一个必须搞清楚的问题。

在美国，付小费是极普通而自然的礼节性行为。据统计，美国从事服务行业的人，每年所得各种小费总和达50亿美元之多。出租汽车司机收入的三分之一来源于小费。在旅馆住宿，要给为你打扫房间的清洁工小费，每人每天付2～4美元；送餐服务则按餐费的15%付给；在理发店理发，应付理发师和美容师也是15%的小费；在餐厅用餐，要付给直接为你服务的侍者小费；给汽车加油，需给帮你加油、擦挡风玻璃的工人小费；在机场、车站，要给帮你提送行李的搬运工付小费；对巴士或游艇的导游、歌剧院引路的服务生，都应付小费等。值得注意的是，当面付小费时最忌付硬币。

但并不是享受任何服务都需付小费。在美国，坐火车、坐船应付小费，但坐长途汽车、坐飞机则不必付；在旅馆中对柜台上的服务员不必付；在餐馆中对领班服务员不必付；对售货员和自助洗衣店里的服务员不必付；对警察、海关检查员、大使馆职员、政府机关职员等公务人员给你的服务绝不可付小费，对他们只能口头道谢或写感谢信致谢，否则会被视为一种不恭敬的行为。商务活动中，如有接待单位提供车辆，不必给司机小费，但最好备点小礼品给司机以示谢意。

在英国，付给机场、旅馆行李员的小费是每只提箱25～30便士，使用洗手间10便士；在法国，付小费是公开的，服务性的行业可收不低于价款10%的小费，财政税收也将小费计入；在德国，除了必须交纳包括账单在内的服务费外还要适当给服务员一些零钱；在瑞士的饭店餐馆，不公开收取小费，但司机可按明文规定收取车费10%的小费；在意大利，收小费属于半公开现象，当遇到"拒收"的示意时，你最好是趁送账单之机递上小费；在墨西哥将付小费与收小费视为一种感谢与感激的行为；在泰国，顾客所付的小费，无论多少，都是需要的；在日本，当进入饭店大门时，顾客可向女服务员付一些小费，而对其他人员可不必付；在新加坡，禁止支付和收取小费，会被认为服务质量差；在俄罗斯，小费可不用现金支付，而代以香烟、圆珠笔等礼物；在澳大利亚，不流行小费，但服务行业，特殊情况时最好还是给服务人员一点小费；在北非及中东地区，许多从事服务性活动的老人与孩子，小费是其全部收入，如遇顾客忘记付小费，他们会追上去索要的。

综合案例

在一次涉外商务活动中，我国企业代表在与外国商务代表协商签订了一份商务合作合同后，举办了一场有关商品的剪彩仪式活动。在仪式活动中，当我国企业代表致辞时，他说："先生们、女士们，大家下午好，我非常高兴……"此时，外国商务代表中有两位女士、三位男士，他们均表现出不愉快的表情，但没有做出太大的举动。后来，在剪彩过程中，这位企业代表不小心把剪下的红缎带大花掉落在主席台上。虽然他一再地解释是自己的疏忽造成的错误，但外国商务代表仍然非常生气，离席而去。

案例思考题：
1. 为什么外国商务代表在企业代表致辞时会面露不愉快的神情？
2. 外国商务代表为何要离席而去，我国企业代表在剪彩仪式上有何不妥当之处？

本 章 小 结

本章主要介绍了涉外礼仪的原则、常见的礼宾次序礼仪、会见和会谈礼仪及几种仪式礼仪的内容，重点介绍了涉外付小费礼仪的相关内容。通过本章的学习，应当认识到：在涉外商务交往中，应注意求同存异，遵守惯例，这既是涉外礼仪的基本要求，也是涉外礼仪的宗旨之所在。

复习与思考

一、名词解释

涉外礼仪　会见　会谈　礼宾次序礼仪　以右为尊

二、简答题

1. 简述涉外交往的基本原则。
2. 简述两种礼宾次序礼仪的排序方法。
3. 会见、会谈的座位安排及注意事项是什么？
4. 签字仪式、开业仪式、剪彩仪式的主要程序是什么？

三、技能实训题

请你判断并分析以下情景中人物做法的正误：

（　　）一中国人路逢一外国女士，互致问候。中国人问："到哪里去？"

（　　）一外商与一男士通电话："我们今天下午2点整在咖啡厅见。"咖啡厅内，外商看表，大钟指向下午2点半，该男士赶至咖啡厅。

（　　）一外商称赞一女员工："小姐，你真漂亮！"女员工回答："哪里。"

（　　）外商与几位中方公司员工见面，男员工忍不住当众吐了一口痰在地上。

（　　）一位中国商务人员到英国洽谈业务，早上离开所住酒店时，把小费放在房间床铺的枕头底下。

Chapter 14 第十四章
东西方礼仪文化简介

学习目标

知识目标

了解东西方文化的特点,掌握不同国家的礼貌礼节及忌讳,掌握世界三大宗教——佛教、基督教、伊斯兰教及中国道教的主要礼节和忌讳。

能力目标

在商务社交中能够根据对方的文化礼仪习惯及宗教信仰来处理问题。掌握与不同国家、不同宗教信仰的人交往的技巧。

礼仪受国别、地域、宗教信仰、文化背景、民族特征、社会风俗和政治制度等因素的影响,不同国家、不同地区的礼仪会有所差别,形成不同的礼仪文化,因此在国际商务交往中,要了解、尊重有关国家的商务礼仪,做到因人施礼。

中国人习惯上所称的东方礼仪文化主要是指以中国、日本、韩国、新加坡、泰国等亚洲国家为代表的具有东方民族特点的礼仪文化。而西方礼仪文化通常是指以英国、法国、德国、美国等为代表的欧美国家的礼仪文化。本章主要介绍东西方各国礼仪文化及对礼仪文化影响比较大的宗教常识。

第一节　各国礼仪文化

一、东方礼仪的特点

古老的东方，是人类历史的发源地之一。东方礼仪以它富有丰富人情味的传统礼仪向人们展示了悠久的历史文化和无穷的魅力。与西方文化相比，东方礼仪有其自身的特点：

1. 重视血缘和亲情关系

东方民族信奉"血浓于水"的传统观念，在人际关系中最稳定的因素是血缘关系。当多种利益发生矛盾和冲突时，多数人都会选择维护有血缘关系的家族利益。

2. 谦逊、含蓄的美德

与西方人相比，东方人通常显得谦逊和含蓄。比如送礼，西方人总是对受礼的人说明："这是我精心为你挑选的礼物，希望你喜欢。"受礼方总是当着送礼者的面将礼物打开，以示谢意和礼貌。而东方人在送礼时尽管也费尽心思、精心挑选，但在受礼者面前却总是谦逊地说"微薄之礼不成敬意，请笑纳"之类的话。东方人在受礼时，也往往只说"谢谢"而不马上打开礼物。

3. 讲究礼尚往来

礼是联系人际交往的媒介和桥梁。这里讲的礼主要指礼物。东方人送礼的名目比较多，除了重要的节日相互拜访需要送礼外，平时的婚、丧、嫁、娶、生日、升职、加薪都可作为送礼的理由。东方人讲究"来而不往非礼也"，也就是说接受了别人的礼物而不懂得回赠，是很不礼貌的行为。

二、东方主要国家的礼仪文化

尽管东方国家礼仪文化有许多共同之处，但各国礼仪文化又存在许多不同之处。

1. 日本礼仪文化

（1）礼貌礼节　日本人总的特点是勤劳、守信、遵时、生活节奏快、工作效率高、民族自尊心强、注重礼节。与日本人初次见面，互相鞠躬，互递名片，一般不握手。没有名片就自我介绍姓名、工作单位和职务，如果是老朋友或者是比较熟悉的就主动握手或拥抱。

日本人常用的寒暄语有"您好""您早""请休息""晚安""对不起""请多关照""失陪了"等。日本人比较讲究鞠躬礼，往往第一次见面时行"问候礼"是30°；分手离开时行"告别礼"是45°。

日本人盛行送礼，他们既讲究送礼，也讲究还礼，日本人送、还礼一般都是通过运输公司的服务员送上门的，送礼者与受礼者互不见面。日本人以酒待客时，认为将酒杯放在桌上，让客人自己斟酒是失礼的。主人或侍者斟酒时，要右手执壶，左手托壶底，壶嘴不能碰杯口；客人则右手拿酒杯，左手托杯底，接受对方斟酒。在一般情况下，客人接受第一杯酒为礼节，客气地谢绝第二杯不为失礼。谢绝第二杯酒的客人，不能将酒杯倒放，要等大家喝完酒后，一起把酒杯倒放在桌上。日本人在吸烟时先征得主人的同意，方可吸烟，以示对主人的尊重。日本人比较注意衣着仪表的美观，不修边幅会被认为是没教养，是受人鄙视的。公开场合一般要着礼服，可以西装革履，西装为套服。天气炎热时穿衬衣也不能卷起袖子，参加集会时，主人没有请宽衣，不能随便脱外衣，一般场合下都不允许穿背心或赤脚。民间节日，日本人最喜爱的还是和服，特别是妇女，认为只有穿上民族色彩的和服才是最正式、最有礼貌的。

（2）饮食习惯　"日本料理"自古被称为"五味（甜、酸、咸、苦、辣）、五色（白、黄、赤、青、黑）、五法（生、煮、烤、烫、蒸）料理"，也有"中华料理"和"西洋料理"之分。

日本人以熟食为主，也喜生食。著名的日本风味食品有生鱼片、寿司和鸡素烧等。早餐以牛奶、面包、稀饭为多，午餐、晚餐吃大米饭，副食主要是蔬菜和鱼类。日本人爱吃鱼、爱吃面酱、爱喝中国的名酒，爱在凉菜上撒点芝麻、紫菜末、生姜丝、白酱等。日本人吃菜清淡，不喜欢油腻，喜欢鲜中带甜的菜。

（3）忌讳　日本人忌荷花图案，认为是"妖花"。赠送礼品时，切勿赠数字为"9"的礼物。另一方面，送日本人婚礼礼金时要避免偶数，因为偶数是2的倍数，容易导致夫妇分裂。在日本不能三人合影，认为中间的人被左右两人夹着，是不幸的预兆。在日本发信时，邮票不能倒贴，倒贴是绝交的表示。日本人用筷子很有讲究，在餐桌上有放筷子的筷托。同时用筷时有八忌，分别为：忌舔筷、忌迷筷、忌扭筷、忌插筷、忌掏筷、忌跨筷、忌剔筷、忌泪筷。同时，还忌用一双筷子给大家依次夹取食物，也不能把筷子垂直插在米饭中。日本人没有相互敬烟的习惯。与日本人一起喝酒，不宜劝导他们开怀畅饮。日本人很忌讳别人打听他的工资收入，年轻的女生忌讳别人询问她的姓名、年龄以及是否结婚等。

2. 韩国礼仪文化

（1）礼貌礼节　韩国是一个礼仪之邦，其礼俗与我国朝鲜族基本相同，尤其在尊老爱幼、礼貌待人方面更为注重。韩国人见面时，一般以咖啡、不含酒精的饮料或大麦茶招待客人，客人不能拒绝。晚辈见长辈、下级见上级规矩很严格：握手时，应以左手轻置右手腕处，躬身相握，以示恭敬；与长辈同坐，要挺胸端坐；若想抽烟，须征求在场的长辈同意；用餐时不可先于长者动筷。韩国人在进行业务洽谈时，习惯在饭店的咖啡室或附近类似的地方举行。韩国人在公共场所不大声说话，妇女在发出笑声时要用手帕捂住嘴，以免失礼。在韩国，女子同男子见面时，女子先向男子行鞠躬礼，致意问候。男女同坐时，男子位于上座，女子则下座。多人相聚时，往往根据身份高低和年龄大小依次排定座位。聚会致辞以"先生们、女士们"开头。在社交场合，男女分开活动。

在韩国，如邀去做客，不可空手前往，应带一束鲜花或一份小礼物，并用双手奉上。接受礼物时不可当面打开。进入室内时，要将鞋子脱下留在门口。韩国人宴会礼仪较多，用餐要请长辈先吃。对主人头一、二次敬菜要推让，第三次才接受。宴会主人则要坚持敬菜。他们喜欢相互斟酒、喝交杯酒。年轻人要先向老人和长辈斟酒。在正规场合中，妇女要给男子斟酒，而不给妇女斟酒。为人斟酒，要右手持酒瓶，左手托前臂，受酒者应举起自己酒杯。拒喝别人的酒是不礼貌的表现，如不胜酒力，可在杯中剩点酒。他们原谅喝醉酒的人。吃饭时不能把菜盘里的食物吃光。饭后喜欢唱歌，被邀请唱歌时不应拒绝。

（2）饮食习惯　　主食为米饭和打糕，韩国人爱吃辣椒、泡菜、烧烤中要加辣椒、胡椒、大蒜等调味品。韩国人喜欢吃牛肉、猪肉、鸡肉和海味。素菜中喜欢吃黄豆芽、卷心菜、细粉、菠菜、萝卜、洋葱等。韩国人早餐不吃稀饭。对他们来说，汤是每餐必不可少的。有时汤中要放猪肉、牛肉、狗肉、鸡肉烧煮；有时也简单地倒些酱油，加点豆芽即成。韩国人在用餐时很讲究礼节，用餐时不随便出声，不边吃边谈，如不注意这些小节，往往会被看不起，引起别人反感。

（3）忌讳　　韩国商务人士与不了解的人来往，要有一位双方都尊敬的第三者介绍和委托，否则不容易得到对方的信赖。为了介绍方便，要准备好名片，中英文或韩文均可。到公司拜会，必须事先约好。会谈的时间最好安排在上午10点或11点左右，下午2点或3点。韩国人对"4"非常反感，许多楼房的编号严忌"4"字，军队、医院等绝不用"4"编号。在饮茶或饮酒时，主人总是以1、3、5、7的数字来敬酒、敬茶、布菜并力避以双数停杯罢盏。

3．新加坡礼仪文化

（1）礼貌礼节　　新加坡人十分讲究礼貌礼节，服务质量很高。其风俗习惯因民族及宗教信仰而异。华人的传统习俗与我国相似，如两人见面时作揖，或鞠躬、握手。印度血统的人仍保持印度的礼节和习俗，妇女额上点着吉祥点，男人扎白色腰带，见面时合十致意。马来血统、巴基斯坦血统的人则按伊斯兰教的礼节行事。新加坡商人谦恭、诚实、文明礼貌，他们在谈判桌上一般会表现三大特点：一是谨慎，不做没有把握的生意；二是守信用，只要签订合同，便会认真履约；三是看重"面子"，特别是对老一代人，"面子"往往具有决定性的作用。

（2）饮食习惯　　新加坡人受华人影响，普遍习惯吃中餐，主食为米饭、包子，不吃馒头。副食主要为鱼虾等海鲜，如炒鱼片、炒虾仁、油炸鱼等。不信佛的人喜欢吃咖喱牛肉。水果方面，爱吃桃子、荔枝、梨等。他们讲究吃快餐，注重菜品的营养成分，喜欢清淡带甜的口味。

（3）忌讳　新加坡人忌数字7，不喜欢乌龟。严禁放烟花鞭炮。同时忌说"恭喜发财"；新加坡人认为"发财"是指"发不义之财"，因而是对别人的侮辱与谩骂。在新加坡，留长发的男子不受欢迎。新加坡人注重环保，文明卫生，随地吐一口痰，要罚款，随地扔一个烟头也会被罚款。大年初一必须把扫帚收起来，决不许扫地，认为这天扫地会把好运气都扫走。

4. 泰国礼仪文化

（1）礼貌礼节　在泰国，佛祖和国王是至高无上的；人的头是神圣的；脚除了用于走路外，不要轻举乱动，否则很可能会冒犯朋友而自己还不知道。泰国人见面时，通行的是合掌礼，双掌相合上举，抬起在额与胸部之间。双掌举得越高，表示尊敬程度越高，和职务、地位高者、老者还礼时手腕不得高过前胸。长者在座，晚辈只能坐在地上，或者蹲跪，以免高于长辈的头部，否则被视为对长辈极大不尊。别人坐着时，也不可把物品越过其头顶。给长者递东西时必须用双手。一般人递东西用右手，表示尊敬。如不得已需用左手时，要说一声"请原谅，左手。"也不能把东西扔给别人，这是不礼貌的行为。从坐着的人们面前走过时，要略微躬身，表示礼貌。泰国人进寺庙时必须衣冠整洁，进入寺庙时要摘帽脱鞋，以表示对神的尊重。穿背心、短裤或赤胸露背者进入寺庙，会被视为玷污圣堂、亵渎神灵，是严格禁止的。

（2）饮食习惯　主食为大米，副食主要是鱼和蔬菜。泰国人特别喜爱吃辣椒，而且是越辣越好。不喜欢酱油，不爱吃牛肉和红烧的菜肴，也不习惯放糖。泰国人特别喜欢啤酒，也爱喝白兰地兑苏打水。喝咖啡、红茶时，爱吃小蛋糕和干点心。饭后有吃苹果、梨等习惯，但不吃香蕉。早餐多吃西餐；午餐和晚餐喜吃中国的粤菜和川菜。粉蕉糯米粽子和花叶粽子是泰国人喜爱的食品，泰式春卷和炸香蕉是风味小吃。

（3）忌讳　泰国人非常重视头部，认为头是智慧的所在，是神圣不可侵犯的，摸人的头是极大的侮辱。打了小孩的头，则认为小孩要遭不幸。睡觉忌头向西方，因为日落西方象征着死亡。忌用红笔签名，因为人死后会用红笔将其姓氏写在棺木上。泰国人不坐时忌跷腿，把鞋底对着别人，认为这样是把别人踩在脚下，是一种侮辱性的举止。妇女就座时应双腿并拢。

三、西方礼仪的特点

西方礼仪萌芽于古希腊，初步形成于17至18世纪的法国，其间深受古希腊、古罗马、法兰西等国文化的影响。西方资产阶级登上历史舞台后，不仅在经济基础，而且在上层建筑各个领域进行了伟大的变革。现在国际上通行的一些外交礼仪礼节，大部分是在这个时期形成的。在西方礼仪文化中，强调规范个人的行为，注重良好的教养，如尊重妇女，讲究绅士风度、淑女风范等。综合起来具有以下特点：

1. 个性自由

西方礼仪强调个人在不违反法律的前提下拥有绝对的自由，将个人的尊严看得神圣不可侵犯；在西方，冒犯对方"私人的"所有权，是非常失礼的行为。

2. 守时遵信

西方人惜时如"金"，常将交往对方是否遵守时间，作为判断其工作是否负责，是否值得与之合作的重要依据。在他们看来，这直接反映出一个人的形象和素质。同时西方人把遵守诺言看得极为重要，赴约须提前到达，至少要准时，而且不应随意改动。迟到、失约、轻易更改时间均被视为是不可容忍的事情。

3. 自由、平等、开放

从古希腊开始，在与大自然的抗争中，西方人就形成了独立进取的乐观精神。西方人提倡人人平等，强调积极参与竞争，漠视家庭血缘关系。

四、西方主要国家的礼仪文化

尽管西方礼仪文化具有许多共性，但是在其发展过程中因各国具体情况不同又形成了各国不同的礼仪文化。

1. 英国礼仪文化

（1）礼貌礼节　英国人崇尚彬彬有礼、举止得当的绅士淑女风度。尤重女士优先原则。英国人遵守纪律，在公共场合有排队习惯。等候载人电梯，都在右边排队。英国人见面相互握手、道安。戴着帽子的男士在与英国人握手时，最好先摘下帽子再向对方致敬。但切勿与英国人交叉握手，因为那样会构成晦气的十字形，也要避免交叉干杯。英国人比较内向，与人交往初期比较矜持。交谈时，双方距离不要太近，应注视对方的头部，并不时与之交换眼神。英国人从不直接说"上厕所"，而是说"请原谅几分钟"或"我想洗洗手"等。至于"请""对不起""谢谢"等礼貌用语，更是习以为常，即使家庭成员之间也是如此。

（2）饮食习惯　英国人是一日四餐，即早餐、午餐、午后茶点和晚餐。他们一般口味偏重清淡、鲜嫩、焦香，喜爱酸甜、微辣味，不愿吃带粘汁或过辣菜肴，不喜欢用味精调味，也不吃狗肉。英国人爱喝茶，把喝茶当作每天必不可少的享受。英国人喝茶的习惯不同于中国，倒茶前要先往杯子里倒入冷牛奶或鲜柠檬，加点糖。茶壶除了女主人外，谁都不要动。如果先倒茶后倒牛奶会被认为缺乏教养。他们喜欢中国的京菜、川菜、粤菜。在宴会上应注意将主要女宾安排在第一首席上，斟酒也要先为女宾斟。用餐时切忌碰撒盐瓶（视为朋友口角或断交预兆），切忌刀叉碰响水杯（为不幸预兆）。受到款待后一定要写信表示感谢。英国人不善烹调，但英国有一些风味佳肴富于特色，如被叫作"国菜"的

"烤牛肉加约克郡布丁"和"炸鱼薯片"。

在斋戒日和星期五，英国人正餐吃炸鱼，不食肉，因为耶稣受难日是复活节前的那个星期五。

（3）忌讳　在英国从事商务活动，应注意这样的一些问题：没受对方邀请，不要随便闯入别人的家。如若对方邀请，不要忘记给女士带上一束鲜花或巧克力。给英国女士送鲜花时，宜送单数，不要送双数和13枝，不要送被英国人认为象征死亡的菊花和百合花。英国人忌用人像作服饰和商品包装图案，也忌用大象和孔雀图案，在英国人看来大象是愚笨的，孔雀是淫鸟、祸鸟，连孔雀开屏也被认为是自我吹嘘和炫耀。英国人忌讳以英国皇室的隐私作为谈资，因为女王被视为其国家的象征。

2. 法国礼仪文化

（1）礼貌礼节　法国人爱好社交，善于交际。对法国人来说社交是人生的重要内容，没有社交活动的生活是难以想象的。在商务交往中，常用的见面礼是握手。而在社交场合，亲吻礼和吻手礼则比较流行。法国人使用的亲吻礼，主要是相互之间亲面颊或贴面颊。至于吻手礼，主要限于男士在室内象征性地吻一下已婚妇女的手背，但少女的手不能吻。在商务活动中，法国商人特别注重"面子"，对双方提交的各方面材料都十分重视。他们好开玩笑，讨厌不爱讲话的人，对愁眉苦脸者难以接受是法国人礼仪的又一个特点。

法国人是世界上最著名的"自由主义者"。"自由、平等、博爱"不仅被法国宪法定为本国的国家箴言，而且在国徽上明文写出。他们虽然讲究法制，但一般纪律性较差，不大喜欢集体行动。与法国人打交道，约会必须事先约定，并且准时赴约，但是也要对他们姗姗来迟事先有所准备。

在服饰方面法国人讲究衣饰，在正式场合，法国人通常要穿西装、套裙或连衣裙，颜色多为蓝色、灰色或黑色，质地则多为纯毛。出席庆典仪式时，一般要穿礼服，男士所穿的多为配以蝴蝶结的燕尾服，或黑色西装套装；女士所穿的则多为连衣裙式的单色大礼服或小礼服。对于穿着打扮，法国人讲究搭配。在选择发型、手袋、帽子、鞋子、手表、眼镜时，都十分强调使之与自己着装相协调。

（2）饮食习惯　如果说英国人注意着礼节吃，德国人考虑着营养吃，意大利人痛痛快快地吃，法国人则是夸奖着厨师的技艺吃。法国人的确擅于吃而且精于吃。他们重视烹调技艺，被誉为"烹调之国"。法国人早、午餐比较简单，但比较注重晚餐。早餐一般喜欢吃面包、黄油、牛奶、浓咖啡等，午餐为炖牛肉、炖鸡、炖火腿、焖龙虾、炸鱼等，晚餐吃猪、牛、羊肉和鸡、鱼虾、海鲜等。喜欢各种新鲜蔬菜，但不吃辣椒。爱吃冷盘，吃冷盘时习惯自己切着吃，故中餐桌上除中餐餐具外，应摆上刀叉。法国人用餐时，两手允许放在餐桌上，但却不许将两肘支在桌子上，在放下刀叉时，他们习惯于将其一半放在碟子上，一半放在餐桌上。法国人特别喜欢饮酒，几乎餐餐必喝，而且讲究在餐桌上要以不同品种的酒水搭配不同的菜肴；除酒水之外，法国人平时还爱喝生水和咖啡。

（3）忌讳　　法国人忌讳黄色的花，认为是不忠诚的表现；忌黑桃图案，认为不吉祥；忌仙鹤图案，认为仙鹤是蠢汉和淫妇的代称；忌送香水等化妆品给法国女人，因为它有过分亲热或图谋不轨之嫌。在接受礼品时若不当着送礼者的面打开包装，是一种无礼的表现。法国人喜欢有文化和美学素养的礼品，如唱片、磁带、艺术画册等。他们非常喜欢名人传记、回忆录、历史书籍，讨厌那些带有公司标志的广告式礼品。

3. 德国礼仪文化

（1）礼貌礼节　　德国人勤勉矜持，讲究效率，崇尚理性思维，时间观念强。他们不喜欢拖拖拉拉、不守纪律和不讲卫生的坏习气。德国人在交谈中很讲究礼貌。他们比较看重身份，特别是看重法官、律师、医师、博士、教授一类有社会地位的头衔。对于一般的德国人，应多以"先生""小姐""夫人"等称呼。在交谈过程中，切勿疏忽对"您"与"你"的使用。对于熟人、朋友、同龄者方可以"你"相称。在德国，称"您"表示尊重，称"你"则表示地位平等、关系密切。

在与德国人握手时，有必要特别注意两点：一是握手时务必要坦然地注视对方；二是握手的时间宜稍长一些，晃动的次数宜稍多一些，握手时所用的力量稍大一些。在商务活动中，德国商人讲究穿着打扮，一般男士穿深色的三件套西装，打领带，并穿深色的鞋袜；女士穿长过膝盖的套裙或连衣裙并配以长筒袜，化淡妆。不允许女士在商务场合穿低胸、紧身、透明的性感上装和超短裙，也不允许她们佩戴过多的首饰。德国人对发型也比较重视，男士不宜剃光头，德国少女的发式多为短发或披肩发，烫发的妇女大半都是已婚者。

（2）饮食习惯　　德国是一个具有悠久饮食文化的国家，对食品的制作及就餐程序十分讲究。德国人饮食口味较重，以面包、土豆为主食，偶尔用大米、面条作主食。讲究饮食，最爱吃猪肉，其次是牛肉。在饮料方面，德国人最欣赏啤酒，啤酒杯一般很大，一般情况下不碰杯，一旦碰杯，则需一口气将杯中酒喝光。德国人在用餐时，若同时饮用啤酒与葡萄酒，习惯先饮啤酒后饮葡萄酒，并且规定吃鱼用的刀叉不得用来吃肉或奶酪，食盘中不宜堆积过多的食物，不得用餐巾扇风。

自助餐发明于德国，德国各地的自助餐小店极多，在这种小店就餐，既方便又实惠，所以很受人们欢迎。

（3）忌讳　　与德国人交谈，不要打听个人私事，回避德国统一后的国内政治问题。他们不爱听恭维话。忌讳四人交叉式谈话。忌讳在公共场合窃窃私语。给德国人赠送礼品须审慎，应尽量选择有民族特色、带文化味的东西。不要给德国女士送玫瑰、香水和内衣，因为它们都有特殊的意思，玫瑰表示"爱"，香水与内衣表示"亲近"。即使女性之间，也不宜互赠这类物品。用刀、剪和餐刀、餐叉等西餐餐具送人，有"断交"之嫌，也是德国人所忌讳的，在服饰和其他商品包装上也禁用类似符号。德国人忌讳茶色、黑色、红色和深蓝色。

4．美国礼仪文化

（1）礼貌礼节　美国人崇尚进取和个人奋斗。通常相见时，一般只点头微笑，打声招呼，而不一定握手。一般也不爱用先生、太太、小姐、女士之类的称呼，而认为对关系较深的人直呼其名是一种亲切友好的表示，他们从不以行政职务去称呼别人。在美国等西方国家都有付小费的习惯，有的叫服务费。付小费被认为是对服务人员提供服务的尊重和酬劳。

美国人在进行商务谈判时，喜欢开门见山，答复明确，不爱拐弯抹角。他们平时穿着打扮不太讲究，崇尚自然，偏爱宽松，讲究着装体现个性，这也是美国人穿着打扮的基本特征。但美国人非常注重着装细节和服装的整洁。拜访美国人时，进门一定要脱帽子和外套，这是一种礼貌。穿睡衣、拖鞋会客，或是以这身打扮外出，都会被美国人视为失礼。美国人有晚睡晚起的习惯，但他们与人交往，时间观念强，很少迟到。美国人一般不送名片给别人，只是在想保持联系时才送。

（2）饮食习惯　美国人在饮食上如同他们的脾气秉性一样，不注重形式，但却极为讲究饮食结构，各种海味和蔬菜越来越受到人们的青睐。他们不习惯厨师在烹调中多用调料，而习惯在餐桌上备有调料自行调味。美国人在用餐时不允许发出声响，不替他人夹菜，不允许吸烟，不向别人劝酒，不议论令人作呕之事。他们吃饭非常随便。早餐是果汁、鸡蛋、牛奶之类；午餐可以是三明治、水果、咖啡等；晚餐人们最爱吃的是牛排与猪排等。一般不爱喝茶，而爱喝冰水和矿泉水、可口可乐等。

（3）忌讳　美国人忌讳3和13；忌把白色的百合花作为礼物送人；忌"星期五"；忌用蝙蝠作图案的商品，认为是凶神的象征；忌问个人收入和财产状况；忌问妇女婚否、年龄及衣饰价格等；忌同性双双起舞；忌在别人面前不雅观、不礼貌地吐舌头。

第二节　宗教礼仪常识

一、宗教概况

宗教是一种社会意识形态，是支配着人们日常生活的外部力量在人们头脑中的一种反映。信教者认为：在现实世界之外还存在着超自然、超人间的神秘境界和神秘力量，主宰着自然和社会，因而对之敬畏和崇拜，祈求神灵保佑。宗教礼仪对文化礼仪影响较大。

在人类历史上，随着社会形态和政权形式的演变，宗教由拜物教、多神教发展到一神教；由氏族图腾发展到氏族宗教；由自然宗教发展到人为宗教，最后出现了世界性宗教。

可以说宗教信仰、宗教情感以及与这种信仰和情感相适应的宗教仪式和宗教组织，都是社会的、历史的产物。目前，世界上信奉各种宗教的教徒人数占全世界总人口的75%左右。其中影响最大的是世界三大宗教：佛教、基督教、伊斯兰教。此外，还有其他一些著名的民族宗教，如道教、印度教、神道教、大本教、萨满教等。

中国是一个多种宗教并存的国家，主要有佛教、道教、伊斯兰教、基督教等。在我国，佛教已有2 000年左右的历史，在藏、蒙、傣等少数民族中几乎是全民族信教，在汉族中也有一定影响；中国道教从创教以来已有1 800多年的历史；伊斯兰教在我国有1 300年的历史；基督教唐代时已传入我国，但得以较大发展却在鸦片战争后。我国宪法规定："中华人民共和国公民有宗教信仰的自由""国家保护正常的宗教活动"。所以，对待宗教的正确态度就是要遵守宪法的规定，尊重教徒的宗教信仰，不干涉正常的宗教活动。

宗教礼仪是宗教信仰者为了表达对崇拜对象的尊敬和崇拜而形成的各种仪式与活动，是巩固和发展宗教信仰、宗教组织、宗教感情的重要手段。对宗教礼仪的了解，有助于我们了解世界各国人民精神生活和日常生活习俗，为良好的商务交际活动打下基础。本节主要介绍世界三大宗教和在中国土生土长的宗教——道教。

二、佛教礼仪

在世界三大宗教中，佛教创立最早。佛教起源于公元前6世纪的古印度，创始人为北印度迦毗罗卫国（今尼泊尔境内）净饭王之太子乔达摩·悉达多，被世人尊称为"释迦牟尼"，意思为"释迦族之圣者"。佛教信徒主要分布在亚洲。

1. 佛教的传播

公元2世纪，佛教开始由古印度向境外传播，向北传播形成北传佛教，向南传播形成南传佛教。北传佛教以大乘教派为主，主要流传于印度、中国、日本、韩国、越南等国。我国汉族大部分地区信奉大乘教派，故又称汉地佛教。传入西藏、内蒙古等地区的为喇嘛教。南传佛教以小乘教派为主，主要流传于斯里兰卡、缅甸、泰国、柬埔寨、老挝、马来西亚等国。

2. 佛教的常识

（1）教义　佛教的基本教义可分为四个部分，分别为"四法印""四圣谛""八正道""十二因缘"。"四法印"是佛教用以衡量天下事物是否符合教义的四条准则，即"诸法无我""诸行无常""一切行苦"和"涅槃寂静"。"四圣谛"是指苦、集、灭、道四条真理。"苦"指人生一切皆苦，苦海无边；"集"指造成人生痛苦的各种原因；"灭"指引导人们最终达到的理想境界；"道"指达到理想境界的方法。"八正道"是把"四圣谛"中的"道谛"进一步具体化，提出通往彼岸的八种方法，即正见（正确的见解）、正思维（正确的思考）、正语（正确的语言）、正业（正确的行为）、正命（正确的生活）、正精进（正确的努力）、正念（正确的意念）、正定（正确的禅定）等。"十二因缘"涉及过去、现在、未来三世的因果链条。现世的果必然有过去世的因，现世的因必将引出未来世的果。过去的一生行为，决定今世一世的状况；今世一生的行为，决定未来来世一生的状况，这就是因果报应。

（2）佛教的经典及标记　佛教的经典由三大部分组成，即经、律、论三藏。经藏是以佛祖的语气叙述的典籍；律藏为约束佛教徒的言行而制定的清规戒律；论藏是历代佛教学者对佛经的释解和各宗各派学说的论著。佛教的标记往往以法轮表示，因为佛之法轮如车轮辗转可摧灭众生烦恼。

3．佛教的主要礼仪

（1）常用的称谓

1）一般有"四众弟子""出家四众""出家五众""七众"之称。比丘、比丘尼为出家男女二众，优婆塞、优婆夷为在家男女二众，此为"四众弟子"。比丘、比丘尼、沙弥（俗称小和尚）、沙弥尼（俗称小尼姑），即为"出家四众"。如加上式叉摩那（学戒尼），则称为"出家五众"。出家五众加在家二众称"七众"。

2）对较高水平的僧人，则根据具体情况称"法师"（通晓佛法的僧人）、"经师"（通晓经藏或善于诵读经文的僧人）、"论师"（精通论藏的僧人）、"律师"（通晓律藏的僧人）、"三藏法师"（精通经、律、论三藏的僧人）等。"大师"一般用以尊称著名僧人；"高僧"则是对德行高的僧人的尊称。

3）还有以职务相称，如住持（方长）、监院（当家和尚）等。现在一般称和尚为师父，称尼姑为师太。

（2）饮食礼仪　佛家弟子在日常生活和行为方面都要受到一定的约束，表现在饮食上主要有："过午不食""不吃荤腥""不喝酒"等。

1）过午不食。按照佛教规定，比丘每日只能进餐一次，后来，也有进餐两次的，但是必须在午前用完，过午不能进食。在东南亚一带，僧尼和信徒一日两餐，过了中午不能吃东西。午后只能喝白开水，连牛奶、椰子汁都不能喝。

2）不吃荤腥。荤食和腥食在佛门中是两个不同的概念。荤专指葱、蒜、辣椒等气味浓烈、刺激性强的东西，吃了这些东西会不利于修定，所以佛门禁食。腥指鱼、肉类食品。东南亚国家僧人多信仰小乘佛教，或乞讨，或到附近人家轮食，无法挑食，所以无论素食、肉食，只能有什么吃什么。汉地僧人信奉大乘佛教，我国大乘佛教的经典中有反对食肉的条文，所以汉族僧人和许多在家居士都不吃肉。但是在我国蒙、藏地区由于气候和地理原因，缺乏蔬菜，一般也食肉。无论食肉与否，大小乘教派都禁忌荤食，南北佛教都得遵守。汉族地区在家的居士，有吃长素的，也有吃花素的，如观音素、十日素、八日素或六日素等。

3）不喝酒。因为酒会乱性，不利于修定，所以佛教规定佛教徒不得饮酒。

（3）佛教戒规　佛教戒规主要包括"四威仪"和"十重戒"。

1）四威仪。"四威仪"主要是指僧尼在行、住、坐、卧方面应保持的威仪德相，不容许举止轻浮，一切都要遵礼如法，即"行如风、站如松、坐如钟、卧如弓"。

2）十重戒。"十重戒"包括：杀戒、盗戒、淫戒、妄语戒、酤酒戒、说四众过戒、自赞毁他戒、吝惜加毁戒、嗔心不受悔戒、谤三宝戒。

（4）佛教主要仪式

1）合掌。这是佛教徒的普通常用礼节，亦称合十。左右合掌，十指并拢，置于胸前，以示敬意。一般教徒在见面时，多以合掌为礼，但是参拜佛祖或拜见高僧时要先行跪合十礼。行礼时，右腿跪地，双手全合掌于眉心中间。

2）五体投地。"五体"（或称五轮）指两肘、两膝和头。五体都着地，为佛教最高礼节。先正立合掌，然后右手撩衣，膝着地，接着两肘着地，再头着地，最后两手掌翻上承尊者之足。礼毕，起顶头，收两肘，起立。"五体投地"也称"顶礼"。

3）忏悔。佛教认为只有心身清净的人方能成正果。但是世间是污浊的，出家人可能随时受到影响，身遭"垢染"，从而影响自己的功德。忏悔，可灭除以往的所有罪过。

4）受戒。受戒是佛教徒接受戒律的仪式。戒法有"三皈五戒""十戒"和"具足戒"。"三皈五戒"是居士应遵守的戒法。三皈依，即皈依、依附佛、法和僧三宝。在家的男子教徒进入佛门后，必须求一位法师为他授皈依法。此外，还要受五戒，一戒不可杀生，二戒不可偷盗，三戒不可邪淫，四戒不可饮酒，五戒不可妄语。佛教徒只有受了三皈五戒后方可称为"居士"。"十戒"是沙弥、沙弥尼所受的十条戒律。十条戒律除了前面讲的五戒之外还包括不装饰打扮、不视听歌舞、不坐高床、不过午食、不蓄金银财宝。沙弥和沙弥尼指的是7岁以上、20岁以下受过十戒的出家男子和女子，汉地普遍叫小和尚和小尼姑。当沙弥、沙弥尼年满20岁时再举行仪式，授予"具足戒"。"具足戒"是在十戒的基础上扩充为比丘的250条戒、比丘尼的348条戒。依戒法规定受持具足戒即正式取得比丘、比丘尼之资格，信徒受比丘戒后，方能取得正式的僧尼资格。

（5）非佛教徒进入寺庙应注意的事项　非佛教徒进入寺庙应衣履整洁，不能着背心、打赤膊、穿拖鞋。当寺内举行宗教仪式或做道场时，不能高声喧哗。未经寺内人员允许，不可随便进入僧人寮房（宿舍）等地方。为了保持佛地清净，严禁将荤腥及其物品带入寺院。在寺庙不能问僧尼的尊姓大名。因为僧尼出家后由师父赐予法名。受戒时，由戒师赐予戒名。因此，问僧尼名字时，可问："请问师父的德号上下？"（或"请问法师法号怎么称呼？"）。非佛教徒也不要主动与僧尼握手，僧尼往往以"合掌"为礼。非佛教徒入寺拜佛时一般要烧香，拈香时要注意香的支数，由于佛教把单数看成吉数，所以烧香时，每炷香可以有很多支，但必须是单数。

三、基督教礼仪

基督为"基利斯督"的简称，意指上帝所差遣的救世主。基督教是信奉耶稣基督为救世主之各教派的统称。基督教遍布全世界，是当今影响最广泛的第一大教。

1. 基督教的起源

基督教于公元1世纪由巴勒斯坦拿撒勒人耶稣创立。相传，耶稣奉圣父的命令，下降人世，拯救世人。后来由于叛徒的出卖，被罗马总督钉死在十字架上。后人把十字架作为信仰基督教的标记。基督教最初是犹太教的一支，于公元135年从犹太教中分裂出来。公元313年罗马皇帝君士坦丁大帝颁发《米兰赦令》，承认基督教的合法地位。公元392年，罗马皇帝狄奥多西一世正式承认基督教为罗马国国教。随着欧洲人开辟新航路和向外拓展殖民地，基督教势力逐渐遍布全世界。基督教于公元635年由波斯传入中国。1502年天主教由耶稣会传教士利马窦传入中国。鸦片战争后，新教各派陆续传入中国。

2. 基督教常识

（1）三大教派　在基督教发展史上，发生过两次大的分裂，形成三大教派。第一次分裂由争夺教权而引发，发生在公元11世纪中叶。分裂为西部的天主教和东部的正教（东正教）。天主教又称公教、加特力教。第二次分裂由宗教改革而引发，发生在公元16世纪。从天主教内部脱离出新的宗教——抗罗宗，在我国称为新教，又称为耶稣教或基督教。

（2）教义

1）上帝创世说。在《圣经·创世纪》中，基督教认为，在宇宙造出之前，没有任何物质存在，包括时间和空间都没有，只存在上帝及其"道"。上帝就是通过"道"创造一切，包括创造地球和人。故上帝是全能的，是真善美的最高体现者，是人类的赏赐者。人们必须无条件地敬奉和顺从上帝，否则就要受到上帝惩罚。

2）原罪救赎说。基督教宣称，上帝创造人类的始祖亚当和夏娃，并被安置在伊甸园过着无忧无虑的生活。但夏娃和亚当经不起蛇的引诱，偷吃伊甸园里的知善恶树上的禁果，因而被驱逐出园。亚当和夏娃的罪世世代代相传，成为整个人类的原始罪。这种罪，人类无法自救，只有忏悔基督即可为之赎罪。

3）天堂地狱说。天堂是个极乐世界，信仰上帝而灵魂得救，都能升入天堂。不信仰上帝，不思改悔的罪人，死后灵魂受惩罚下地狱。天主教和东正教还为既不能升天堂、又不能下地狱者设炼狱，让其暂时受苦，炼净灵魂，罪恶赎完，可再升入天堂。

（3）经典及标记　基督教的经典为《圣经》，由《旧约全书》和《新约全书》两部分组成。基督教的标记为十字架（相传耶稣为替世人赎罪，被钉于十字架而死）。

3. 基督教的主要礼仪

（1）称谓　对宗教职业人员，按其教职称呼，如某主教、某牧师、某长老等。信徒之间可称平信徒，指平常、普通的信徒，与教会神职人员相对而言。我国平信徒之间，习惯称"教友"。新教的教徒，可称兄弟姐妹，还可称同道。对外国基督教徒可以先生、女士、小姐、博士、主任、总干事等学衔或职衔称呼。

（2）洗礼 这是基督教的入教仪式。经过洗礼后，就意味着教徒的所有罪过都获得了赦免。洗礼的方式有两种：点水礼和浸水礼。天主教多施点水礼，由主礼者（牧师或神父）将一小杯水蘸洒在受洗者额头上，或用手蘸水在受礼者额头上画十字。东正教通常施浸水礼，由主礼者口诵规定的经文，引领受洗者全身浸入水中片刻。

（3）礼拜 礼拜是信徒们在教堂中进行的一项包括唱诗、读经、祈祷、讲道和祝福的宗教活动，通常在每周日举行，即"主日礼拜"。据《圣经·新约》中记载，耶稣是在这天复活的。少数教派是规定星期六（安息日）做礼拜，称为"安息日礼拜"。除每周一次的常规礼拜外，还有每月一次纪念耶稣受难的圣餐礼拜，为纪念亡故者而举行的追思礼拜、结婚礼拜、安葬礼拜、感恩礼拜等。

（4）祈祷 祈祷亦称祷告，指向上帝和基督耶稣求告，内容可以是认罪、感谢、祈求和赞美等。祈祷有口祷和默祷两种形式。个人单独进行的为私祷；在礼拜、聚会时由神职人员主颂的为公祷。祈祷完毕，颂称"阿门"，意为"真认"，表示"唯愿如此，允获所求"。

（5）唱诗 唱诗即领唱或合唱赞颂、祈求、感谢上帝的赞美诗。这些赞美上帝的诗歌，大多有高音、中音、次中音、低音四部，以供合唱之用。

（6）告解 告解即忏悔，是信徒向神职人员告知自己的过错或罪恶，神职人员听后要对其劝导，并对忏悔的内容予以保密。

4．非基督教徒进入礼拜堂应注意的事项

在与基督教徒的交往中，应注意这样的一些问题。基督教徒只崇拜上帝，忌拜别的神，忌造别的偶像，因此在与基督教徒的交往中不能以上帝起誓，更不可拿上帝和耶稣开玩笑。进教堂应衣冠整洁，进去后应脱帽，与人谈话应压低声音，不得妨碍对方正常的宗教活动。当教徒祈祷或唱诗时，旁观的非教徒不可出声，当全体起立时，应随其他人一起起立。向基督教徒赠送礼品，要避免上面有其他宗教的神像或其他民族所崇拜的图腾。在耶稣受难节，不要请基督教徒参加私人喜庆活动。另外，他们讨厌"13"和"星期五"，在基督教徒眼中"13"和"星期五"是不祥的。

四、伊斯兰教礼仪

伊斯兰教主要分布在西亚、中亚、南亚、东南亚等地区。在一些国家，伊斯兰教是法定的国教。

1．伊斯兰教的起源

"伊斯兰"意为"顺从""和平"，指顺服唯一的神——安拉的旨意，创始人为穆罕默德。公元610年前后，穆罕默德宣布自己是"先知"，得到了部落主神"安拉"的启示，正式创立了伊斯兰教。教徒称为"穆斯林"，意思就是"顺服者""和平者"，即顺服安拉意志的人。631年，穆罕默德统一阿拉伯半岛，建立了政教合一的国家。公元632年6月8日，穆罕默德因病逝世，伊斯兰教称其"归真"，葬于麦地那。此后，他的"哈里发"（意为继任者）们建立起跨欧、亚、非三大洲的阿拉伯帝国，把伊斯兰教传播到阿拉伯半岛以外的广大地区，最终使之由民族宗教发展为世界性宗教。公元7世纪中叶（唐朝初年），伊斯兰教沿着海、陆两条路线，即海上"香料之路"和西北"丝绸之路"传入中国。元朝时大批穆斯林从陆路移民至中国，与各地居民长期杂居融合，使伊斯兰教更为广泛地传播和发展。

在中国，伊斯兰教主要分布于我国西北部的甘肃、宁夏、新疆、青海等省、自治区。

2. 伊斯兰教常识

（1）教派　伊斯兰教派主要分为两大派：逊尼派和什叶派。其中，逊尼派是伊斯兰教最大的教派，中国穆斯林大多属于这一派。而什叶派人数较少，主要分布在伊朗、伊拉克、叙利亚、黎巴嫩、科威特、也门等国。

（2）教义　伊斯兰教的基本教义为"六大信仰"即信安拉，信仰安拉（真主）是创造和主宰宇宙万物的唯一之神；信穆罕默德是主的使者，穆罕默德是安拉派来的使者，负责传达神意，拯救世人；信天使，天使是安拉的差役，各司其职；信经典，安拉降示的《古兰经》是伊斯兰教根本的经典；信前定，人的一生命运以及世上的一切都是由安拉预先安排确定好的；信末日，人死后，其灵魂不死，通过末日审判，或入天国，或下地狱。

（3）经典及标记　伊斯兰教的经典是《古兰经》和《圣训》。《古兰经》又称《可兰经》，是伊斯兰教最基本的经典。"古兰"系阿拉伯语的译音，意为"诵读""读本"。伊斯兰教认为它是穆罕默德在创教过程中向信徒传达的安拉的启示。穆罕默德逝世后由其继任者整理成书。书中记载了穆罕默德的生平和传教活动、伊斯兰教的教义和教规、当时流行的历史传说和寓言、神话、谚语等。《圣训》又名《哈迪斯》，是穆罕默德的言行录，是对《古兰经》的补充和注释。新月是伊斯兰教的标记。

3. 伊斯兰教的主要礼仪

（1）称谓　伊斯兰教信徒称"穆斯林"，无论在什么地方，信徒之间不分职位高低，都互称兄弟，或叫"多斯提"（波斯语语意为好友、教友）。在清真寺做礼拜的穆斯林，统称为"乡老"。对到麦加朝拜过的穆斯林，在其姓名前冠以"哈吉"（阿拉伯文的音译，意为朝拜者），这在穆斯林中是十分荣耀的称谓。伊斯兰教对宗教职业者通称为"阿訇"（波斯语的音译），它是对伊斯兰教学者、宗教家和教师的尊称。在中国，一般在清真寺任教职，并主持清真寺教务的阿訇，被称作"教长"或"伊玛目"，其中的年长者被尊称为"阿訇老人家"。对在清真寺里求学的学生称"满拉"或"海里发"。

（2）五功　伊斯兰教规定，任何人只要念诵清真言和遵守"五功"就可以成为穆斯林。"五功"就是伊斯兰教规定必须履行的基本功修。五功分别为念功，即念"清真言"，心念或口念："万物非主，唯有真主，穆罕默德是真主的使者"。礼功，即一日五次礼拜。每天在晨、晌、晡、昏、宵五个时辰面向麦加方向做礼拜五次。斋功，即斋戒，每年伊历9月斋戒一个月，每天从日出到日落穆斯林们不进食，禁止娱乐活动。课功，即施舍。穆斯林要根据自己的收入、财产缴纳定量课税，以救助穷人，我国穆斯林均为自愿捐奉。朝功，即朝拜，穆斯林凡身体健康、有经济能力者，一生中至少应去麦加朝拜一次。"大朝"（正朝）的朝觐时间为伊斯兰教历十二月八日至十二日。"大朝"之日为伊斯兰教的主要节日——宰牲节，我国称"古尔邦"节（十二月十日）。除朝觐季节外，任何时候个人都可单独去麦加朝觐，称为"小朝"或"副朝"。

（3）饮食禁忌　伊斯兰教对穆斯林的饮食做了严格规定，如禁吃自死物、禁止食血液、严禁吃猪肉、严禁食用诵非安拉之名而宰杀的动物等。

（4）大、小净　进礼拜殿前须做大、小净和脱鞋。一般性的礼拜可做小净，即洗净脸和手脚等。大净则是用清洁的水按照一定的顺序、方式冲洗全身。在沙漠地带，也可用沙土代替水洗，称为土净或代净。

（5）禁用左手待客　敬茶、端饭、握手均用右手，用左手被视为不礼貌。

4. 非伊斯兰教徒应注意的事项

伊斯兰教有严格的禁忌，在与之交往中应注意。伊斯兰教徒忌偶像崇拜，只信安拉；禁模制、塑造、绘制任何生物的图像，包括人的形象。穆斯林禁酒喜茶，在接待穆斯林客人时，最好用罐装饮料，如客人饮茶，要用清真茶具。交谈时，不要用穆斯林禁忌的字词，如"猪"等。到穆斯林家做客时，一般不要主动与妇女或少女握手、注目。对穆斯林的宗教信仰习惯要尊重，尽量不要随意评论。在进入清真寺时，不能袒胸露背，不能穿短裙和短裤，不经阿訇等寺内宗教职业人士批准，非穆斯林不准进入礼拜大殿，不准拍照。在穆斯林做礼拜时，无论何人何事，都不能喊叫拜者，也不能在礼拜者面前走动，更不能唉声叹气、呻吟。给信奉伊斯兰教的人送礼，忌送带有动物形象的东西。同时与穆斯林握手或递送礼物不能用左手，也不能将雕塑、画像之类的物品相赠。

五、道教礼仪

1. 道教的起源

道教是中国本土宗教，创立于东汉末年，创始人为张陵（又称张道陵），属多神教。东汉顺帝时（125—144年），四川的张陵自称太上老君授以义道法，命其为天师。他造作道书，创立了"五斗米道"，也叫"天师道"，尊老子为教主，魏晋南北朝时期，北魏的寇谦之（365—448年）、南朝宋的陆修静（406—477年）等道士，对道教做了多方面的改造以适应上层统治阶级的需要；东晋的道教学者葛洪（284—364年）撰《抱朴子》，丰富了道教神仙思想内容；陶弘景（456—536年）整理构造了一个整齐有序的神仙世界，并且主张佛、道、儒三教合流，对后世道教的发展影响极大。隋唐北宋时期，由于皇室扶持，道教发展达到隆盛的顶峰。这一时期，高道辈出，像隋唐时的王知远、孙思邈、吕洞宾，北宋的陈抟、张紫阳、陈景元等，都是道教史上有影响的人物。金元时期，北方兴起了全真教派，道教分为全真、正一两大派系，一直延续至今。明代中叶以后，道教逐渐转衰。清代皇帝重佛抑道，使得道教的社会地位更趋衰落。

2. 道教常识

（1）教义　道教宣扬"道"是"万物之母"。"道"是超越时空的永恒存在，是天地万物的根源。被神化了的"道"是道教的核心信仰，是宇宙万物之中最核心的东西。"德"是道的行动。道教追求长生不老、肉身成仙。道教修炼的道功和方术主要有内养（道教气功）、外养（炼制和服食丹药）和房中术（房中节欲养生之道）等。这些道术包含着许多古化学、医学、医药学和养生学的内容，在客观上为中国古代科学技术的发展做出了一定的贡献。

（2）经典和标记　道教的经典是《道藏》，《道藏》是道教经籍的总集，书中除收录道教经书外，还收集有诸子百家和医学、化学、生物、体育、保健以及天文地理等其他方面论著，是中国古代文化遗产的重要组成部分。八卦太极图是道教的标记。

3. 道教的主要礼仪

（1）称谓　男教徒称道士，又称道士先生，可称方士、道人、羽人、羽客、羽衣、黄冠，又可尊称为天师、炼师。女教徒称道姑，也可称为女冠。道观的负责人可称为监院或住持，俗称当家的。教外人对道士、道姑可统称道长。

（2）斋戒　是道教中较为常见的祭祷仪式，意思是供斋神，祈祷神灵消灾赐福。大致程序是先设坛摆供，而后焚香、化符、念咒、诵经、赞颂。仪式进行中还有烛灯、音乐相配合。

（3）建醮　即做道场。每年清明、农历七月十五和十月初一要做道场，为羽化的（即死去的）道士超度亡灵。寻常信徒、百姓为了祈福攘灾或追荐亡灵，也可以出资请道士做道场。

（4）作揖　道士在与同道或与外客的接触中，习惯以拱手作揖为礼，向对方问好致敬，这是道教传统的礼仪。后辈道徒遇到前辈道长，一般可行跪拜礼或鞠躬礼。非宗教人员遇到道士，过去行拱手礼，现在也可以随俗，用握手问好。

（5）颂经　颂经是道教的主要宗教活动。道士每天要颂经两次，称早晚功课。早颂清净经，晚颂救苦经。

4. 非道教人员进入道观应注意的事项

我国的道教庙观，大多地处名胜古迹，所以朝拜者和旅游者比较多。进入庙观，一般应注意以下几方面：

行须缓步，语要低声。尊重庙观内的各项宗教设施活动。

非经允许，不宜在宗教仪式的坛场内走动。

不要随便询问道士，特别是全真派道士的年龄、身世和家庭情况。

在道观内，如需摄影则应在规定的区域内进行，不可到处乱拍，非经允许，不要正面对着道士摄影，更不可随便到殿堂里拍摄神像。

综合案例

王女士是商务工作者，由于业务成绩出色，随团到东南亚地区某国家考察。抵达目的地后，受到东道主的热情接待，并举行宴会招待。席间，为表示敬意，主人向每位客人递上一杯当地特产饮料。轮到王女士接饮料时，一向习惯"左撇子"的王女士不假思索便伸出左手去接，主人见此情景脸色骤变，不但没有将饮料递到王女士的手中，而且非常生气地将饮料重重地放在餐桌上，并不再理睬王女士。

案例思考题：

1. 主人为什么不再理睬王女士？
2. 王女士应怎样接饮料？

本 章 小 结

本章主要介绍了东西方礼仪文化的共性及其特点，介绍了对礼仪文化产生重大影响的宗教常识。在商务交往中，应注意不同国家、不同文化背景、不同宗教信仰对人们的影响，要了解有关国家的礼仪，尊重别人的宗教信仰。

复习与思考

一、名词解释

东方文化　西方文化　宗教

二、简答题

1. 东方礼仪有哪些特点？

2. 英国人忌讳什么？

3. 与日本人相处应注意什么？

4. 怎样称呼佛教徒？

5. 与信仰伊斯兰教的人相处应注意什么？

三、技能实训题

请你判断并分析以下情景中人物做法的正误：

（　　）A戴着帽子走在大街上，迎面走过来一位英国朋友，A急忙伸出右手与朋友握手打招呼。

（　　）B女士接到法国朋友的一份礼物，B女士说声"谢谢"，并且当着送礼者的面打开了礼物。

（　　）C女士在一位德国朋友过生日时送去了一个红色的手提包作为生日礼物。

（　　）D到泰国朋友家做客，见到朋友家孩子，D很礼貌地用手轻轻地摸了一下小孩的头，并且赞美说："您的孩子真聪明！"

（　　）E在路上遇见一位佛教徒，E没有伸手去与之握手打招呼，而是行了一个"合十"礼。

参 考 文 献

[1] 孙金明，王春凤. 商务礼仪实务：附微课视频[M]. 北京：人民邮电出版社，2019.
[2] 何伶俐. 高级商务礼仪指南[M]. 北京：企业管理出版社，2003.
[3] 宋学军. 商务礼仪[M]. 北京：九州出版社，2004.
[4] 鲍秀芬. 现代社交礼仪基础[M]. 北京：机械工业出版社，2003.
[5] 张敬慈，罗健，刘一民. 公关礼仪[M]. 3版. 成都：四川大学出版社，2005.
[6] 张利民. 旅游礼仪[M]. 北京：机械工业出版社，2005.
[7] 胡晓涓. 商务礼仪[M]. 北京：中国建材工业出版社，2003.
[8] 吴静芳. 服装配饰学[M]. 上海：东华大学出版社，2012.
[9] 于西蔓. 男士个人色彩与着装风格诊断[M]. 广州：花城出版社，2004.
[10] 黄炎冰. 服装设计考试题点[M]. 南宁：广西美术出版社，2003.
[11] 金正昆. 商务礼仪[M]. 北京：北京大学出版社，2005.
[12] 李津. 销售商务礼仪[M]. 北京：同心出版社，2004.
[13] 国英. 现代礼仪[M]. 2版. 北京：机械工业出版社，2011.
[14] 周朝霞. 人际关系与公共礼仪[M]. 3版. 杭州：浙江大学出版社，2018.
[15] 郑成刚. 现代礼仪社交大全[M]. 长春：吉林大学出版社，2004.
[16] 斯科特·奥伯. 商务沟通[M]. 钱峰，译. 7版. 北京：世界图书出版公司，2012.
[17] 王皓白. 商务沟通[M]. 杭州：浙江大学出版社，2011.
[18] 张秋筠. 商务沟通技巧[M]. 3版. 北京：对外经济贸易大学出版社，2018.
[19] 梁鹏. 沟通助你成功[M]. 广州：中山大学出版社，2006.
[20] 丹尼尔·戈尔曼. 情商[M]. 杨春晓，译. 北京：中信出版社，2018.
[21] 米杉. 情商魔法训练营[M]. 倪男奇，译. 南京：译林出版社，2011.
[22] 田晴. 情商决定命运全集[M]. 北京：中国纺织出版社，2006.
[23] 吴维库. 情商与影响力[M]. 5版. 北京：机械工业出版社，2019.
[24] 陈平. 商务礼仪[M]. 北京：中国电影出版社，2005.
[25] 李荣建. 现代礼仪[M]. 北京：高等教育出版社，2011.
[26] 何洪英. 现代礼仪教程[M]. 成都：电子科技大学出版社，2010.
[27] 周思敏. 你的礼仪价值百万[M]. 北京：中国纺织出版社，2010.
[28] 耿潇男. 好礼仪决定好人生[M]. 北京：中国纺织出版社，2012.